中文社会科学引文索引（CSSCI）来源集刊

产业经济评论

REVIEW OF INDUSTRIAL ECONOMICS

第17卷　第2辑　（总第54辑）

主编　臧旭恒

中国财经出版传媒集团

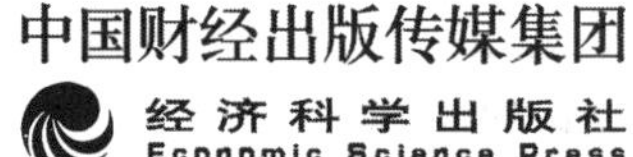

图书在版编目（CIP）数据

产业经济评论．第17卷．第2辑/臧旭恒主编．—北京：经济科学出版社，2018.6
ISBN 978-7-5141-9528-6

Ⅰ.①产… Ⅱ.①臧… Ⅲ.①产业经济学-文集
Ⅳ.①F062.9-53

中国版本图书馆CIP数据核字（2018）第158277号

责任编辑：于海汛　李一心
责任校对：王苗苗
责任印制：李　鹏

产业经济评论
第17卷　第2辑　（总第54辑）
主编　臧旭恒
经济科学出版社出版、发行　新华书店经销
社址：北京市海淀区阜成路甲28号　邮编：100142
总编部电话：010-88191217　发行部电话：010-88191522
网址：www.esp.com.cn
电子邮件：esp@esp.com.cn
天猫网店：经济科学出版社旗舰店
网址：http：//jjkxcbs.tmall.com
北京季蜂印刷有限公司印装
787×1092　16开　11.75印张　230000字
2018年6月第1版　2018年6月第1次印刷
ISBN 978-7-5141-9528-6　定价：36.00元
（图书出现印装问题，本社负责调换。电话：010-88191510）

目　录

CONTENTS

标准必要专利禁令的适用：理论与政策

于　左　颜一秀*

摘　要：标准必要专利禁令的适用问题成为各国反垄断立法和执法关注的焦点。本文研究了标准必要专利禁令的积极效应和反竞争效应，重点研究了反竞争效应中的专利劫持和拒绝许可问题，特别是在专利权人和专利持有人存在竞争关系的情况下。发现当标准必要专利权人与专利使用者之间存在竞争关系时，专利权人更有动机利用禁令威胁实施专利劫持或拒绝许可。在理论探讨和对美国、欧盟相关立法与执法进展分析评价的基础上，为中国的相关反垄断立法及执法提出政策建议，并尝试提出判定是否支持禁令申请的“五步走机制”。

关键词：标准必要专利　禁令　专利劫持　竞争关系　五步走机制

一、问题提出

技术标准既可以由政府、标准制定组织或企业制定，也可以由于被广泛使用而自然形成。标准必要专利是指用于保护标准所包含的技术的专利。当使用者使用该技术标准时，需要向标准必要专利权人申请许可，因此专利被纳入标准将会增强专利权人的市场势力。标准必要专利权人使用禁令可能导致双重效应。一方面禁令可以为专利权人行使专利权提供保障，有利于鼓励和保护创新；另一方面禁令威胁可能使专利使用者不得不支付更高的许可费，禁令的实施可能减少下游市场的竞争，最终损害消费者福利。近年来，标准必要专利纠纷日益增多，特别是在信息通信等标准必要专利应用较广的领域。是否允许以及何时允许标准必要专利权人使用禁令成为备受关注的问题。标准必要专利的禁令应如何运用？判定禁令适用与否应重点考虑哪些因素？本文尝试对此加以研究。

---

* 教育部人文社科重点研究基地重大项目《标准必要专利滥用：知识产权与反垄断政策》(14JJD790002)。

感谢审稿人的宝贵建议。

于左：东北财经大学产业组织与企业组织研究中心；地址：辽宁省大连市沙河口区尖山街 217 号问源阁；邮编：116025；Email：yuzuoyz@ 163. com。

颜一秀：东北财经大学产业组织与企业组织研究中心；地址：辽宁省大连市沙河口区尖山街 217 号问源阁；邮编：116025；Email：970339469@ qq. com。

二、文献综述

现有文献对禁令能否适用于标准必要专利存在较大的争议，Joseph（2011）认为寻求禁令的威胁有利于促使使用者积极与持有人进行协商谈判，如果不允许持有人寻求禁令，侵权人可能提出更少的赔偿或无限期地拖延协商时间。Mark & Suzanne（2001）认为禁令对专利权人的补偿效果取决于侵权行为被起诉的最早时间，当专利权人能够控制对侵权行为起诉时间时，使用者将不会故意实施侵权行为，而会选择在使用专利前与专利权人进行谈判协商，从而有利于减少侵权行为的发生。John（2015）认为允许标准必要专利持有人寻求禁令将会增加专利权人的市场势力，专利权人寻求禁令的威胁有利于其向使用者收取更高的许可费。Joseph et al.（2007）认为当一项技术专利被包含在某项标准中时，专利的价值就会增加，专利使用者会被锁定，标准必要专利专利权人将比其他专利权人更有可能向使用者收取更高的许可费。

现有文献对标准必要专利禁令如何适用的问题也存在较多争议。Peter et al.（2013）认为专利权人寻求禁令不应被认为是拒绝许可，专利权人可能寻求禁令会减少使用者的机会主义行为。Kristian（2016）认为法院在考虑是否通过专利权人的禁令申请时应考虑对专利权人和使用者、公共利益的平衡。Haksoo（2014）认为允许其寻求禁令将会增加专利权人事前进行专利劫持的可能，使其能收取更高的许可费；而如果不允许其寻求禁令，则使用者可能会拖延与专利权人的协商谈判。对标准必要专利禁令案件的裁决，Carl（2017）认为法院对下游企业的侵权行为既可以实施禁令也可以要求侵权人支付一定的许可费，法院在做出裁决时应考虑侵权人转换成本的大小以及专利权人的损失等因素。Haksoo（2014）设计了一种新的法律流程来减少形成专利劫持和反向劫持的可能。主要特点在于当其中一方提出的许可费被法院认定为符合 FRAND 原则时，法院将在做出禁令决定前要求双方继续进行协商，利用法院的态度来弱化谈判势力较强一方的谈判势力。

现有文献讨论了法院对标准必要专利执法可能产生的专利挟持和反向挟持问题，Gregor et al.（2013）认为被法院认定为非善意使用者可能性较小而专利权人的诉讼费用较高时，法院根据使用者提出的许可费来判断使用者是否善意的行为可能导致反向劫持的发生。Peter et al.（2013）指出无论法院是否直接制定符合 FRAND 原则的许可费，专利劫持和反向劫持都可能出现，并且反向劫持可能会比劫持更为严重，因为专利权人参与诉讼除了承担所提许可费被认定为高于 FRAND 原则的风险之外，还需承担专利被认定为无效的风险。有的学者则对标准必要专利领域竞争当局的执法提出反对意见，Lisa（2015）认为当反垄断当局无法证明标准必要专利持有人的行为确实或很可能具有反竞争效应时，不应对标准必要专利持有人与使用者之间的商业纠纷进行干涉，因为反垄断执法可能会不利于创新和标准技术的改进。

近年来，苹果、三星、谷歌、华为等无线通信企业都是标准必要专利禁令相关案件当事人，在这些案件中，专利权人与使用者之间普遍存在竞争关系，现有文献对专利权人和使用者间存在竞争关系情况下的禁令的适用问题研究较少。本文尝试对上述问题尤其是专利权人和使用者间存在竞争关系情况下禁令的适用问题加以重点探讨，并对中国关于标准必要专利禁令适用的立法和执法提出政策建议。

三、标准必要专利禁令的适用：理论分析

（一）标准必要专利禁令的积极效应

与普通专利一样，禁令是专利权人在专利权受到侵犯时的一项救济措施，特别是当侵权行为造成的损失无法得到足够的补偿时，停止侵权是保护专利权的重要手段。标准必要专利禁令具有积极效应。一方面，标准必要专利禁令有利于减少侵权行为的发生。Mark & Suzanne（2001）分析了允许寻求禁令情况下专利权人的行为，认为禁令对专利权人的补偿效果取决于侵权行为被起诉的最早时间。侵权时间越长，侵权人在相关产品上的投资越多，沉没成本越大，实施禁令对使用者造成的损失就越大，推迟起诉时间有利于增强专利权人的谈判势力。当专利权人能够控制对侵权行为起诉时间时，使用者将不会故意实施侵权行为，而会选择在使用专利前与专利权人进行谈判协商，从而有利于减少侵权行为的发生。另一方面，标准必要专利禁令有利于减少反向劫持的发生。Joseph（2011）认为当不允许寻求禁令时，使用者将会提出低于 FRAND 原则（公平、合理、无歧视）的许可费，而专利权人只能接受，从而出现反向劫持的情形。虽然标准必要专利持有人的禁令申请有利于形成对使用者的专利劫持，但是寻求禁令的威胁也有利于促使使用者积极与持有人进行协商谈判，如果不允许持有人寻求禁令，则持有人只有可能通过法院判决，使许可费得到赔偿，由于没有禁令的威胁，侵权人可能提出更少的赔偿或无限期地拖延协商时间。

（二）标准必要专利禁令的反竞争效应

与普通专利不同的是，由于对于使用者来说通常不存在可替代的专利，因此标准必要专利持有者拥有更强的垄断地位。在这种情况下，允许专利权人寻求禁令救济将进一步增强其市场势力，从而有利于专利权人实施专利挟持，收取超过专利本身价值的许可费。特别是当获得专利授权的使用者在产品市场与专利权人在产品市场存在激烈竞争或利益冲突时，专

利权人更有可能利用禁令威胁来收取更高的许可费，以提高竞争对手成本或者将竞争对手挤出市场，此时专利权人利用禁令可能会对专利使用者造成竞争损害。

以下构建简单的博弈模型对上述情形下标准必要专利禁令的反竞争效应进行分析。由于一个产品中可能包含多种专利，标准必要专利 i 带来的价值增值 v 在该产品价值中所占比例可能较大，也可能较小，本文首先对专利价值较小即是否支付许可费不影响企业 D 的产量决策的情况进行分析。

1. 标准必要专利价值较小

（1）专利权人与使用者不存在竞争关系。

首先分析专利权人和使用者之间不存在竞争关系的情况。假设企业 P 拥有一个标准必要专利，企业 D 生产一单位产品必须使用一单位 P 所拥有的标准必要专利。企业 P 因拥有标准必要专利，在技术市场上具有支配地位。企业 D 使用该专利进行生产可获得利润为 π_c，用 r 表示企业 D 生产一单位产品所需支付的许可费，用 F 表示企业 D 被施加禁令后退出市场的沉没成本或转产成本，用 C_P 和 C_D 分别表示企业 P 和企业 D 的诉讼费用。

本文在 Carl（2010）模型设计的基础上进行简化，将双方在许可费方面的博弈流程设计如下。首先由企业 D 向企业 P 提出许可费 r，企业 P 决定是否接受。当谈判失败时，企业 D 决定是否继续生产。当企业 D 决定不退出市场，而选择在没有获得许可的情况下开始进行生产时，企业 P 将决定是否就企业 D 的侵权行为向法院申请禁令。当企业 P 向法院起诉时，法院将以概率 θ 认为企业 P 的专利无效或者企业 D 的侵权行为不成立，此时企业 D 不需向企业 P 支付许可费，并且可以继续生产获得利润 π_c；相反地，法院将以（1 − θ）的概率支持企业 P 的禁令申请，此时两个企业将再次进行谈判。若谈判失败，法院的禁令将开始生效，企业 D 只能退出市场，并支付之前已投产的沉没成本，若谈判成功，则禁令不生效，企业 D 向企业 P 支付许可费 r 并进行生产。无论判决结果和谈判结果如何诉讼费用都由两个企业分别支付。博弈树如图 1 所示。

采用逆向归纳法对该博弈结果进行分析。从博弈的最后一阶段开始，当企业 P 胜诉时，如果双方继续进行谈判，谈判成功时双方的收益总和为 $\pi_c - C_P - C_D$，谈判失败时双方收益总和为 $-F - C_P - C_D$，因此双方会进行谈判，谈判增加的价值在谈判双方之间按比例进行分配，故企业 P 在谈判中获得的价值为 $\beta(\pi_c + F)$，企业 D 在谈判中获得的价值为 $(1 - \beta)(\pi_c + F)$。而企业 P 在谈判中获得的收入只有专利许可费，因此由 $rq_c = \beta(\pi + F)$ 可得 $r^* = \frac{\beta(\pi_c + F)}{q_c}$。当企业 P 选择起诉时，企业 P 和企业 D 的期望收益分别为 E(P) 和 E(D)：

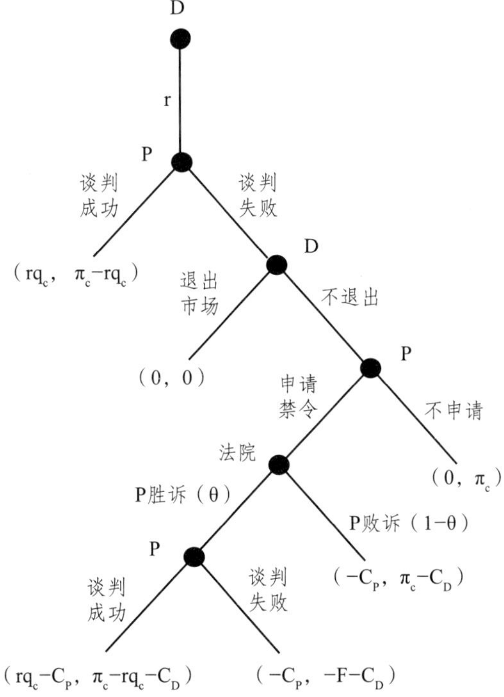

图 1　专利权人和使用者不存在竞争关系时的博弈树

$$E(P)=\theta(r^{*}q_{c}-C_{P})+(1-\theta)(-C_{P})$$

$$E(D)=\theta(\pi_{c}-r^{*}q_{c}-C_{D})+(1-\theta)(\pi_{c}-C_{D})$$

当 θ 较大且 C_P 较小时，$E(P)>0$，企业 P 申请禁令为可置信威胁。而当 $E(D)>0$，即：

$$F<\frac{(1-\theta\beta)\pi_{c}-C_{D}}{\theta\beta} \tag{1}$$

即使企业 D 在进入市场之前与企业 P 谈判失败，企业 D 仍会选择不退出市场，并且在没有获得专利授权的情况下继续生产。因此，在企业 D 进入市场前与企业 P 的第一次谈判中，谈判成功的收益总和为 π_c，谈判失败的收益总和为 $E(P)+E(D)$，即为 $\pi_c-C_P-C_D$，双方会进行谈判，企业 P 从谈判获得的收益为 $\beta(C_P+C_D)$，由 $rq_c-E(P)=\beta(C_P+C_D)$ 可得第一次谈判结果的许可费为：

$$r_{1}^{*}=\frac{\theta\beta(\pi_{c}+F)-(1-\beta)C_{P}+\beta C_{D}}{q_{c}}=\theta r^{*}-\frac{(1-\beta)C_{P}}{q_{c}}+\frac{\beta C_{D}}{q_{c}} \tag{2}$$

用 v 表示该标准必要专利带来的价值增值，则可用 θβv 表示合理许可费，存在禁令威胁下的谈判结果导致专利劫持的可能性为 $r_1^*-\theta\beta v$，当 C_P 较小时，有：

$$\Delta r=r_{1}^{*}-\theta\beta v=\frac{\theta\beta(\pi_{c}-vq_{c}+F)-(1-\beta)C_{P}+\beta C_{D}}{q_{c}}>0 \tag{3}$$

由（3）式可得当企业 P 的诉讼成本较小时，允许企业 P 寻求禁令救济使其可以收取超过专利价值的许可费。并且，当授予禁令的可能性 θ 越大时，Δr 会越大；当 F 满足（1）式的条件时，企业 D 的沉没成本或转产成本 F 越大，Δr 也会越大，说明授予禁令的可能性越大或使用者的转产成本越高时，专利权人进行专利劫持的可能性越大。另外，企业 D 的诉讼费用越大，Δr 也会较高，说明专利使用者较高的诉讼费用也会增加专利劫持的可能性；相反，企业 P 的诉讼费用越大时，Δr 会越低，甚至可能出现反向劫持。

（2）专利权人与使用者存在竞争关系。

当专利权人也在产品市场上进行生产时，专利使用者进入市场会对专利权人在产品市场上的利润产生影响，因此在允许申请禁令的情况下，专利权人可能通过禁令威胁来收取更高的专利许可费，从而弥补产品市场上的损失，或者将专利使用者驱逐出产品市场。以下将在前文模型的基础上进行扩展，以此来分析当专利权人与使用者存在竞争关系时标准必要专利禁令适用的反竞争效应。

假设产品市场上只有专利权人 P 和专利使用者 D 两个企业，当两个企业都进行生产时，分别获得产品利润 π_c，当只有企业 P 进行生产时，企业 P 获得利润 π_m，其余假设和博弈流程与前文所述相同。博弈树如图 2 所示。

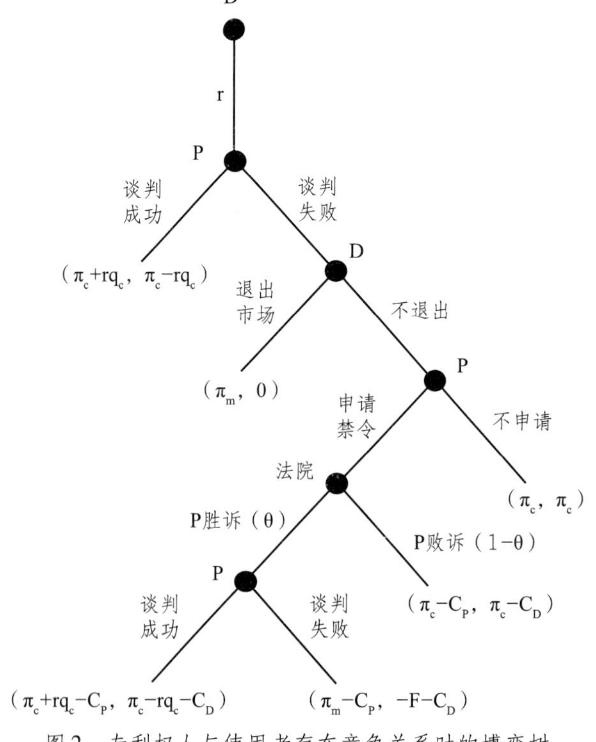

图 2 专利权人与使用者存在竞争关系时的博弈树

根据与前文类似的逆向归纳法，当满足 $F > \pi_m - 2\pi_c$ 时，可得最后一阶段谈判的许可费为 $r^* = \frac{\beta(\pi_c + F) + (1-\beta)(\pi_m - \pi_c)}{q_c}$，当企业 P 选择向法院申请禁令时，双方的期望收益分别为：

$$E(P) = \theta(\pi_c + r^* q_c - C_P) + (1-\theta)(\pi_c - C_P)$$

$$E(D) = \theta(\pi_c - r^* q_c - C_D) + (1-\theta)(\pi_c - C_D)$$

因此，第一次谈判的许可费为：

$$r_2^* = \frac{\theta\beta(\pi_c + F) + \theta(1-\beta)(\pi_m - \pi_c) - (1-\beta)C_P + \beta C_D}{q_c} \tag{4}$$

（4）式减（2）式可得 $\frac{\theta(1-\beta)(\pi_m - \pi_c)}{q_c} > 0$，因此当专利权人与专利使用者存在竞争关系时，专利权人通过禁令威胁可以收取更高的许可费，并且禁令通过的可能性越高，或者专利权人在产品市场上的利润越小或损失 $\pi_m - \pi_c$ 越大，谈判双方是否为竞争关系对第一次谈判结果的影响会越大，当双方为竞争关系时，专利权人可以通过禁令威胁收取更高的许可费，来增加产品市场的利润（通过交叉补贴）或弥补引入竞争者使其在产品市场上遭受的损失，从而专利劫持出现的可能性会越大。

由于标准必要专利权人通常在技术市场上具有支配地位，因此专利权人可以通过选择最优的 β 来使其收益最大化。专利权人对 β 的选择存在两种情况，其一是，在许可费的大小不影响产量决策的情况下，无论是否在产品市场上进行生产，$\beta = 1$ 都是专利权人实现利润最大化的选择，即利用禁令威胁获取使用者尽可能多的全部利润，此时许可费的大小取决于专利使用者可被劫持的空间的大小，当禁令通过的可能性较大时，专利权人可以通过收取较高的许可费将竞争对手挤出市场。其二是，当该标准必要专利给产品带来较大的价值时，即许可费的大小会影响企业的产量决策时，如果专利权人与使用者之间不存在竞争关系，由于许可费的增加会使专利使用者的产量减少，因此专利权人可能不会选择获取使用者全部利润。但是当专利权人与使用者之间存在竞争关系时，由于许可费的增加能使专利权人在产品市场上获得更多的成本优势，因此专利权人仍然会利用禁令威胁来将竞争对手进行挤压，甚至将其排除出产品市场。以下部分对标准必要专利价值较大的情形进行分析。

2. 标准必要专利价值较大

（1）专利权人与使用者不存在竞争关系。

假定产品市场上存在两个同质的生产企业 D_1 和 D_2，生产一单位产品的边际成本都为 c，专利权人 P 对这两个企业进行专利许可，令市场需求为 $p = a - (q_1 + q_2)$，在前述博弈模型的最后一阶段谈判中，假设诉讼成本都为零，则两个生产企业的利润都为 $\pi_1 = \pi_2 = (p - c - r)q_i$，专利权人的利润

为 $\pi_P = r(q_1 + q_2)$。两个生产企业进行古诺竞争的均衡为 $q_i = \frac{a-c-r}{3}$，由专利权人的利润最大化可得 $r^* = \frac{a-c}{2}$。根据（1）式可得第一阶段的谈判结果为：

$$r_1^* = \theta r_2^* = \theta \frac{a-c}{2} \tag{5}$$

从而两个生产企业的均衡产量均为：

$$q_i^* = \frac{(a-c)(2-\theta)}{6} > 0 \quad (i=1,\ 2) \tag{6}$$

企业 D_1、D_2 和企业 P 的利润分别为：

$$\pi_i^* = \left[\frac{(2-\theta)(a-c)}{6}\right]^2 \quad (i=1,\ 2),\ \pi_P^* = \frac{\theta(a-c)^2(2-\theta)}{6} \tag{7}$$

因此，由（5）式可得，禁令通过的可能性越大，专利权人收取的许可费越高，但是专利权人不会获取使用者的全部利润，即专利权人没有动机将专利使用者挤出市场。

（2）专利权人与使用者存在竞争关系。

同样假定产品市场上存在两个生产企业 P 和 D，企业 P 拥有一个标准必要专利，生产一单位产品必须使用一单位该专利，其他条件与前述相同，则此时企业 P 的利润函数为 $\pi_P = r(q_D + q_P) + (p-c-r)q_P$，企业 D 的利润函数为 $\pi_D = (p-c-r)q_D$，两个企业进行古诺竞争，均衡产量为 $q_P = \frac{a-c+r}{3}$ 和 $q_D = \frac{a-c-2r}{3}$，由专利权人的利润最大化可得 $r^* = \frac{a-c}{2}$，根据（1）式可得第一阶段的谈判结果为：

$$r_1^* = \theta r_2^* = \theta \frac{a-c}{2} \tag{8}$$

从而企业 P 和企业 D 的产量分别为：

$$q_P^* = \frac{(a-c)(2+\theta)}{6},\ q_D^* = \frac{(a-c)(1-\theta)}{3} \tag{9}$$

企业 P 与企业 D 的利润分别为：

$$\pi_D^* = \left[\frac{(1-\theta)(a-c)}{3}\right]^2 \quad (i=1,\ 2),\ \pi_P^* = \frac{(a-c)^2(4+10\theta-5\theta^2)}{36} \tag{10}$$

由（7）式可得，当禁令通过的可能性越大时，专利权人将收取更高的许可费，从而在产品市场上对竞争对手进行挤压，特别是当 $\theta = 1$ 时，由（8）式可得 $q_D^* = 0$，即专利权人可以通过较高的许可费将竞争对手挤出市场。并且，比较（7）式和（8）式可得，企业 P 与企业 D_1 的利润总和为 $\pi_P^* + \pi_1^* = \frac{(a-c)^2(4+8\theta-5\theta^2)}{36}$，小于存在竞争关系下的 π_P^*，说明当专利权人在产品市场上进行生产时，禁令威胁使其可以通过收取较高的许可费来对竞争对手进行挤压，进而从市场上获得更多的产品利润，禁令通过的可能性越大时，与不存在竞争关系相比，专利权人在竞争状态下通过许可费能获取的利润就更高，最终可能将竞争对手挤出产品市场。

综上可得，禁令通过的可能性越高或者使用者的转产成本越大时，标准必要专利权人的诉讼费用越低或者使用者的诉讼费用越高时，禁令威胁会使专利劫持的可能性增大，反之则可能出现反向劫持。并且，当标准必要专利权人与使用者之间存在竞争关系时，一方面，专利权人可以通过禁令威胁收取更高的许可费，从而使专利劫持更有可能出现；另一方面，与双方不存在竞争关系相比，专利权人更有动机使用禁令来将竞争对手挤出市场。

四、标准必要专利禁令的适用：相关立法与执法进展

一方面，由于标准必要专利禁令存在积极效应，因此法院在做出判决时应在专利权人和使用者的利益之间进行权衡，而不应直接否定专利权人的禁令申请。Peter et al.（2013）认为专利权人寻求禁令不应被认为是拒绝许可，专利权人寻求禁令的可能会减少使用者的机会主义行为，法院是否支持专利权人的禁令申请应取决于使用者是否存在机会主义行为，而不应直接否决专利权人的禁令申请。另一方面，由于标准必要专利禁令可能产生反竞争效应，因此法院在判断是否授予禁令时应对专利劫持的可能性进行考虑，考虑因素包括专利权人与使用者之间是否存在竞争关系、专利使用者已投入的成本的多少以及双方诉讼成本的大小，而在判断专利权人申请禁令的行为是否属于滥用市场支配地位时，则需要考虑双方在诉前谈判过程中是否为善意的，考虑因素包括双方在谈判过程中的行为和提出许可费的多少。Kristian（2016）认为法院在考虑是否通过专利权人的禁令申请时要考虑专利权人和使用者、公共利益之间的平衡。

法院一般只在某些特殊情况下才给予持有者禁令支持，比如使用者不支付合理的许可费或拒绝对 FRAND 原则的相关条款进行协商，或者法院无法判定侵权行为造成损失的大小时。韩国、日本和中国都在知识产权反垄断指南中对禁令的适用进行具体规定，美国和欧盟则主要在相关判例中逐步确立禁令的适用机制，包括法院在相关案例中对标准必要专利持有人申请禁令的条件进行的具体限制和竞争局对相关行为的审查。

（一）相关立法进展

各国反垄断指南在标准必要专利禁令的适用问题上都考虑了两方面的效应。一方面承认禁令作为专利权人的一项救济途径具有合理性，另一方面指出标准必要专利权人寻求禁令可能具有反竞争效应。因此指南中都通过对禁

令的适用条件进行规定来减少专利劫持和反向劫持的可能。

美国司法部和专利商标局发布的《有关受 FRAND 原则约束的标准必要专利的共同声明》中主要考虑禁令适用对公共利益的影响和专利权人能否得到足够的补偿。韩国《关于知识产权不公平行为指南》中对专利权人和使用者双方的义务进行了规定，一方面考虑专利权人是否提供许可协议以及协议内容是否符合 FRAND 原则，另一方面考虑使用者是否拖延协商以及是否愿意接受符合 FRAND 原则的协议。日本《反垄断法下知识产权使用指南》中指出专利权人不可针对善意使用者寻求禁令，并对判断使用者是否为善意时需考虑的因素进行了规定。中国《关于滥用知识产权的反垄断指南》中的规定与日本相似，也指出使用者无明显过错时法院对专利权人的禁令申请不予支持，并对专利权人是否滥用市场支配地位以及使用者的过错的判断因素进行简要的规定，判断因素中也考虑了对公共利益的影响。

（二）相关执法进展

美国和欧盟的相关指南中对标准必要专利禁令适用问题的规定较少，主要通过法院判例和竞争局的审查来确立禁令适用问题的裁判机制。美国和欧盟的相关执法经验中都对标准必要专利权人和使用者之间存在竞争关系的情况进行了较多的考虑，主要体现在两个方面：一方面是在判断侵权行为造成的损失时，会考虑侵权行为对市场需求的影响；另一方面是在判断是否支持专利权人的禁令申请时，会对该申请禁令的行为是否存在排除竞争对手的动机进行考虑。并且，美国和欧盟都在各自执法经验的基础上对禁令的适用程序进行了较多的限制和设计。

1. 美国相关执法进展

美国最高院在 2006 年的 eBay 案件中提出的“四原则”确定了标准必要专利相关案件的普遍适用原则，即只有当原告能够证明以下四个事实时，法院才可以对侵权人实施禁令：一是，侵权行为给原告造成不可修复的损失；二是，依法可得到的赔偿等救济措施不足以弥补原告的损失；三是，综合考虑原告的损失和被告的成本后，该救济行为是合适的；四是，永久的禁令不会对公共利益造成影响。“四原则”在适用过程中主要考虑了实施禁令对公共利益的影响和不实施禁令专利权人是否得到足够的补偿。2010 年 Apple 诉 Motorola 一案中，联邦法院依据“四原则”对当事人的上诉进行审理，驳回地区法院禁令不适用于标准必要专利的主张。在判断是否支持 Motorola 的禁令申请时，由于双方在产品市场上存在竞争关系，联邦法院对侵权行为如何影响需求的变化进行了考虑，以此来判断增加一个使用者是否会给 Motorola 造成不可弥补的损失，并且通过考虑 Apple 是否拖延协商或单方面拒绝达成协议等因素来判断使用者是否为善意的，从而做出拒绝授予禁令的判决。

联邦贸易委员会（FTC）在“四原则”和联邦贸易委员会法则（FTC 法

则）第五条[①]的基础上对标准必要专利禁令案件进行审查，并在发布的决议或同意令中对专利权人寻求禁令进行了限定。2012 年 FTC 在审查 Bosch 并购 SPX 一案中，认为 SPX 作为 ACRRRs 产品的标准必要专利持有人曾向其竞争对手寻求禁令，目的是阻止它们进入市场，该行为违反了 FRAND 承诺，属于以不公平的方法进行竞争。因此 FTC 对 Bosch 就其标准必要专利寻求禁令的行为进行了限制，即 Bosch 只有在使用者拒绝接受 FRAND 协议或没有按照相关标准的要求进行使用时才可申请禁令。2013 年的 Google 一案中，Google 就其标准必要专利向美国国际贸易委员会提起专利侵权诉讼，并且就 Apple、Microsoft 的侵权行为向联邦地区法院多次申请禁令，FTC 认为 Google 一系列行为的目的在于通过寻求禁令来排除竞争对手，违反了其做出的 FRAND 承诺，可能对消费者福利造成损失。FTC 在对 Google 发布的同意令中对 Google 寻求禁令的限制进行了详细的规定，主要体现在两个方面：一是规定了申请禁令前的最少协商时间，即 Google 必须与使用者至少协商六个月，在协商期结束后，如果使用者要求 Google 提供一份协议，Google 必须在两个月以内提供，使用者可以对其认为不符合 FRAND 原则的条款提出质疑；二是规定了使用者及时申请法院解决争议时，诉讼期间专利权人不得寻求禁令，即若使用者在 Google 提供协议的七个月内或 Google 提出请求仲裁机构裁决的三个月内，向法院提起诉讼，要求法院进行判定，Google 在这一期间将不得对使用者申请禁令，并且允许使用者对标准必要专利的有效性、价值、必要性或侵权情况提出质疑。美国新进的裁判机制更关注禁令的反竞争效应，一方面在专利权人的损失难以得到足够补偿时支持禁令的适用，另一方面对专利权人适用禁令的条件和程序进行具体规定，以此来减少对公共利益的影响。

2. 欧盟相关执法进展

欧盟在 2009 年的橙皮书案中确定了标准必要专利禁令适用的基本原则，认为申请禁令可能导致拒绝许可，因此允许使用者对专利权人的禁令申请提出抗辩。但法院对其提出禁令抗辩的条件进行了规定，即使用者必须证明该专利是企业进入市场不可或缺的条件、实施禁令的不合理性和表明其愿意支付许可费。欧盟委员会认为橙皮书案确定的适用原则过于倾向保护专利权人，因此在对 Motorola 和 Samsung 的审查中，欧盟委员会为使用者确立了一个“安全港”原则，2013 年欧盟委员会在对 Motorola 的调查中指出，由于 Apple 已表明愿意接受法院判定的符合 FRAND 原则的许可费，因此 Motorola 继续寻求禁令的行为目的在于排除竞争对手，属于滥用市场支配地位的行为。同时，欧委会还认定 Motorola 以禁令为威胁要求 Apple 放弃质疑其相关

① FTC 法则第 5 条是 FTC 对以不公平的方法进行竞争或影响商业过程以及商业欺诈行为进行规制的条款。

标准必要专利有效性的权利，也构成反竞争行为。欧盟委员会认为当标准必要专利持有人已做出 FRAND 承诺并且潜在使用者表明同意支付符合 FRAND 原则的许可费时，标准必要专利持有人寻求禁令的行为会扭曲协议过程并最终对产品价格和消费者的选择造成消极影响，该行为具有反竞争性。因此要为愿意接受符合 FRAND 原则的协议条款的潜在使用者提供一个“安全港”，使其不受标准必要专利持有人的禁令威胁。欧盟委员会指出禁令救济只有以下两种情况下才可能是合适的：一是，被许可人发生财务困难无法偿还债务时；二是，依据该司法管辖区的规定标准必要专利持有人的损失无法获得足够的补偿时。欧委会认为应该为善意的使用者提供一个“安全港”，即只要使用者表明愿意支付符合 FRAND 原则的许可费，就可以免受标准必要专利权人的禁令威胁。2012 年对 Samsung 的调查中，欧委会同样适用了“安全港”规则，指出只要潜在使用者同意 Samsung 承诺的许可机制，就可以避免 Samsung 的禁令威胁。

“橙皮书”案规则主要是站在专利法的角度，更强调专利权的财产属性，偏向专利权人，从而对潜在使用者设置了一些进行抗辩的限制条件；而欧盟委员会主要是站在竞争法的角度，更注重申请禁令的行为对竞争的影响，因此提出“安全港”规则以减少专利劫持的可能。欧洲法院在华为诉中兴一案中结合这两种观点对地区法院关于禁令适用的相关问题进行了回复，法院认为在判定专利权人寻求禁令的行为是否属于滥用行为时应考虑双方的利益平衡，使用者不能享有“安全港”保护，标准必要专利持有人也不能因为使用者拒绝第三方制定的许可费而获得法院的禁令支持。法院认为应对双方是否为善意的进行判断，并具体规定了双方在协商中应履行的义务来作为判断依据。首先，对持有人的规定如下：一是，标准必要专利持有人申请禁令前必须对使用者的侵权行为提出警告，因为一个标准中包含许多专利，使用者可能没有意识到自己的侵权行为，因此标准必要专利持有人在申请禁令前必须先与使用者进行协商，无论使用者是否已使用专利都不可直接申请禁令；二是，标准必要专利持有人必须提供符合 FRAND 原则的具体的书面协议，协议中必须包括许可费的金额和计算方式；三是，当双方无法达成协议时，根据共同协议许可费的数额将由独立的第三方决定。当有一方不同意第三方决定的许可费时，欧洲法院没有对这种情况下的解决方法进行解释，一般由侵权法院将对双方提出的要约是否符合 FRAND 原则进行评估，只有当专利权人的要约符合 FRAND 原则而使用者的不符合时，法院才会通过专利权人的禁令申请。其次，对潜在使用者的规定如下：一是，在收到标准必要专利持有人的警告之后，标准必要专利使用者必须表明其同意接受符合 FRAND 原则的许可；二是，使用者必须对标准必要专利持有人提出的协议做出积极的书面回应，若使用者不同意持有人的协议，则必须提出符合 FRAND 原则的反要约，当专利权人向法院申请禁令时，法院会对该反要约进行审查以判断使用者是否是善意的；三是，若使用者在协议没有达成的情况下就已使用了专利权人的专利，则使用者必须提供数量明确的用于补偿已使用部分的保证金；四是，标准必要专利使用者在协议达成之后仍有权对专利的有效性提出质疑，这在一定程度上降低了使用者对抗标准必要专利持有人禁令申请的难度，也进一步平衡了双方的谈判地位。

欧洲法院对专利权人和使用者在协商中应履行的义务的具体规定，一方面鼓励争议由双方协商解决，减少专利劫持的可能性；另一方面督促使用者积极参与协商，避免反向劫持的出现。在 Unwired Planet 诉华为案中，英国法院根据欧洲法院提出的解决机制对双方行为的合理性进行判断，最终支持了专利权人的禁令申请，与近年来普遍否决禁令的做法有所不同。该案中，法院也提出了不同于普通专利的禁令，即允许双方就法院制定的符合 FRAND 原则的许可费进行重新协商，无法达成一致再实施禁令，这在一定程度上也起到了减缓专利劫持的作用。因此，欧盟关于禁令适用的裁判机制注重于平衡双方的谈判势力，以减少专利劫持和反向劫持的发生，并力图使争议通过协商解决。

五、结论与政策建议

（一）对完善中国相关立法与执法的建议

2017 年 3 月国务院反垄断委员会发布的《关于滥用知识产权的反垄断指南（征求意见稿）》第二十六条规定标准必要专利持有人享有申请禁令的权利，但如果标准必要专利持有人拥有市场支配地位，则其利用申请禁令的威胁来使被许可人接受其提出的不公平的高价许可费或者其他不合理的许可条件的行为可能导致排除、限制竞争的效果。具体分析该行为是否属于滥用市场支配地位时要考虑的相关因素包括双方在谈判时的表现、提出的许可条件、曾做出的承诺以及申请禁令对谈判和下游市场竞争、消费者利益的影响。虽然中国对拥有市场支配地位的标准必要专利权人的禁令申请进行了限制，但与欧盟和美国在判例中对标准必要专利持有人做出的规定相比，中国的规定较为模糊，对谈判过程中标准必要专利持有人应履行的义务和申请禁令的时间限制等没有较为具体的规定。法院在决定是否授予禁令时也考虑了美国“四原则”中的公共利益因素，2016 年公布的最高院《关于审理侵犯专利权纠纷案件应用法律若干问题的解释（二）》第二十四条指出，标准必要专利持有人与使用者协商过程中，如果故意违反 FRAND 承诺，而使用者没有明显过错，则对于标准必要专利持有人的禁令申请，法院一般不予支持。对于使用者这一方，中国法律提供了类似欧盟的“安全港”规则，但对其他因素就没有加以规定。与欧洲法院的回复相比，中国没有规定使用者在谈判中应履行的义务，也没有对如何判断使用者是否为善意进行具体考虑。

中国可考虑从以下几个方面完善标准必要专利禁令适用的立法和执法。首先，《关于滥用知识产权的反垄断指南》中应增加对专利权人和使用者双方在协商过程中应履行义务的具体规定，包括义务内容和履行时间，并增加专利权人是否可以得到足够的补偿这一因素。其次，裁判过程中，法院在判断使用者是否为善意时除了考虑其提出的许可费是否符合 FRAND 原则之外，还应综合考虑使用者是否履行了协商期间应尽的义务，法院应尽量避免直接制定许可费。再次，裁判时法院还应对两方面因素进行综合考虑，一方面是侵权损失能否可靠计量和专利权人能否得到足够的补偿；另一方面是被告的转换成本的大小以及专利权人与专利使用者之间是否存在竞争关系。近年来发布禁令的多是在存在竞争关系情况下发生的，应对竞争关系和竞争行为予以重点关注。最后，法院应以鼓励协商解决为原则，通过对裁判流程的设计来平衡专利权人和使用者的谈判势力，进而促使双方通过协商达成符合 FRAND 原则的协议。若标准必要专利权人的禁令申请属于滥用市场支配地位的行为，产生了排除、限制或扭曲市场竞争的效果，则法院还应给予专利权人相应的惩罚。

（二）判定是否适用禁令申请的“五步走机制”

由于标准必要专利禁令存在双重效应，因此可以通过对禁令的适用机制进行科学设计来减少专利劫持和反向劫持的发生。结合本文的理论研究和国内外立法与执法进展，本文认为法院在裁定是否支持专利持有人的禁令申请时可以遵循以下五个步骤进行考虑。

第一，禁令作为专利权人的一项救济途径本身具有积极效应，其反竞争效应主要是由于标准必要专利持有人的市场支配地位引起的。因此，在决定是否对持有人的禁令申请进行限制时，应先考虑持有人在专利市场上是否具有支配地位，是否存在可替代的技术标准。当存在可替代的技术标准时，则应对专利权人与使用者之间是否存在竞争关系进行考虑。

第二，当专利权人拥有市场支配地位，并且侵权行为成立时，法院在裁决是否支持专利权人的禁令申请时，应考虑专利权人在协商过程中是否履行了应尽的义务。专利权人主要义务主要包括以下三点：（1）专利权人应在诉至法院的一段时间之前告知使用者的侵权行为的存在，并且向使用者提供许可协议；（2）专利权人提供的许可协议应包括许可费的金额和计算方式，并写明双方无法达成一致时的仲裁机构，许可协议应符合 FRAND 原则；（3）当双方无法在许可协议上达成一致时，专利权人应告知使用者可以向约定的仲裁机构申请仲裁。若使用者在合理期间内选择由法院解决许可协议纠纷，则诉讼期间专利权人不得提出禁令申请。若专利权人没有履行应尽的义务，则法院不应支持专利权人的禁令申请，从而减少专利劫持的可能。

第三，根据 FRAND 承诺，专利权人有义务向愿意接受 FRAND 原则的使用者授予许可，因此要对使用者是否是善意的进行判断。法院可根据以下三个方面判断使用者是否为善意的：（1）当专利权人向使用者提供许可协议时，使用者应做出积极的回应，若使用者认为许可协议不符合 FRAND 原则，则应提出符合 FRAND 原则的协议；（2）当双方无法就许可协议达成一致时，使用者应在合理期间内申请由约定的仲裁机构或法院裁决；（3）若使用者未经许可使用了专利权人的专利，则使用者应提出相应的赔偿款或保证金，并表明其愿意接受符合 FRAND 原则的协议。若使用者为非善意的，则法院可以考虑支持专利权人的禁令申请，从而减少反向劫持的发生。

第四，法院除了考虑双方是否为善意的之外，还应对其他因素进行考虑。一方面，由于禁令是专利权人的一项救济措施，因此应考虑其他救济途径是否能给予专利权人足够的补偿。当侵权行为给专利权人造成的损失无法计量及有无其他替代手段或使用者无法支付足够的赔偿时，可以考虑同意专利权人的禁令申请。另一方面，由于实施禁令可能将使用者排除出市场，对市场竞争造成影响，或者可能给使用者造成较大的转换成本，特别是当专利权人与使用者之间存在竞争关系时，禁令威胁可能使专利权人在谈判中通过收取更高的许可费来将竞争对手挤出市场。因此当对公共利益影响较大、转换成本较大或者专利权人与使用者之间存在竞争关系时，法院应更多地采用赔偿款的救济方式。对于专利权人滥用禁令的行为，若法院判决滥用行为成立，同时应给予专利权人相应的惩罚，以防止滥用禁令。

第五，法院在对专利权人和使用者的善意与否和其他因素进行综合考虑之后，可以对是否授予禁令进行做出暂时性决定。当专利权人是善意的而使用者是非善意的时，法院可初步决定支持专利权人的禁令申请，但由于授予禁令可能产生反竞争效应，因此法院可以决定禁令暂时不予生效。在对禁令申请做出初步判决之后，法院可要求双方在给定时间内再次进行协商，若仍无法达成一致，则禁令开始对使用者生效。因此法院可通过鼓励双方协商解决许可纠纷而减少禁令的适用，进而减少对市场竞争的损害，也避免了法院直接制定许可费金额可能出现的误差。

参考文献

[1] Akimichi, T., Takuya, A., Katsunori, T., and Makoto, K., 2013: Latest trends in restrictions on the exercise of standard-essential patent rights, *NTT DOCOMO Technical Journal*, Vol. 15, No. 2.

[2] Bernhard, G., Luke, M. F., and Gregory J. W., 2012: Patent Hold - Up and Antitrust: How A Well - Intentioned Rule Could Retard Innovation, *The Journal of Industrial*

Economics, Vol. 60, No. 2.

[3] Carl, S., 2010: Injunctions, Hold - Up, and Patent Royalties, *American Law & Economics Review*, Vol. 12, No. 2.

[4] Carl, S., 2017: Property Rules vs. Liability Rules for Patent Infringement, http://faculty.haas.berkeley.edu/shapiro/.

[5] Fiona, S. M. and Carl, S., 2015: Patent Assertions: Are We Any Closer to Aligning Reward to Contribution?, *Social Science Electronic Publishing*, Vol. 16, No. 1.

[6] Gregor, L., Vilen, L., and Damien, N., 2013: Standard-essential patents: Who is really holding up (and when)?, *Journal of Competition Law & Economics*, Vol. 9, No. 2.

[7] Haksoo, K., 2014: Facilitating Negotiation for Licensing Standard - Essential Patents in the Shadow of Injunctive Relief Possibilities, *Texas Intellectual Property Law Journal*, Vol. 22, No. 2.

[8] John, T. L., 2015: Standard essential patents and court injunctions in the high tech sector under EU law after Huawei, *ERA Forum*, Vol. 16, No. 4.

[9] Joseph, F., John, H., Carl, S., and Theresa, S., Standard setting, Patents, and Hold-up, *Antitrust Law Journal*, Vol. 74, No. 3.

[10] Kristian, H., 2016: Injunctions for Standard Essential Patents Under FRAND Commitment: A Balanced, Royalty - Oriented Approach, *IIC - International Review of Intellectual Prop*, Vol. 47, No. 4.

[11] Lisa, K., 2015: Injunctive Relief for Infringement of FRAND - Assured Standard - Essential Patents: Japan and Canada Propose New Antitrust Guidance, *CPI Antitrust Chronicle*, Vol. 10, No. 1.

[12] Mark, S. and Suzanne, S., 2001: Damages and Injunctions in Protecting Intellectual Property, *RAND Journal of Economics*, Vol. 32, No. 1.

[13] Peter, C., Gregor, L., Damien, N., and Pat, T., 2013: Injunctions for standard-essential patents: justice is not blind, *Journal of Competition Law & Economics*, Vol. 9, No. 2.

Application of Injunction on Standard Essential Patents: Theories and Policies

Zuo Yu　Yixiu Yan

Abstract: The application of injunction on standard essential patents has become the focus of judicial practice in various countries. This article discusses the risk of hold-up and reverse hold-up through the application for injunctions. We provide an overview of legislation and anti-trust enforcement currently in several countries or regions such as the United States, the European Union,

Japan, Republic of Korea and China. Then we design the "five-step" mechanism for the application of injunction. We proposes that China should make a clearer interpretation on the judicial mechanism of the application of injunction so that it can not only reduce the damage caused by the application of injunction on market competition and consumer welfare, but also provide sufficient protection for SEP owner.

Keywords: Standard Essential Patent　Injunction　Hold-up　Reverse Hold-up　FRAND

JEL Classification: K21　L12　O34

中国 B2C 市场独家交易的竞争效应

董维刚　林　鑫*

摘　要： 基于中国 B2C 市场现状，本文以 Hotelling 模型为基本框架，研究了 B2C 平台为阻止商家多归属而提出的独家交易行为的影响，并对独家交易前后 B2C 市场博弈过程进行了模拟。研究发现，B2C 平台的独家交易行为会在一定程度上抑制市场竞争，有利于实施独家交易的平台提高市场份额，且可能提高市场中 B2C 平台的利润水平。从对两边用户的影响看，独家交易行为下的价格优惠能够提高商家剩余，但会降低消费者剩余。总体而言，独家交易行为对社会总福利的影响是不确定的，并非总是损害社会福利和经济效率。因此，反垄断机构对 B2C 独家交易行为在密切关注的同时，也应避免过度干预。

关键词： 双边市场　B2C 平台　独家交易　社会福利

一、引　　言

伴随互联网技术的发展，近年来中国 B2C 市场迅速成长，交易规模连年保持超过 20% 的增长速度。从市场结构看，中国电子商务研究中心监测数据显示，截至 2017 年上半年，天猫、京东和唯品会依然占据中国 B2C 市场前三强，随后是苏宁易购、国美在线、亚马逊中国、当当网等①。为实现持续增长，各 B2C 平台一方面在不断寻找新的发展机遇、开拓市场，另一方面在使尽浑身解数，与对手进行竞争。而在这其中，竞争最激烈的当属天猫和京

---

* 本文受辽宁省社科基金项目“基于双边市场理论的辽宁省零售业发展问题研究：以百货为例”（L12DJY061）、辽宁省经济社会发展研究项目“新常态下辽宁零售业转型发展问题研究”（2017lslktjd-20）、中央高校基本科研业务费项目“双边市场理论视角下的零售类平台企业发展：模式与策略”（DUT18RW106）资助。

感谢匿名审稿人的专业意见。

董维刚：大连理工大学管理与经济学部；地址：大连市高新园区凌工路 2 号大连理工大学管理与经济学部新大楼 D328，邮编 116024；Email：wgdxgn@126.com。

林鑫：大连理工大学管理与经济学部；地址：大连市高新园区凌工路 2 号大连理工大学管理与经济学部新大楼 D328，邮编：116024；Email：1842048785@qq.com。

① 资料来源：中国电子商务研究中心：《2017 年度（上）中国网络零售市场数据监测报告》，http：//www.100ec.cn/zt/17wllsbg1/。

东，二者在中国 B2C 市场中占据了超过 80% 的市场份额①。虽然从规模上看，京东还与天猫具有一定的差距，但是，就增长势头来说，京东对天猫的威胁已经不可忽视，市场份额步步逼近②。为了保持市场优势地位，抑制京东等竞争对手的发展，天猫频繁利用独家交易协议来阻止商家同时入驻竞争对手的平台，削弱竞争对手对消费者的吸引力。2012 年“双十一”前后，京东指责天猫胁迫商家作出“二选一”的选择，退出京东“沙漠风暴”的活动，之后两家平台之间的战火不断升级。2015 年 11 月 3 日，京东向国家工商总局实名举报阿里巴巴集团扰乱电商市场秩序，胁迫合作商家“双十一”期间“二选一”③。直至今日，天猫与商家进行独家交易的尝试只增不减。表 1 给出了 2015 年以来天猫与入驻商家进行独家交易的典型案例。

表 1　　天猫签署独家交易战略合作协议的具体案例

时间	合作内容
2015.8	与迪卡侬、Timberland、E·land、Teenie Weenie 以及 Inditex 集团等 20 多个品牌进行独家合作，天猫为其唯一合作第三方电商平台。
2015.9	与澳大利亚最大的折扣连锁药房 Chemist Warehouse 签署独家战略合作协议。
2016.4	与 CES（国际消费类电子产品展览会）签署独家战略合作协议，未来由 CES 首发的全球消费电子类新品将在天猫电器城进行独家销售。
2016.6	已吸引包括优衣库、ZARA、C&A、Forever21，以及瑞典最大的快时尚集团之 HM 集团旗下少女快时尚品牌 Monki 等全球 90% 以上的快时尚巨头进行独家战略合作。
2016.7	与美国 Costco、德国麦德龙、英国 Sainsbury's、西班牙 Dia、荷兰 Albert Heijn、意大利 Coop、Iper、Eurospin、日本 Aeon、Fresta、韩国 Emart、Lottemart、泰国 Kingpower、澳大利亚 Woolworths、Metcash、新西兰 Countdown 等全球 20 大超市达成独家战略合作协议。

资料来源：作者调查。

尽管在平台竞争过程中，B2C 平台常采用独家交易作为重要竞争手段，然而因为独家交易存在阻碍市场竞争甚至滥用市场支配地位的可能，常常引发反垄断机构的担忧。特别是，天猫目前在中国 B2C 市场稳定保持着 50% 以上的交易份额，这种情况下，与入驻商家进行独家交易，其抑制甚至排挤竞争对手的影响不容小觑。不仅如此，这些独家交易协议，还可能造成平台与入驻商家之间的合谋，弱化商家层面的竞争，造成产品定价提高，从而损害广大消费者的利益。

① 资料来源：http：//www. 100ec. cn/detail－－6397448. html。

② 资料来源：易观：《中国网上零售 B2C 市场年度综合分析 2017》，http：//www. analysys. cn/analysis/8/detail/1000731/。

③ 资料来源：http：//www. apdnews. com/business/companies/258455. html。

然而，目前中国对独家交易行为的反垄断执法还存在诸多困难。一方面，独家交易的影响本身就具有两面性，除了上述不利的一面，也存在可能的积极影响，体现在独家交易有利于缓解商家的“搭便车”问题，有利于降低成本，有利于分销体系的优化和提高效率等，而 B2C 市场本身又是双边市场，交叉网络外部性、需求相依性等经济技术特征的存在使得双边市场中对独家交易行为效果的识别更加复杂。另一方面，中国反垄断机构的执法经验尚且不足，也没有经典的国外案例可以借鉴。因此，结合中国现实，研究 B2C 市场独家交易行为的经济效应，不仅可以丰富有关独家交易的反垄断经济学理论，也有助于为反垄断机构执法提供依据。

二、文献综述

虽然独家交易行为受到反垄断领域的普遍关注，但是在理论研究方面，尚无明确共识，因此在对独家交易进行反垄断规制时一直缺乏足够的理论依据。

Bernheim & Whinston（1992）提供了研究独家交易的基本框架，认为禁止独家交易的影响是复杂的，并表示对独家交易行为分析关键的是对其带来的成本和收益进行全面权衡。Fumagalli & Motta（2006）研究发现，存在规模经济的情况下，在位者与下游同质的消费者进行独家交易不会造成无效的市场竞争环境。但是 Wright（2009）发现，当上游企业可以按两部制收费的方式制定价格时，Fumagalli & Motta（2006）的结论就不成立。Wright 认为这种情况下，若规模经济足够大或者进入者的成本优势较弱，独家交易会抑制市场公平竞争。从目前关于传统市场中独家交易的研究结论来看，独家交易的反竞争影响是不确定的，无法一言概之。

相对于传统市场的独家交易，对双边平台独家交易产生的经济影响的分析研究更加复杂。虽然 Balto（1999）和 Shapiro（1999）很早就对信用卡网络、付费电视和视频游戏等平台企业的独家交易行为进行了分析，认为独家交易行为会带来一些负面影响，如阻碍新技术的出现、影响产业绩效等，但是均只考虑了网络外部性的影响，并未考虑双边市场其他特征的影响。Doganoglu & Wright（2010）对独家交易的研究从传统的单边市场扩展到双边市场中，发现由于网络外部性的存在，双边市场中的在位者提出的独家交易会阻碍更加有效的竞争者进入市场，不利于市场竞争，且会损害消费者剩余和社会福利。Brühn & Götz（2016）利用标准的双边市场模型分析了两个购物中心之间的竞争均衡结果，认为当市场竞争十分激烈时，在位者有进行独家交易的激励，但消费者和社会福利都会因独家交易遭受到损失。

与上述研究不同，Goolsbee & Petrin（2004）和 Weeds（2012）在考虑了广播电视市场中优质内容价值对观众的影响的情况下，研究认为对广播电视市场中的独家交易进行干预不利于市场竞争，并且有损于社会福利。Prieger & Hu（2010）对美国第六代视频游戏市场进行实证分析，发现当平台通过独家交易获得的软件的质量较低或是对消费者的价值较小时，独家交易对竞争的限制作用是非常有限的，并且有可能会促进新兴平台的迅速成长。Shao（2016）在双边市场框架下对独家交易竞争均衡的分析发现，当消费者给商家带来的交叉网络外部性差异较大时，商家接受独家交易有利于增加平台的消费者规模，从而提高社会福利，改善经济效率。也有一些文献在考虑用户多归属的情况下对独家交易的经济效应进行了研究。Chowdhury & Martin（2010、2016）、Halaburda & Yehezkel（2011）认为虽然双边平台独家交易会产生排挤竞争对手的影响，但是从避免用户多归属时承担双倍成本的角度出发，它又有利于提高社会福利。Jeitschko & Tremblay（2015）在一边用户多归属的情况下，研究发现当存在独家交易时，双边市场中既能存在垄断均衡又能实现竞争均衡，因此独家交易对市场竞争的影响不是绝对的，在一定情况下，独家交易有可能增加社会福利。

总体而言，目前无论是经济学还是法学研究，均认为在对独家交易行为进行反垄断规制时要同时权衡其带来的正负两方面效应，反垄断机构在判定独家交易行为是否违法时也通常是采取推定原则。因此，我们将以 B2C 市场为例，深入研究双边平台与用户签订独家交易协议的动机，以及独家交易对市场竞争、消费者和社会福利的影响，从而为反垄断当局和政策制定者提供政策参考，避免其在反垄断执法过程搞“一刀切”，制约 B2C 市场的发展。

三、模型构建

针对中国 B2C 市场中的独家交易行为，我们以 Armstrong & Wright（2007）的模型为基础进行分析。从目前的竞争格局看，考虑到相比其他平台，天猫和京东在中国 B2C 市场的明显优势地位，我们采用双寡头的市场结构框架进行分析。记两家平台分别为 T 和 J。B2C 网络购物市场中存在两类不同类型的用户群体——商家和消费者，我们将商家表示为用户群体 S，将消费者表示为用户群体 B。通常情况下，商家为了接触到更多的消费者以提高实现交易的可能性，以追求效用水平最大化为原则，商家通过自主选择会同时入驻多个 B2C 平台，因此商家一般具有内生的多归属性。而与商家有所不同，虽然消费者会在不同平台上进行交易，但由于其消费行为特点，消费者每一次交易只能在一个平台上完成，因此消费者具有内生的单归属性，这一点和 Belleflamme & Toulemonde（2016）的假设是一致的。由于两类用户群体之间会产生交叉网络外部效应，我们将平台 i 上的用户获得的交叉网络外部效用记为 $\alpha^k n_i^l$(k, $l = S$, B 且 $k \neq l$; $i = T$, J)（α^k 表示另一边用户给用户 k 带来的交叉网络外部性强度系数，假设两个平台同一边用户对应的交叉网络外部性强度相同，且消费者给商家带来的网络外部性强于商家给消费者带来的网络外部性，即 $\alpha^S > \alpha^B$；n_i^l 表示 i 平台上另一边用户数量，根据 Hotelling 模型假设，市场中的消费者具有单位需求，因此一边用户能够实现的交易量可以用平台上具有的另一边用户的规模来表示）。另外，根据 Doganoglu & Wright（2006）、Amelio & Jullien（2007）、董维刚等（2011）的研究，两边用户在双边平台上进行交易时还可能获得固有收益 $v^k(k = S, B)$。B2C 市场中，对于单归属的消费者而言，其对平台的忠诚度通常相对较高，即使平台上能够交易的商家很少，只要平台提供的售后服务、正品保障等服务带来的固有收益足够高，它依然能够保障一定的消费者规模，甚至即使没有商家加盟，平台的附加服务（如支付服务）、商品广告和信用评价等服务给消费者带来的固有收益也能够吸引到一定数量的消费者，因此假设 $v^B > 0$，而且假定用户在不同平台上获得的固定收益是相同的。而对于多归属的商家而言，因为商家主要关注的是与平台上消费者进行交易的机会，他们对平台之间的差异化和平台直接提供的基本服务通常不太在意，因此为了简化分析又不失一般性，我们假设 $v^S = 0$。

按照 Hotelling 基本模型的假设，当平台 T 和 J 分别位于单位区间的两端（位于 x 处的商家到平台 T 的距离为 x，到平台 J 的距离为 $1 - x$；位于 y 处的消费者到平台 T 的距离为 y，到平台 J 的距离为 $1 - y$）。为考虑平台差异对用户的影响，将用户 B 对平台的偏好用交通成本 t^B 表示，从而位于 y 处的用户 B 使用平台 T 承担的交通成本为 $t^B y$，使用平台 J 承担的交通成本为 $t^B(1 - y)$。因为多归属的商家不太在意平台之间的差异，所以我们假设 $t^S = 0$。根据目前 B2C 平台的定价模式，平台向商家收取的费用包括两部分：固定费用和可变费用。其中，固定费用包括保证金和年费，在商家履行合约要求后会返还给商家，因此平台的主要的收入来源是向商家收取可变费用，即交易提成①。为此，假设平台 i 向每位商家收取的使用费是按照其实现的交易量计算的，即为 $p_i^S n_i^B$，其中 p_i^S 为单位费率；向每位消费者收取的费用为固定的注册费，用 p_i^B 表示。

从成本方面看，一方面，考虑到在竞争激烈的 B2C 市场中，B2C 平台不仅要为商家提供一个与消费者进行交易的平台，还需要为商家提供足够的数据技术支持和运营营销服务等，因此会产生一定的成本。相比之下，平台向消费者提供服务时产生的成本却非常小。另一方面，目前中国 B2C 市场中，平台间较容易通过学习模仿彼此的技术和策略以实现成本的趋同，因此假设两个平台向同一边用户提供服务的边际成本相同。综合这两方面的考虑，我们假设两个平台向商家服务的成本为 f，向消费者提供服务的成本为 0。另外，在不影响分析结果的情况下，为了简化推导过程，我们忽略平台的固定

① 资料来源：http://mt.sohu.com/20160319/n441088473.shtml。

成本。

基于上述前提，位于 x 的商家从平台 T 和 J 上获得的净效用可以分别表示为：

$$\mu_T^S = \alpha^S n_T^B - p_T^S n_T^B - t^S x \tag{1}$$

$$\mu_J^S = \alpha^S n_J^B - p_J^S n_J^B - t^S(1-x) \tag{2}$$

同理，位于 y 的消费者从平台 T 和 J 上获得的净效用可以分别表示为：

$$\mu_T^B = \nu^B + \alpha^B n_T^S - p_T^B - t^B y \tag{3}$$

$$\mu_J^B = \nu^B + \alpha^B n_J^S - p_J^B - t^B(1-y) \tag{4}$$

从而，平台 T 和 J 获得的利润分别为：

$$\pi_T = n_T^B p_T^B + n_T^S(n_T^B p_T^S - f) \tag{5}$$

$$\pi_J = n_J^B p_J^B + n_J^S(n_J^B p_J^S - f) \tag{6}$$

基于 Armstrong（2006）等的研究，对于双边平台，平台之间的差异化程度普遍高于双边用户之间的交叉网络外部性，这也是保证不会由一家平台完全独占市场的条件。因此，我们进一步提出假设 1：

假设 1：$t^B > \alpha^i$，$i = S, B$

同时，根据 Armstrong & Wright（2007），只有当平台向双边用户提供服务获得的利润非负时，平台才有激励进入和留在市场而不退出。因此，为了保证 B2C 市场中平台企业愿意提供服务，我们提出假设 2：

假设 2：$t^B > 2f$

Armstrong 和 Wright（2007）已经证明，在双边市场中平台只对一边用户来说存在差异的情况下，存在唯一稳定的均衡状态是商家实现多归属，同时使用两个平台（即 $n_T^S = n_J^S = 1$），而消费者根据效用最大化原则选择单归属于其中一个平台（即 $0 < n_T^B$，$n_J^B < 1$ 且 $n_T^B + n_J^B = 1$）。因此，根据 Hotelling 模型，并结合我们提出的假设，公式（1）~公式（6）就变为：

$$\mu_T^S = (\alpha^S - p_T^S) n_T^B \tag{7}$$

$$\mu_J^S = (\alpha^S - p_J^S) n_J^B \tag{8}$$

$$\mu_T^B = \nu^B + \alpha^B - p_T^B - t^B y \tag{9}$$

$$\mu_J^B = \nu^B + \alpha^B - p_J^B - t^B(1-y) \tag{10}$$

$$\pi_T = n_T^B(p_T^B + p_T^S) - f \tag{11}$$

$$\pi_J = n_J^B(p_J^B + p_J^S) - f \tag{12}$$

四、竞争均衡

（一）非独家交易均衡

上述基本假设下，双寡头 B2C 交易平台的博弈过程分为三个阶段：

第一阶段：平台选择是否进入市场参与竞争。只有当平台的利润非负时，平台才会向用户提供服务；

第二阶段：平台同时制定向双边用户收取的价格；

第三阶段：双边用户结合自身效用（利润）最大化原则选择平台。

上述博弈顺序下，根据逆向归纳法，对于具有单归属性的消费者，他们根据效用最大化原则，会选择使用其中一个平台。根据 Hotelling 模型的单位需求假设，消费者的用户规模满足 $n_T^B = y$，$n_J^B = 1 - y$。另外，只有当位于 y 处的消费者分别使用两个平台获得的净效用相等时，市场才会达到均衡，因此，令公式（9）= 公式（10），我们得到市场均衡时两个平台拥有的消费者的市场份额情况：

$$n_T^B = \frac{1}{2} + \frac{p_J^B - p_T^B}{2t^B},\ n_J^B = \frac{1}{2} - \frac{p_J^B - p_T^B}{2t^B} \tag{13}$$

接下来，我们分别分析两个平台如何对商家和消费者定价，从而最终实现平台利润最大化的目标。Rochet & Tirole（2003、2006）、Caillaud & Jullien（2003）均已发现，面对两类不同的用户群体，双边平台实现利润最大化的最优定价方式是不对称定价。对于具有多归属性的商家来说，只要使用平台获得的净效用为非负，即 $\mu_i^S \geqslant 0$，$i = T, J$，他们就会加入平台。而且，因为商家要想与单归属的消费者进行交易，他们就不得不加入消费者使用的平台，因此每个平台对于商家来说都是局部垄断者，所以平台 T 和 J 都应该向商家收取他们愿意支付的最高价格，从而获得商家使用平台获得的全部剩余。因此，根据公式（7）~公式（8）可以得到市场均衡时平台 T 和 J 向商家收取的费率水平：

$$p_T^S = p_J^S = \alpha^S \tag{14}$$

具有单归属性的消费者与商家不同，消费者对任何一个平台的选择都会影响到他对另一个平台的选择结果，因此平台在对消费者定价时要密切关注竞争对手的价格决策，并且两个平台对于消费者来说是有差异的，因此它们都能以实现平台利润最大化为目标制定消费者价格。两平台的利润函数为：

$$\pi_T = \left(\frac{1}{2} + \frac{p_J^B - p_T^B}{2t^B}\right)(p_T^B + \alpha^S) - f \tag{15}$$

$$\pi_J = \left(\frac{1}{2} - \frac{p_J^B - p_T^B}{2t^B}\right)(p_J^B + \alpha^S) - f \tag{16}$$

求解两平台利润的一阶条件并联立，得到平台利润最大化时向消费者收取的价格：

$$p_T^B = p_J^B = t^B - \alpha^S \tag{17}$$

将公式（17）代入公式（13）中，得到平台 T 和 J 分别获得的消费者市场份额为：

$$n_T^B = n_J^B = \frac{1}{2} \tag{18}$$

从而，市场实现均衡时，平台 T 和 J 能够获得的最大利润为：

$$\pi_T = \pi_J = \frac{t^B}{2} - f \tag{19}$$

最后，平台根据自己在均衡时的利润来选择是否向商家和消费者提供服务。根据假设 2，两个平台向双边用户提供服务能够获得非负的利润，因此，都会选择在市场中提供服务。

在这种只有商家具有多归属性的市场均衡下，商家能够获得的剩余为：

$$CS^S = 0 \tag{20}$$

消费者能够获得的剩余为：

$$\begin{aligned} CS^B &= \int_0^{n_T^B} (v^B + \alpha^B n_T^S - p_T^B - t^B r) dr + \int_0^{n_J^B} (v^B + \alpha^B n_J^S - p_J^B - t^B w) dw \\ &= v^B + \alpha^S + \alpha^B - \frac{5t^B}{4} \end{aligned} \tag{21}$$

社会总福利为：

$$W = CS^S + CS^B + \pi_T + \pi_J = v^B + \alpha^S + \alpha^B - 2f - \frac{t^B}{4} \tag{22}$$

该结果与 Armstrong（2006）的结论基本一致，即当双边市场中一边用户单归属，另一边用户多归属时，双边市场会实现对称的竞争瓶颈均衡，受交叉网络外部性影响较大的商家会选择同时使用两个平台，而对平台的差异化较为敏感的消费者会平均分配到两个平台。商家无法获得净剩余，虽然他们能够接触到全部的消费者，但是平台通过收费可以获得商家的全部剩余，而平台为了追求利润最大化，会向消费者收取固定的注册费用，且随着平台之间差异化程度的提高，对于消费者来说，平台的强势地位会增强，表现为平台有能力在保证不流失消费者的情况下提高向其收取的注册费用标准。

（二）独家交易均衡

独家交易是双边市场中非常常见的一种竞争策略。平台为了提高市场份额，增强市场地位，有激励偏离竞争瓶颈均衡，平台通过独家交易协议，向商家提供足够优惠的收费标准和优质服务。追求效用最大化的商家会放弃多归属，接受平台的独家交易协议。独家交易的商家能够吸引更多的消费者加入到平台，由于 B2C 平台的双边性质，独家交易协议的影响力会受到交叉网络外部性的影响而被放大。从反垄断的角度来说，这种行为就有可能阻碍竞争，降低市场效率。但是，因为独家交易也有缓解“搭便车”问题，降低经销成本等作用，总体影响究竟如何还需要深入研究。特别是具有双边市场特征的平台经济中，存在两类互有交叉网络外部性的用户，独家交易行为对竞争和社会效率产生的影响就更加复杂。因此，我们接下来研究当 B2C 平台偏离竞争瓶颈均衡，提出独家交易条款后会实现的市场均衡结果，并从平台利润和社会福利的角度分析独家交易行为的影响。

为便于阐述，我们假设在 B2C 市场中，平台 T 为了争夺更多的双边用户，提出独家交易条款①，吸引商家与平台进行独家交易，而不继续加入平台 J。这种情况下，两个 B2C 平台的博弈过程变为：

第一阶段——E1：平台 T 偏离竞争瓶颈均衡，向商家提出独家协议条款，平台 T 和 J 同时对商家和消费者进行定价。为实现独家交易，平台 T 向商家提出两个价格，分别是独家交易价格 P_T^E 和非独家交易价格，而平台 J 向商家征收的使用费费率为 P_J^S；两个平台向消费者征收数额固定的注册费，记为 P_i^B，$i=T$，J。

第二阶段——E2：所有的商家和消费者同时进行决策，选择将要加入的平台。根据前述对商家效用函数的假定可知，均衡时他们只有两种选择：要么全部接受平台 T 提出的独家交易条款（$N_T^S=1$，$N_J^S=0$），要么全部拒绝独家交易，只加入平台 J（$N_T^S=0$，$N_J^S=1$）。

因为平台 T 试图偏离竞争瓶颈，因此，一方面其要提出足够高的非独家交易价格，以至于商家无法承受，从而保证均衡时没有商家会选择多归属；另一方面，其又需要提出足够优惠的独家交易价格，以保证商家乐于接受独家交易。为此，下面需要研究平台 T 提出怎样的价格才能实现与商家独家交易，以及在独家交易下，消费者和商家剩余、平台利润和社会总福利会受到怎样的影响。

前述博弈过程下，根据逆向归纳法可知，平台 T 要实现与商家独家交易，一定意味着全部商家均接受独家交易条款，即 $N_T^S=1$，$N_J^S=0$，为此，调整公式（9）和公式（10）得到平台 T 和 J 的消费者获得的净效用分别为：

$$\mu_T^B=\nu^B+\alpha^B-P_T^B-t^B N_T^B \tag{23}$$

$$\mu_J^B=\nu^B-P_J^B-t^B(1-N_T^B) \tag{24}$$

当消费者使用平台 T 获得的净效用与使用平台 J 获得的净效用相同时，使用两平台无差异。据此，令公式（23）= 公式（24）得到平台 T 和 J 所拥有的消费者市场份额：

$$N_T^B=\frac{1}{2}+\frac{P_J^B-P_T^B+\alpha^B}{2t^B},\ N_J^B=\frac{1}{2}-\frac{P_J^B-P_T^B+\alpha^B}{2t^B} \tag{25}$$

平台 T 和 J 为实现利润最大化，同时制定向消费者征收的注册费用 P_i^B，此时两平台 T 和 J 最终获得的利润分别为：

$$\pi_T^E=\left(\frac{1}{2}+\frac{P_J^B-P_T^B+\alpha^B}{2t^B}\right)(P_T^B+P_T^E)-f \tag{26}$$

$$\pi_J^0=\left(\frac{1}{2}-\frac{P_J^B-P_T^B+\alpha^B}{2t^B}\right)P_J^B \tag{27}$$

求解一阶条件并联立，得到两个平台向消费者制定的注册费水平：

---

① 实际上，两个平台均提出独家交易条款的情形也可以用此框架进行分析。

$$P_T^B = t^B + \frac{\alpha^B}{3} - \frac{2}{3}P_T^E,\ P_J^B = t^B - \frac{\alpha^B}{3} - \frac{1}{3}P_T^E \tag{28}$$

将公式（28）代入公式（25）得到：

$$N_T^B = \frac{1}{2} + \frac{\alpha^B + P_T^E}{6t^B},\ N_J^B = \frac{1}{2} - \frac{\alpha^B + P_T^E}{6t^B} \tag{29}$$

如前所述，平台 T 为了减少商家的多归属性并且吸引到更多的消费者，有激励向商家提出优惠的独家交易价格 P_T^E，但是，如果平台 T 提供独家交易获得的利润高于平台 J 不提供独家交易的利润，那么平台 J 也会提供独家交易；相反，如果平台 T 获得的利润低于平台 J，那么平台 T 就不会选择提供独家交易价格。这就意味着，平台 T 要想通过独家交易吸引更多的双边用户，只有保证其获得的利润和没有提出独家交易价格的平台 J 获得的利润相等，当且仅当这种情况下才能实现市场均衡，即 $\pi_T^E = \pi_J^0$。因此，将公式（28）~公式（29）代入（26）~公式（27）中得到存在独家交易的市场均衡下，平台 T 向商家提供的独家交易价格为：

$$P_T^E = \frac{3}{2}f - \alpha^B \tag{30}$$

将公式（30）代到平台 T 上商家获得的净效用公式中得到：

$$\mu_T^S = (\alpha^S - P_T^E)N_T^B = \left(\alpha^S + \alpha^B - \frac{3}{2}f\right)N_T^B$$

由该式可以推导，当$\frac{2}{3}(\alpha^S + \alpha^B) > f$时，商家接受独家交易时，能够从交易中获得正的净效用；若拒绝独家交易，加入没有选择偏离的平台 J，获得的净效用为 0，此时商家会接受平台的独家交易。相应地，在$\frac{2}{3}(\alpha^S + \alpha^B) \leqslant f$的情况下，商家继续选择多归属获得的净效用水平更高，此时独家交易条款起不到作用，因此平台 T 不会向商家提供独家交易，市场仍然保持竞争瓶颈均衡。

在商家有激励接受独家交易的情况下，即$\frac{2}{3}(\alpha^S + \alpha^B) > f$时，将公式（30）代入公式（28）~公式（29）以及公式（11）~公式（12）中，得到独家交易下市场均衡时平台对消费者制定的价格水平、消费者边市场份额以及平台利润分别为：

$$P_T^B = t^B + \alpha^B - f > 0,\ P_J^B = t^B - \frac{1}{2}f > 0 \tag{31}$$

$$N_T^B = \frac{1}{2} + \frac{f}{4t^B},\ N_J^B = \frac{1}{2} - \frac{f}{4t^B} \tag{32}$$

$$\pi_T^E = \pi_J^0 = 2t^B\left(\frac{1}{2} - \frac{f}{4t^B}\right)^2 \tag{33}$$

对比竞争瓶颈均衡和独家交易均衡，可以发现，平台 T 的利润有所增加，即：

$$\Delta\pi = \pi_T^E - \pi_T = \left(2t^B\left(\frac{1}{2} - \frac{f}{4t^B}\right)^2\right) - \left(\frac{t^B}{2} - f\right) > 0 \tag{34}$$

所以，平台 T 有激励向商家提供独家交易协议，并且 B2C 市场能够实现唯一的独家交易下的市场均衡结果。此时，商家和消费者能够获得的剩余和社会总福利分别为：

$$CS_E^S = \int_0^{N_T^S} N_T^B(\alpha^S - P_T^E)\,dz = \left(\frac{1}{2} + \frac{f}{4t^B}\right)\left(\alpha^S + \alpha^B - \frac{3}{2}f\right) \tag{35}$$

$$\begin{aligned} CS_E^B &= \int_0^{N_T^B}(v^B + \alpha^B - P_T^B - t^B r)\,dr + \int_0^{N_J^B}(v^B - P_J^B - t^B w)\,dw \\ &= v^B - \frac{5t^B}{4} + \frac{3}{4}f + \frac{f^2}{16t^B} \end{aligned} \tag{36}$$

$$W_E = CS_E^S + CS_E^B + \pi_T^E + \pi_J^0 = v^B + (\alpha^S + \alpha^B)\left(\frac{1}{2} + \frac{f}{4t^B}\right) - f - \frac{t^B}{4} - \frac{f^2}{16t^B} \tag{37}$$

（三）独家交易前后对比

根据以上分析，我们得到独家交易前后市场均衡结果对比情况，如表 2 所示。

表 2 独家交易前后市场均衡结果对比

		非独家交易均衡结果	独家交易均衡结果
市场份额	商家	$n_T^S = n_J^S = 1$	$N_T^S = 1$，$N_J^S = 0$
	消费者	$n_T^B = n_J^B = \frac{1}{2}$	$N_T^B = \frac{1}{2} + \frac{f}{4t^B}$，$N_J^B = \frac{1}{2} - \frac{f}{4t^B}$
价格	商家	$p_T^S = p_J^S = \alpha^S$	$P_T^E = \frac{3}{2}f - \alpha^B$
	消费者	$p_T^B = p_J^B = t^B - \alpha^S$	$P_T^B = t^B + \alpha^B - f$，$P_J^B = t^B - \frac{1}{2}f$
商家剩余		$CS^S = 0$	$CS_E^S = \left(\frac{1}{2} + \frac{f}{4t^B}\right)\left(\alpha^S + \alpha^B - \frac{3}{2}f\right)$
消费者剩余		$CS^B = v^B + \alpha^S + \alpha^B - \frac{5t^B}{4}$	$CS_E^B = v^B - \frac{5t^B}{4} + \frac{3}{4}f + \frac{f^2}{16t^B}$
平台利润		$\pi_T = \pi_J = \frac{t^B}{2} - f$	$\pi_T^E = \pi_J^0 = 2t^B\left(\frac{1}{2} - \frac{f}{4t^B}\right)^2$
社会总福利		$W = v^B + \alpha^S + \alpha^B - 2f - \frac{t^B}{4}$	$W_E = v^B + (\alpha^S + \alpha^B)\left(\frac{1}{2} + \frac{f}{4t^B}\right) - f - \frac{t^B}{4} - \frac{f^2}{16t^B}$

（1）用户规模。

由表2可知，当非独家交易均衡和独家交易均衡均存在的情况下，即满足 $f < \frac{2}{3}(\alpha^S + \alpha^B)$ 时，平台T的独家交易行为会提高其在消费者边的市场份额，降低平台J在消费者边的市场份额。而在商家一边，独家交易使得原本两家平台同享全部商家的情形变为平台T独占市场。这也意味着，通过独家交易，能够使得平台在与对手的竞争中抢占有利地位。

（2）均衡定价。

从均衡定价看，独家交易在降低商家价格的同时，也会带来消费者边价格的变化。因为独家交易提高了平台T对消费者的势力，从而使平台T能够提高向消费者制定的收费标准。

（3）平台利润。

平台利润方面，由公式（34）知，当存在独家交易均衡时，平台T的利润相比于不采用独家交易时都要高，如前所述，这也是平台纷纷进行独家交易的动机所在。

（4）社会总福利。

独家交易对社会总福利的影响较为复杂，B2C平台独家交易不仅会改变平台的利润水平，还会对商家和消费者产生不同的影响：

从商家剩余看，两类均衡均存在的情况时，非独家交易均衡下，商家剩余为0。独家交易均衡下，商家剩余为正 $\left(\left(\frac{1}{2} + \frac{f}{4t^B}\right)\left(\alpha^S + \alpha^B - \frac{3}{2}f\right) > 0\right)$。这说明，独家交易对B2C平台的入驻商家而言，是有利的。这也就解释了为什么目前愿意与B2C平台达成独家交易协议的商家不在少数。

从全社会消费者总剩余看，独家交易的影响是负面的，原因在于：一方面，独家交易平台T上，消费者面对的价格上升；另一方面，对非独家交易平台J而言，商户数量减少（变为0），消费者通过平台可以实现的交易机会减少。

总体而言，为了明确B2C平台独家交易对社会总福利的影响，比较独家交易前后的社会福利变化情况，我们得到：

$$\Delta W = W_E - W = (\alpha^S + \alpha^B)\left(\frac{f}{4t^B} - \frac{1}{2}\right) + f - \frac{f^2}{16t^B}$$

由该式可知：

①当 $f < \frac{1}{2}(\alpha^S + \alpha^B)$ 时，即平台向商家提供服务承担的边际成本相对较低时，B2C平台的独家交易协议降低社会福利（$W_E - W < 0$）的可能性较高；

②当 $\frac{1}{2}(\alpha^S + \alpha^B) < f < \frac{2}{3}(\alpha^S + \alpha^B)$ 时，即平台向商家提供服务承担的

边际成本相对较高时，B2C 平台的独家交易协议提高社会福利（$W_E - W > 0$）的可能性较高。

也就是说，从社会总福利的角度看，独家交易并不一定损害社会福利。至少从静态的角度看，独家交易行为存在提高经济效率的可能。

（四）数值模拟过程

为了模拟本文前述分析结论，我们将利用 MATLAB 对该博弈过程以及结果进行仿真模拟，以进一步探讨中国 B2C 市场独家交易行为产生的竞争效应。

为了尽可能避免偏差，使模拟结果更加可信，我们进行了 6000 次模拟。一方面，本文需要通过比较独家交易前后市场均衡结果来分析 B2C 平台独家交易行为的竞争效应，因此只有存在独家交易下的市场均衡的模拟结果才是有效的；另一方面，根据中国 B2C 平台特点，平台盈利主要依赖向商家收取使用费，因此，我们限定 $P_T^E > 0$，综合以上两方面，最终有效的模拟数据为 3273 组。基于中国 B2C 发展现状和前文的前提假设，对各变量进行合理赋值，研究在不同的市场条件（不同的 α^S，α^B，t，f 值）下，B2C 平台独家交易行为对市场竞争和社会福利的影响。

首先，因为 B2C 平台双边用户的交叉网络外部性不同（$\alpha^S > \alpha^B$），因此我们设定消费者给商家带来的交叉网络外部性 α^S 随机分布在［0.5，1］区间内，而商家给消费者带来的交叉网络外部性 α^B 则随机分布在［0，0.5］区间内。其次，考虑到消费者的单归属性，我们把消费者在平台间转换的交通成本（偏好）t 设定为分布在［2，4］区间内的随机数。最后，因为 B2C 平台具有低边际成本，高固定成本的特点，因此把平台给商家提供服务承担的边际成本 f 设定为分布在［0，1］区间内的随机数。

通过 MATLAB 模拟 B2C 平台博弈的过程，得到独家交易前后市场均衡结果。

（1）用户规模。

由图 1 可知，相比于双寡头竞争实现市场均衡时消费者平均分配在平台 T 和平台 J$\left(n_T^B = n_J^B = \dfrac{1}{2}\right)$的情况，B2C 平台的确能够通过独家交易行为提高平台拥有的市场份额$\left(N_T^B > \dfrac{1}{2}\right)$，在一定程度上排挤竞争对手$\left(N_J^B < \dfrac{1}{2}\right)$，存在实现市场圈定的风险。

（2）均衡定价。

从对商家定价的角度看，B2C 平台为了吸引商家接受独家交易协议，会向商家提供优惠的收费标准（$P_T^E - p_T^S < 0$）（如图 2 所示）。在追求效用水平最大化的原则驱动下，商家会接受平台提出的独家交易协议，市场能够实现独家交易下的新均衡。

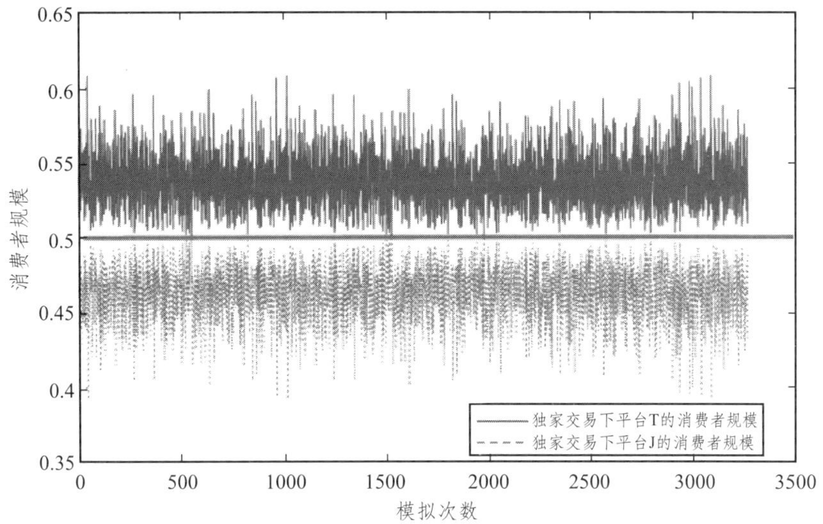

图 1　独家交易下平台 T 和 J 市场份额的变化情况

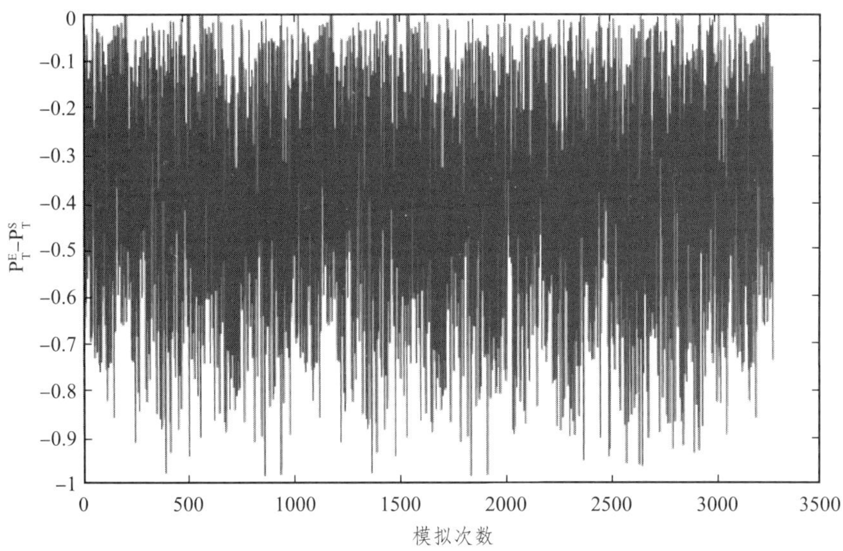

图 2　独家交易下平台 T 对商家定价的变化情况

从对消费者定价的角度看，图 3 显示，独家交易下采取独家交易的平台及其竞争对手都会提高对消费者的定价。一方面为了补贴商家损失的利润，采取独家交易的平台会调整向消费者征收的费用标准，另一方面，因为与商家签订独家交易协议的平台对消费者的势力增强，因此平台会提高对消费者制定的价格；而在博弈过程中，其竞争对手也会对消费者价格做出适当的调整，因为没有商家入驻，其对消费者的吸引力低于采取独家交易的平台，所以多数情况下其制定的消费者价格也会相对较低。

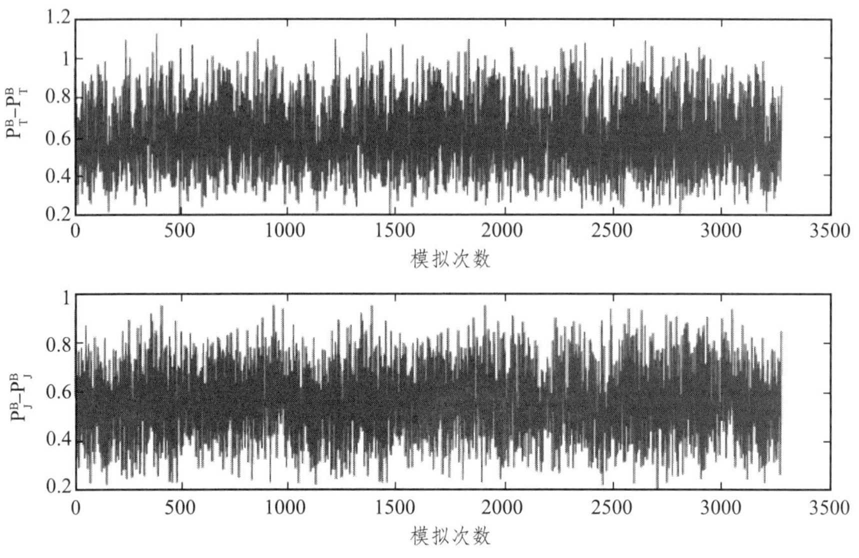

图 3 独家交易下平台 T 和 J 对消费者定价的变化情况

（3）平台利润。

鉴于独家交易前后两平台的利润水平始终保持一致（$\pi_T=\pi_J$，$\pi_T^E=\pi_J^0$），因此我们利用图 4 表示独家交易下两平台利润水平的变化情况。结果显示独家交易不仅能够提高采取独家交易行为的平台利润水平，也能够同时提高竞争对手平台的利润水平。因此不仅平台有激励实施独家交易，阻止商家同时入驻其竞争对手的平台，而且竞争对手因自身利润水平也得以提高，不会急于效仿实施独家交易，市场能够实现稳定的独家交易下的新均衡。

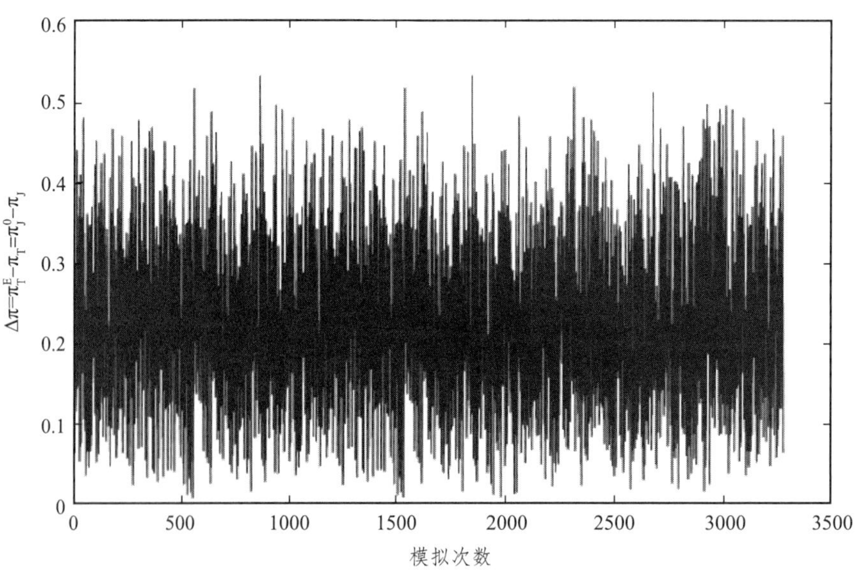

图 4 独家交易下平台 T 和 J 利润水平的变化情况

（4）社会总福利。

B2C 平台提供的独家交易协议对社会总福利的影响不是绝对的。图 5 显示，随着平台向商家提供服务承担的边际成本 f 的减少，独家交易降低社会福利、损害经济效率的可能性增强。由图 6 可以看出，当$\frac{1}{2}(\alpha^S+\alpha^B)<f<\frac{2}{3}(\alpha^S+\alpha^B)$时，独家交易能够改善社会总福利；而当$f<\frac{1}{2}(\alpha^S+\alpha^B)$时，独家交易更有可能会降低社会总福利，由模拟结果可知，此时独家交易损害社会总福利的可能性高达 89.05%。

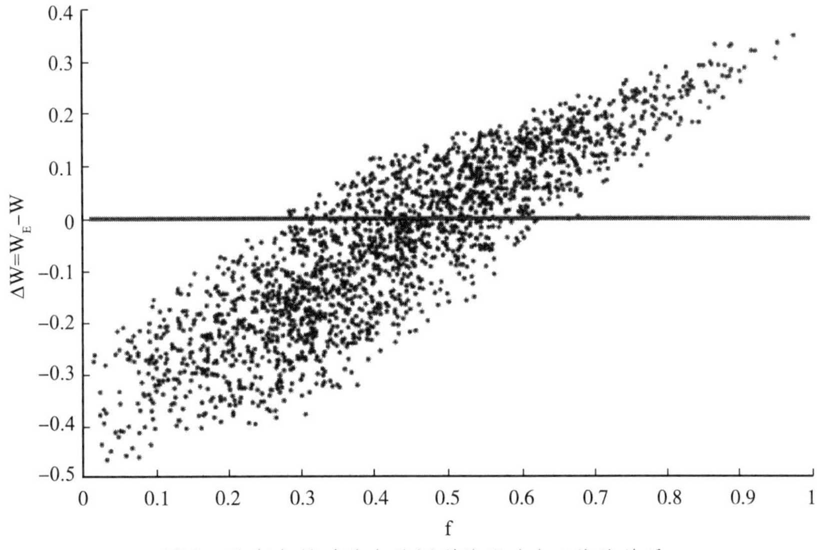

图 5　独家交易对社会总福利的影响与 f 值的关系

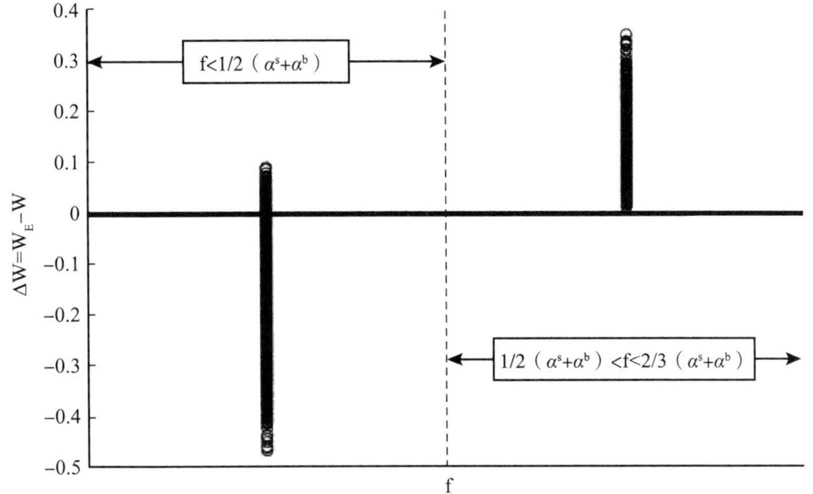

图 6　独家交易对社会总福利的影响与 f 和（$\alpha^S+\alpha^B$）相对大小的关系

五、结论与建议

我们针对中国 B2C 市场现状，以商家多归属、消费者单归属为特征，采用双寡头竞争模型研究了 B2C 平台独家交易的动机，以及独家交易对市场竞争和经济效率的影响，并利用 MATLAB 对独家交易前后 B2C 平台博弈的过程和市场均衡结果进行了模拟。结果发现：

当平台为商家提供服务承担的边际成本满足 $f<\frac{2}{3}(\alpha^{S}+\alpha^{B})$ 时，为了提高并巩固 B2C 平台的市场地位，平台有激励向商家提供独家交易协议且能实现新的均衡结果。B2C 平台通过向商家提供优惠的价格以吸引商家接受独家交易。此时，独家交易平台的市场势力增强，为了追求利润最大化，其会提高向消费者收取的注册费用。商家由于享受到优惠的价格能够提升利润水平，会全部接受平台的独家交易，而通过交叉网络外部性的作用，即使提高对消费者的收费标准，因为在商家一边的数量优势，采用独家交易的平台也能够吸引更多的消费者，从而增强了对消费者的竞争力。与此同时，由于 B2C 平台自身提供的支付系统、物流配送等服务能够吸引部分忠实的消费者，即使在没有商家加盟的情况下也会选择继续使用非独家交易平台。由此可见，虽然平台独家交易不会将竞争对手完全排挤出市场（$N_{T}^{B}>N_{J}^{B}>0$），但是的确能够提高平台的市场份额，有利于长期提高其市场地位。这意味着对于中国 B2C 市场，即使 B2C 平台独家交易抑制市场竞争的影响有限，反垄断机构在对独家交易行为进行认定和监管时，也应该密切关注独家交易对市场份额的长期影响，防止潜在的市场支配地位形成以后的滥用行为。

通过比较独家交易前后的市场结果可以发现，B2C 平台提供独家交易是以牺牲消费者剩余为代价增加平台自身利润和商家剩余的（$CS_{E}^{B}<CS^{B}$，$\pi_{T}^{E}>\pi_{T}$，$CS_{E}^{S}>CS^{S}=0$），但是 B2C 平台独家交易对社会总福利产生的影响并不是确定的。当 $f<\frac{1}{2}(\alpha^{S}+\alpha^{B})$ 时，独家交易会损害社会福利；当 $\frac{1}{2}(\alpha^{S}+\alpha^{B})<f<\frac{2}{3}(\alpha^{S}+\alpha^{B})$ 时，独家交易能够改进社会福利。

相较于单边市场的独家交易行为，由于交叉网络外部性的存在，独家交易行为的竞争效应更为复杂。以中国 B2C 市场为例，一方面，商家和消费者之间的交叉网络外部性会加深 B2C 平台独家交易行为对市场竞争格局的影响。不同于单边市场，平台独家交易不仅会限制商家行为，还会间接影响消费者使用平台的行为和获得的效用水平。由于商家和消费者之间存在交叉网络外部性，B2C 平台通过独家交易间接吸引更多的消费者，继而提高了平台独家交易协议对商家的吸引力，反过来会进一步巩固和提高平台拥有的消费者市场份额。另一方面，B2C 平台独家交易行为对社会总福利的影响与交叉网络外部性有关。研究发现，当双边用户之间交叉网络外部性之和相对于平台向商家提供服务承担的边际成本较高时，独家交易更有可能会改善社会总福利。

因此，对反垄断机构而言，尽管独家交易会带来一定的负面影响，如市场集中、消费者福利受损等，需要特别警惕和小心，特别是防止平台与商家联合掠取消费者利益，但同时也要看到，独家交易行为也存在积极的一面，起码其对社会的整体经济效率从静态看还是有利的，应针对 B2C 市场现状和特点具体情况具体分析，避免监管过度影响 B2C 平台的持续、健康发展。

上述分析结论在很大程度上可以推广至其他双边市场。当然，我们的分析并没有充分考虑商家异质性对平台独家交易行为结果产生的潜在影响，而且我们的研究主要是静态的、短期的，并未考虑 B2C 平台垄断商家一边市场以后，可能形成的新的滥用市场支配地位行为，如消费者边的掠夺性定价等策略性行为等，未来可以在这些方面展开进一步的研究。

参 考 文 献

[1] 董维刚、许玉海、孙佳：2011：《产业间平台合作下的双边定价机制研究》，载《中国工业经济》2011 年第 7 期。

[2] Armstrong，M.，2006：Competition in two-sided markets，*The RAND Journal of Economics*，Vol. 37，No. 3.

[3] Armstrong，M. and Wright，J.，2007：Two－Sided Markets，Competitive Bottlenecks & Exclusive Contracts，*Economic Theory*，Vol. 32，No. 2.

[4] Balto，D. A.，1998：Networks & exclusivity：Antitrust analysis to promote network competition，*Geo. Mason L. Rev.*，Vol. 7.

[5] Belleflamme P. and Toulemonde E.，2016：Who benefits from increased competition among sellers on B2C platforms，*Research in Economics*，Vol. 70，No. 4.

[6] Bernheim，B. D. and Whinston，M. D.，1992：Exclusive Dealing，*Journal of Political Economy*，Vol. 106，No. 1.

[7] Brühn，T. and Götz，G.，2016：Exclusionary Practices in Two－Sided Markets：The Effect of Radius Clauses on Competition between Shopping Center，*Georg Götz.*

[8] Caillaud，B. and Jullien，B.，2003：Chicken & Egg：Competition among Intermediation Service Providers，*The RAND Journal of Economics*，Vol. 34，No. 2.

[9] Chowdhury，S. M. and Martin，S.，2010：Exclusivity & exclusion on platform markets，*University of East Anglia Economics Working Paper.*

[10] Chowdhury，S. M. and Martin，S.，2016：Exclusivity & exclusion on platform Markets，*Journal of Economics.*

[11] Doganoglu，T. and Wright，J.，2010：Exclusive dealing with network effects，*Interna-*

tional Journal of Industrial Organization, Vol. 28, No. 2.

[12] Fumagalli, C. and Motta, M., 2006: Exclusive dealing & entry, when buyers compete, *The American Economic Review*, Vol. 96, No. 3.

[13] Goolsbee, A. and Petrin, A., 2004: The Consumer Gains from Direct Broadcast Satellites & the Competition with Cable TV, *Econometrica*, Vol. 72, No. 2.

[14] Hałaburda, H. and Yehezkel, Y., 2011: Platform Competition under Asymmetric Information, *Ssrn Electronic Journal*, Vol. 5, No. 3.

[15] Jeitschko, T. D. and Tremblay, M. J., 2015: Platform Competition with Endogenous Homing, *Social Science Electronic Publishing.*

[16] Prieger, J. E. and Hu, W., 2012: Applications barrier to entry & exclusive vertical contracts in platform markets, *Economic Inquiry*, Vol. 50, No. 2.

[17] Rochet, J. C. and Tirole, J., 2003: Platform competition in two-sided markets, *Journal of the European Economic Association*, Vol. 1, No. 4.

[18] Rochet, J. C. and Tirole, J., 2006: Two-sided markets: a progress report, *The RAND Journal of Economics*, Vol. 37.

[19] Shao, L., 2016: Exclusive dealing in two-sided markets: for better or worse? *The University of Texas at Austin.*

[20] Shapiro, C., 1998: Exclusivity in network industries, *Geo. Mason L. Rev.*, Vol. 7.

[21] Weeds, H., 2012: TV Wars: Exclusive Content & Platform Competition in Pay TV, *Economic Journal*, Vol. 126, No. 594.

[22] Wright, J., 2009: Exclusive Dealing & Entry, when Buyers Compete: Comment, *American Economic Review*, Vol. 99, No. 3.

The Competition Effect of Exclusive Dealing in Chinese B2C Market

Weigang Dong　Xin Lin

Abstract: Based on the current situation of B2C market in China and taking Hotelling model as the basic framework, we analyses the effects of exclusive contracts provided by a B2C platform to prevent sellers from multihoming and simulates the game in B2C market with and without exclusive dealing by MATLAB. We find that exclusive contracts signed by the B2C platform and sellers have exclusive effects on competitors to some extent. It not only can help the platform which provides the exclusive dealing, but also probably improve the profits of platforms in B2C market. Furtherly, considering the effects on users from both sides, exclusive dealing increases the sellers' surplus and reduce the consumers' surplus, because the B2C platform will set a favorable price to attract all sellers and charge a higher price to buyers. Finally, in general, as exclusive contracts don't necessarily make a loss on the social welfare and economic efficiency, its influence on social welfare is uncertain. Therefore, the antitrust authority should pay close attention to the exclusive dealing contracts of B2C platform as well as avoid excessive intervention.

Keywords: Two-sided Market　B2C Platform　Exclusive Dealing　Social Welfare

JEL Classification: L13　L42　L81

中国乘用车合资模式下中方议价势力估算及影响因素分析

李　凯　赵伟光*

摘　要：如何衡量企业议价势力一直是产业组织理论关心的热点和难点问题。文章从纵向视角考察中国乘用车合资企业内中资议价势力问题，基于车型月度数据，通过采用“新实证产业组织”分析范式，构建合资企业内中资与外资“纵向纳什讨价还价模型”对合资企业整车制商中资议价势力进行实证研究。研究结论为：(1) 确实存在中资议价势力底气不足问题，但在考察时期内，其议价势力呈现上升趋势；(2) 议价势力并不是行业固有特征，会随着讨价还价双方变动而变动，受行业结构与规模变化影响较小，是一种企业之间议价现象；(3) 相对于中资市场份额，对外资过度依赖是造成中资议价底气不足的主要原因，自主品牌通过减弱对外资依赖性提高中资议价势力。本文以上结论为有关中国乘用车市场议价势力相关文献研究以及反垄断部门针对合资企业内中资、外资议价势力评估、相关反垄断审查、产业规制政策提供借鉴。

关键词：中国乘用车行业　议价势力　BLP　新实证产业组织

一、引　　言

为了壮大本国汽车产业，中国政府通过联合大型国有整车制造商与国外先进整车制造商组建合资公司的形式进行汽车生产和销售。例如，上汽集团分别与大众公司和通用公司合作，组建上汽大众、上汽通用合资整车制造商，期望“以市场换技术”的方式推进中国汽车制造业跻身国际先进水平。为了在合资关系中保证中资主导地位，中央政府一方面通过规定合资公司股权持有比例方式（中资最少持有 50% 的合资公司股份）；另一方

* 本文受国家自然科学基金面上项目“消费者偏好背景下买方抗衡势力形成机理及其影响研究”(71172150) 资助。

感谢匿名审稿人的修改意见。

李凯：东北大学工商管理学院；地址：沈阳市浑南区创新路 195 号，邮编 110169；Email：likai@mail. neu. edu. cn。

赵伟光：东北大学工商管理学院；地址：沈阳市浑南区创新路 195 号；邮编 110169；Email：zhaoweiguangzwg@ 126. com。

面通过鼓励中国大型整车制造商兼并重组方式，增加合资公司中中方主导权和议价权①。但历经30年的合资发展模式，合资企业内中资集团呈现“大而不强”的局面。外资品牌通过高额技术转让费、关键零部件、品牌溢价等方式②赚取合资乘用车制造模式下更多的利润份额（江诗松等，2011；李晓钟、张小蒂，2011）。国家行政学院决策咨询部研究员王小广曾公开表示，中国汽车市场格局是国际巨头以40%的资本，占据50%的市场份额，攫取70%的市场利润③。那么，合资模式下中方议价势力究竟为多少？其议价势力变动趋势如何？中资议价势力受哪些因素影响？以上问题的解答对于解释合资模式背后中国乘用车整车制造议价底气不足现象，为相关政策部门以及反垄断部门针对外资品牌势力评估及相关产业规制政策提供一定参考价值和借鉴意义。因此，研究中国乘用车行业合资模式下中方议价势力及其影响因素，从议价势力视角解答合资企业内中资“大而不强”的原因具有一定意义。

本文将合资乘用车企业内中资相对于外资讨价还价能力定义为议价势力。与之相关的概念是Galbraith（1993）提出的“抗衡势力”（countervailing power），其含义为大型零售企业相对于上游制造商“垄断势力”相对的一个概念。本质上是一种讨价还价能力或压低“提货价格”的能力，与本文关注的合资公司内部中方相对于上游外资的议价势力具有一定相似性，都表现为一种相对于上游的讨价还价能力。“抗衡势力”概念解释了现实大型零售企业议价势力提高现象（Rey & Whinston，2013）。本文通过实证分析，得出与之类似的结论，即虽然中方在乘用车合资制造模式下讨价还价处于劣势，但其议价势力呈现出上升趋势。

本文首次在纵向视角考察中国乘用车合资企业内部中方议价势力问题。相比于在横向视角考察中国乘用车行业合资模式问题（常香云等，2013；朱方伟等，2013；李显君等，2016），本文认为在纵向视角下更能把握合资模式下中方议价势力实质。虽然中资与外资在合资公司中表现为合作伙关系，但外资通过技术转让费、关键零部件提供等方式向合资企业提供“中间投入品”。中方利用外资提供的“技术支持”“关键零部件”进行整车组装和制造，呈现出明显的上下游“投入—产出”关系。纵向视角的确立也使本文能够建立一个乘用车合资企业内部中资与外资“纵向纳什讨价还价模型”分析中资议价势力问题。与本文最相关的研究是Draganska et al.，（2010）对德

---

① 2009年国家出台《汽车产业调整和振兴规划》，鼓励中国大型车企进行全国性和区域性重组。以2009年11月长安集团重组完成为标志，中国乘用车行业基本形成以上汽、一汽、东风、北汽、长安、广汽六大集团为主，区域性车企以及自主品牌车企竞争的市场格局。

② 根据中国汽车工业协会发布的一份报告显示，技术转让费，发动机、变速箱等关键零部件费用占到整车售价的14%，并随着车型级别的提高而提高。

③ 新浪财经：http：//finance.sina.com.cn/roll/20120411/170711799820.shtml。

国咖啡市场大型零售商议价能力的研究，通过采用 Bresnahan（1989）以及 Berry & Pakes（1995）构建的“新实证产业组织（new empirical industrial organization）”分析范式，Draganska et al.（2010）发展出在“纳什讨价还价模型”下估算和解释“议价能力”的实证模型。后续研究包括 Haucap et al.（2013）运用此范式对德国咖啡市场大型零售商议价能力的扩展研究；Bonnet & Mechemache（2017）对法国软饮料行业议价能力的研究；Gowrisankaran et al.（2014）对美国医药行业讨价还价现象的研究。本文将在以上文献基础上进行扩展以分析合资乘用车企业内中资议价势力问题。

目前，国家发展改革委、商务部对中国乘用车市场反垄断调查已经深入到包括终端销售、整车制造、关键零部件、售后服务等产业链多个环节。大量针对乘用车市场理论性研究的文献也逐渐丰富。例如，肖俊极、谭诗羽（2016）对外资利用市场势力实现隐性串谋研究；唐要家等（2016）对宝马、奔驰等利用纵向势力向售后市场渗透导致的高零整比研究；李世杰、蔡祖国（2015）以及甄艺凯（2016）对外资利用纵向势力实施转售价格维持研究。相关研究的不断深入对于厘清中国乘用车市场主体行为逻辑、反垄断部门制定针对性法规具有重大意义。以上文献都直接或间接地假定中国乘用车合资模式下中资议价势力不足或外资品牌高势力存在，但相关文献对中国乘用车市场势力的经验研究较少。作为政府经济管制和反垄断的基础，本文关注的问题是如何对合资乘用车企业内中资议价势力进行衡量以及中资议价势力受哪些因素影响，试图为以上理论性文献提供经验证据。尽管有关议价势力理论性研究已经比较丰富，相关文献主要从下游市场集中度（Schumacher，1991；Fee & Thomas，2004）、规模（Spiller & Sheffman，1992）、谈判势力与外部选择（Dobson & Inderst，2007）论述下游议价势力成因，但如何衡量企业议价势力一直是产业组织理论关心的热点和难点问题。美国司法部反垄断机构使用下游市场集中度来衡量议价势力。Blair & Harriso（1993）指出以上衡量议价势力方式存在缺陷，即不能解释下游集中度低但议价势力较强现象并提出符合下游市场结构的买方势力指数（buying power index），但该指数计算需要的供给弹性和下游中小市场厂商需求弹性数据不易获得。目前，对中国乘用车议价势力的研究多集中在行业层面并在传统 SCP 范式下通过勒纳指数、行业集中度或行业企业数量衡量议价势力（孙晓华、郑辉，2011；刘伟，2014；李振等，2014）。

本文认为以上衡量议价势力方式存在缺陷。勒纳指数所需的边际成本非常难获取，用平均成本替代边际成本会造成误差。使用市场集中度和企业数量衡量议价势力一方面与市场结构的测度指标混为一体，如市场集中度、赫芬达尔指数、贝恩指数等；另一方面会忽视企业规模差异的影响。本文实证部分结论表明，使用市场份额衡量外资势力会造成对其过高估计或过低估计。议价势力主要是一种相对于上游的讨价还价能力（程贵孙，2010）。特别是衡量合资乘用车企业内中资议价势力问题，更多地表现为中资相对于外资的议价能力。本文试图借鉴 Draganska et al.（2010）研究范式并进行扩展，通过构建合资乘用车企业内中资与外资“纵向纳什讨价还价模型”对中资议价势力进行估计。这种估算议价势力的方式更能把握议价问题的实质，即通过上下游讨价还价估算中资议价势力并考虑到双方“外部性选择”对结果的影响。

相对于中国乘用车行业议价势力研究，相关文献对中国整车制造合资模式研究较丰富。造成合资模式下中方企业处于劣势的原因主要可概括为三个方面：一是认为行业集中度较低是造成中方乘用车整车制造处于劣势的主要原因（胡洪力，2004；何元贵等，2009；张大力，2011；王宛秋等，2012）；二是认为合资关系下对外资的过度依赖是造成中方在最终利润分配处于劣势的更重要的因素（江诗松等，2011；李晓钟、张小蒂，2011；肖俊极、谭诗羽，2016）；三是自主品牌的缺失造成中国乘用车受制于人（张小蒂、贾钰哲，2011；陈芳、穆荣平，2011；朱方伟等，2013；王保林，2013）。本文在实证分析部分将对以上三种观点解释力进行检验。

相对于以往研究，文章创新点体现在以下几个方面：一是在纵向视角考察中国乘用车合资整车制造企业中方议价势力问题，纵向视角的确立使本文可以抓住合资企业内部中资与外资抗衡问题的实质；二是在“新实证产业组织”范式下通过构建“纵向纳什讨价还价”实证模型对中资议价势力进行估算，探讨不同合资企业内部中资议价势力及变动趋势；三是对已有解释中资议价势力不足的观点进行检验，解释中国乘用车合资企业中方股权占优但议价势力底气不足的内在原因。

文章结构如下：第二部分介绍需求模型并在供给部分构建“纵向纳什讨价还价模型”推导估算议价势力的计量模型；第三部分给出数据来源以及指标构建；第四部分给出并分析实证结果；第五部分对文章进行总结。

二、理论模型

本文需求部分使用一个随机选择 logit 模型，供给部分构建一个纵向视角下中资和外资纳什讨价还价模型。在正式给出模型构建之前，先给出几个关键前提假设。

（一）模型假设

（1）需求部分。Hu et al.（2014）将中国乘用车制造分为两大类：一是合资模式，例如，上汽大众、上汽通用等；二是自主独资模式，例如吉利、比亚迪等。本文假设不管哪种模式，整车制造商与下游经销商纵向一体化。这一假设的合理性可以从两方面解释：一是中国乘用车销售采用制造商“授权”方式[①]，整车生产企业掌控了流通企业（汽车经销商）的发展命脉，经销商如何经营，经营的规模、范围、地域，利润空间都由厂家左右，经销商只是听命于厂家，整车制造商掌握话语权，造成经销商利润低下；二是整车制造商通过“两部收费制”“转售价格维持”等纵向约束手段达到与下游经销商的纵向一体化（甄艺凯，2016；唐要家等，2016）。这一假设可以使本文既考虑最终需求对合资企业整体利润的影响，也可以简化分析，集中探讨合资企业内部中资与外资议价势力及利润分配问题。

（2）最终市场伯川德价格竞争。本文假设与整车制造商纵向一体化的下游零售商之间进行伯川德价格竞争，其合理性可以从两个方面进行说明：一是在短期内，价格竞争是行业竞争的主要手段；二是现实中消费者对价格非常敏感。这一假设在已有文献中被普遍使用（陈立中，2013；肖俊极、谭诗羽，2016）。

（3）线性中间投入品价格。现实中整车制造合资企业内部中资整车制造与外资品牌呈现明显的纵向关系，即“投入—产出”关系。外资投入“技术”“关键零部件”等中间投入品，中资利用以上投入品进行整车制造。合资整车制造商内不同中资数量用 r 表示，外资数量用 b 表示，例如上汽大众合资公司中，r 代表上汽集团，b 代表大众公司。为了简化分析，本文用 w(·) 表示“技术”“关键零部件”联合费用，中资和外资对联合费用 w(·) 进行“纵向纳什讨价还价博弈”，中方希望压低 w(·)，外方希望提高 w(·) 来获得超额利润，双方势力大小决定最终总利润分配。

（4）所有合资企业内中资与外资同时博弈。参照 Draganska et al.（2010）做法，假定所有不同合资企业内中资与外资在同一时间进行“纵向纳什讨价还价博弈”，即将最终售价固定，这可以从以下几方面理解：一是对于成熟的产业部门这一假定是合理的，类似于中国乘用车行业，价格变动已经趋于稳定，合资双方都可以建立价格预期；二是从现实来看中国乘用车行业规模庞大（Hu et al.，2014），各合资企业内部中方与外方讨价还价时不可能知道其他厂商所有信息，因此可看做是同时博弈。这一假定可以更简单地推导出外资利润表达式。

以下部分给出需求模型构建。

（二）需求模型

对需求模型的估计策略参考 Berry & Pakes（1995）和 Nevo（2000）相关文献，与之不同的是，本文采用随机嵌套 logit 模型估算中国乘用车市场需求，相比于简单随机 logit 模型，其更符合消费者实际情况。通过将产品划分

---

① 根据《汽车品牌销售管理办法》（以下简称“办法”），中国乘用车流通需按照整车制造商授权的方式。

为不同的嵌套组，可以抓住产品和消费者异质性，提高估计精度。同时，模型对自弹性和替代弹性的估算也更符合现实。假定消费者按间接效用最大化选择商品，消费者 i 在时期 t＝1，2，3，…，T 选择由中资 r＝1，2，…，R 和外资 b＝1，2，3，…，B 组建的合资公司中购买产品 j＝1，2，3，…，n，其效用函数如下：

$$U_{ijbrt}=a_{jbr}-\beta_i p_{jbrt}+\beta_x X_{jbrt}+\zeta_{jbrt}+\varepsilon_{ijbrt} \tag{1}$$

（1）式中，i 代表消费者，j 代表产品，t 代表时间。U_{ijbrt}代表消费者 i 在 t 时间购买 br 合资公司产品 j 的间接效用。a_{jbr}代表产品 j 的固定效用，p_{jbrt}表示产品 j 在 t 时间的价格。X_{jbrt}表示产品 j 在 t 时间可被消费者和研究者观察和计量的产品特征向量。ζ_{jbrt}表示消费者关注但研究者无法计量的影响消费者效用因素。ε_{ijbrt}表示服从 I 型极值分布的误差项。通过假定估计系数由均值效应加异质性来把握消费者异质特征。参考 Berry & Pakes（1995）经过“蒙特卡洛模拟”以及“压缩映射”可由不可计量的消费者间接效用函数式（1）推导出用产品销量数据表示的符合 logit 分布的产品销量函数（2）式。

$$s_{brt}(p)=\int\frac{\exp(\delta_{brt}+\mu_{brt})}{1+\sum_{k=1}^{B}\sum_{s=1}^{R}\exp(\delta_{brt}+\mu_{brt})}dF(\mu) \tag{2}$$

（2）式中 s_{brt}代表产品 j 在时间 t 的市场份额，$U_{ijbrt}=\delta_{brt}+\mu_{brt}+\varepsilon$，$\delta_{brt}$表示计量模型线性部分，$\mu_{brt}$表示计量模型非线性部分，上述非线性需求回归模型需借助非线性回归方法①，假定非线性部分服从 F(μ) 分布，其中线性部分可表示为：

$$\ln(s_{jbrt}/s_0)=X_{jbrt}\beta_x-\beta_i p_{jbrt}+\sigma_1\ln(s_{jbr}/_{hgt})+\sigma_2\ln(s_h/_{gt})+\xi_{jbr}+\varepsilon_{ijbrt} \tag{3}$$

s_{jbrt}代表产品 j 在时间 t 相对于潜在市场规模的销量份额，$s_{jbrt}/_{hg}$代表产品 j 在时间 t 在嵌套组 g 的子组 h 中的销量份额，$s_h/_g$ 代表子组 h 在嵌套组 g 的份额。h 和 g 代表本文对所有产品 j 的分组，h 表示按产品品牌所属国家进行分组，g 表示按产品所属级别进行分组。嵌套参数 σ_1 和 $\sigma_2(1>\sigma_1>\sigma_2>0)$ 测量相同子组和组的产品偏好相关度。ξ_{jbr}代表不可观测的产品特征。为了估计以上模型，采用通常假设，产品特征向量 x_{jbrt}是外生的并与残差项 ε_{jbrt}不相关。相反，价格向量 p_{jbrt}和市场份额存在内生性问题，需要引入合适的工具变量来解决内生性问题，达到估计的一致性。

（三）供给模型

由需求模型估算出的消费者间接效用、价格参数、产品自弹性和替代弹性可用于估算供给部分整车制造合资企业内部中资利润和外资利润，为了简

① 由于价格内生性原因，需要使用两阶段最小二乘法或 GMM 对模型进行估计，对于非线性估计要使用“牛顿迭代法”，通过 GMM 方法进行估计。

化推导过程，在此省略时期 t，在回归分析时将重新考虑时间 t。

（1）合资关系下中资利润。整车制造合资企业内中资利润函数 r 表示如下：

$$\pi^{r} = \sum_{j \in \Omega^{r}} [p_j - w(\cdot) - c_j^{r}] M s_j(p) \tag{4}$$

（4）式中 Ω^r 代表合资企业内由中资生产的所有车型。p_j 代表汽车最终售价，$w(\cdot)$ 代表外资方提供的“技术转让费”“关键零部件”联合中间投入品价格，c_j^r 代表合资公司中中方生产成本。M 代表潜在市场规模，$s_j(p)$ 含义参照（2）式。

通过对（4）式求最终价格 p 的一阶导数，可得到如下最大化利润表达式：

$$s_j + \sum_{k \in \Omega^{r}} [p_k - w(\cdot) - c_k^{r}] \frac{\partial s_k}{\partial p_j} = 0 \tag{5}$$

将（5）式转换为向量形式，可得到合资方中资利润表达式：

$$m^{r} = p - w(\cdot) - c^{r} = -[T^{r} \times \Delta^{r}]^{-1} s(p) \tag{6}$$

（6）式中 m^r、p、s(p) 代表 $j \times 1$ 维列向量。T^r 代表合资企业内中资所有权矩阵，为 $j \times j$ 维矩阵，其中每一元素用 0 或 1 表示。例如，上汽大众合资企业生产的合资车大众朗逸属于外资大众方，也属于中资上汽集团，但一汽大众合资企业生产的合资车大众速腾属于外资大众方，但不属于中资上汽集团，属于中资一汽集团。T^r 矩阵中每一元素如果车型 k 和车型 j 都由中资生产则为 1，否则为 0。Δ^r 为 $j \times j$ 维矩阵，其中每一元素表达式为 $\Delta^r(k, j) = \frac{\partial s_j}{\partial p_k}$，由需求部分得出，表示产品市场份额对产品价格变动的敏感程度。

下文给出用“纵向纳什讨价还价博弈”得出的外资利润表达式推导过程。

（2）合资关系下外资利润。由中资和外资组建的合资公司首先追求联合利润最大化，这可以通过如下对 Draganska et al.（2010）基本模型扩展后的纳什讨价还价利润函数表示：

$$\{\pi_j^{r}[w(\cdot)] - d_j^{r}\}^{\frac{1}{2}-\lambda} \{\pi_j^{b}[w(\cdot)] - d_j^{b}\}^{\frac{1}{2}+\lambda} \tag{7}$$

（7）式中 $\pi_j^r[w(\cdot)]$ 和 $\pi_j^b[w(\cdot)]$ 分别表示如果谈判成功情况下合资企业内中资利润和外资利润，d_j^r 和 d_j^b 分别代表纳什讨价还价模型中当谈判失败时中资和外资各自的“外部性选择”或者“威慑点”。$\frac{1}{2}$代表合资公司中双方股权分割比例，λ 代表纳什讨价还价系数并满足$\left(\lambda < \frac{1}{2}\right)$可以为负，中资议价势力为$\frac{1}{2} - \lambda$；外资势力为$\frac{1}{2} + \lambda$。

根据经典“纳什讨价还价模型”，最终利润分配受谈判双方“外部性选择”或者“威慑点”大小影响，具有更大“外部性选择”的一方会分得更多利润，即议价势力大（Nash，1950），因此“外部性选择”或者“威慑点”对于谈判双方议价势力的大小具有重要作用。

如果双方讨价还价成功，产品 j 成功出售，那么合资公司内外资和内资双方利润可分别表示为：

$$\begin{aligned}&\pi_j^r[w(\cdot)]=[p_j-w(\cdot)-c_j^r]Ms_j(p),\\&\pi_j^b[w(\cdot)]=[w(\cdot)-c_j^b]Ms_j(p)\end{aligned}\tag{8}$$

（8）式中 c_j^b 代表合资企业中外资承担的生产成本。从（8）式可以看出，$w(\cdot)$ 决定最终联合利润 $\pi_j^r+\pi_j^b=(p-c_j^r-c_j^b)Ms_j(p)$ 在中资和外资的分配。这就是说最终联合利润大小由最终销售市场，即消费者购买决定（需求部分自弹性和替代弹性）。简单地说，消费者购买意愿，即需求部分决定蛋糕大小，$w(\cdot)$ 决定蛋糕分配。

下面转向当谈判不成功时的情况，根据上文对讨价还价同时进行的假定，这意味着如果谈判失败，产品 j 将不会被提供，因为博弈的同时性决定不会出现此种情况的“外部性选择”。此时谈判双方“外部性选择”受产品 j 不提供情况下，其他产品市场份额增加量影响，这由下式给出：

$$\Delta s_k^{-j}(p)=\int\frac{\exp(\delta_k+\mu_{ik})}{1+\sum_{l\in\Omega\setminus j}\exp(\delta_l+\mu_{il})}-\frac{\exp(\delta_k+\mu_{ik})}{1+\sum_{l\in\Omega}\exp(\delta_l+\mu_{il})}dF(\mu)\tag{9}$$

当谈判破裂时合资企业内部中资和外资“外部性选择”或“威慑点”可表示为：

$$\begin{aligned}&d_j^r=\sum_{k\in\Omega^r\setminus j}(p_k-w(\cdot)-c_k^r)M\Delta s_k^{-j}(p),\\&d_j^b=\sum_{k\in\Omega^b\setminus j}(w(\cdot)-c_k^b)M\Delta s_k^{-j}(p)\end{aligned}\tag{10}$$

（10）式中 Ω^r 与式（4）含义相同，Ω^b 表示由外资生产的车型数量。

对联合利润表达（7）式求 $w(\cdot)$ 一阶导数，可以求出如下利润最大化一阶条件：

$$\begin{aligned}&\left(\frac{1}{2}-\lambda\right)(\pi_j^r-d_j^r)^{-\frac{1}{2}-\lambda}\frac{\partial\pi_j^r}{\partial w(\cdot)}(\pi_j^b-d_j^b)^{\frac{1}{2}+\lambda}\\&+(\pi_j^r-d_j^r)^{\frac{1}{2}-\lambda}\left(\frac{1}{2}+\lambda\right)(\pi_j^b-d_j^b)^{\lambda-\frac{1}{2}}\frac{\partial\pi_j^b}{\partial w(\cdot)}=0\end{aligned}\tag{11}$$

对（11）式化简、移项，替换 $\frac{\partial\pi_j^r}{\partial w(\cdot)}=-Ms_j(p)$ 和 $\frac{\partial\pi_j^b}{\partial w(\cdot)}=Ms_j(p)$ 得到如下表达式：

$$\pi_j^b-d_j^b=\frac{1+2\lambda}{1-2\lambda}(\pi_j^r-d_j^r)\tag{12}$$

将（10）式代入并转换为向量形式，经化简可得到如下表达式：

$$T^b\times S\times m^b=\frac{1+2\lambda}{1-2\lambda}T^r\times S\times m^r\tag{13}$$

(13) 式中 m^r, m^b 为 $j\times1$ 维列向量，分别代表合资企业内部中方和外资利润。S、T^r、T^b 为 $j\times j$ 维列向量，S 具体计算参照脚注①，T^r 与 (6) 式含义相同，T^b 代表合资公司内外资所有权矩阵，由 0 或 1 构成，类似 T^r 计算方法，当产品 j 和 k 属于外资时 $T^b(k, j)=1$，否则等于 0。对 (13) 式相关部分求逆可得合资企业内部外资利润表达式：

$$m^b=\frac{1+2\lambda}{1-2\lambda}[T^b\times S]^{-1}[T^r\times S]m^r \tag{14}$$

(3) 中方议价势力计量模型。通过以上合资企业内部中方与外方各自的利润表达 (6) 式和 (14) 式可以推导出估算中资议价势力的计量回归方程。联合利润可以表示为 $p-c^b-c^r=m=m^b+m^r$，将 (6) 式和 (14) 式带入可得如下表达式：

$$p-c^b-c^r=-\left(\frac{1+2\lambda}{1-2\lambda}[T^b\times S]^{-1}[T^r\times S]+I\right)[T^r\times\Delta^r]^{-1}s(p) \tag{15}$$

(15) 式中 I 代表单位矩阵，参照 Draganska et al. (2010) 的做法以及以往相关文献可得 $c^j=c^r+c^b=z_j\theta+\eta_j$，其中 θ 为合资企业生产乘用车成本转换率，$\eta_j$ 表示研究者不可观测的成本扰动项。进一步可将 (15) 式转换为可计量形式：

$$p=z\theta+\frac{1+2\lambda}{1-2\lambda}\bar{m}^b+m^r+\eta \tag{16}$$

利用需求模型估算出的参数可以计算出 S、Δ^r，进而计算出合资企业内中资和外资利润 m^r 和 m^b，(16) 式 $\bar{m}^b$ 计算参照 (14) 式。(16) 式除成本参数 θ 和中资议价势力参数 λ 都为已知数据，可对 (16) 式进行回归分析②。

三、数据描述与指标构建

以上部分给出了本文计量分析需要用到的需求和供给回归方程，下面介绍数据来源和相关指标构建。

---

① S 表示为如下矩阵形式 $S=\begin{vmatrix} s_1 & -\Delta s_2^{-1} & \cdots & -\Delta s_N^{-1} \\ -\Delta s_1^{-2} & s_2 & \cdots & -\Delta s_N^{-2} \\ M & M & O & M \\ -\Delta s_1^{-N} & -\Delta s_2^{-N} & \cdots & s_N \end{vmatrix}$，以上矩阵中各元素计算参考正文 (9) 式，N 代表车型数量。

② 由于 (16) 式假定合资企业内中资利润 m^r 回归系数为 1，因此对 (16) 式应使用带约束回归，限定中资利润回归系数为 1。也可以将 (16) 式调整为下式进行估计，此时不用对中资利润回归系数进行限制。

$$\bar{p}=p-m^r=z\theta+\frac{1-\lambda}{\lambda}\bar{m}^b+\eta$$

（一）需求估计数据

本文选取2013年1月到2016年12月份共计48个月中国乘用车市场159种车型每月销量数据、价格数据以及表征车型特征的最高车速（km/h）、百公里加速时间（s）、实测油耗（L/100km）、长度（mm）、宽度（mm）、整车质量（kg）、轴距（mm）、油箱容积（L）、行李箱容积（L）、排量（mL）、最大马力（ps）、最大功率（kW）、最大扭矩（N·m）数据。159种车型中合资车为108，中国自主品牌车型为51。每一车型在每一月份值组成一个观测值。车型销量数据来源于“中国汽车工业协会”。车型月度价格数据来源于“广州威尔森咨询有限公司汽车数据交易平台”数据库并按照2013年价格水平进行平减。车型产品特征数据来源于“汽车之家”网站。数据描述性统计如表1所示。

表1　数据描述性统计

变量	样本数量	均值	标准差	最小值	最大值
时间	—	—	—	2013年1月	2016年12月
国家	7632	2	0.82	1	3
企业	7632	9.16	4.58	1	18
品牌	7632	14.93	11.83	1	47
ID	7632	80	45.90	1	159
级别	7632	1.96	0.97	1	4
销量（辆）	7632	7735.60	8014.50	22	82543
价格（万元）	7632	13.81	8.94	3.08	59.55
轴距（mm）	7632	2690.33	165.40	2334	3430
最大扭矩（N.m）	7632	198.08	66.67	87	400
最大功率（kW）	7632	106.53	30.71	45	206
最大马力（ps）	7632	144.66	41.21	60	281
排量（mL）	7632	1703.27	336.82	990	3077
油耗（L/100km）	7632	6.82	1.34	3.13	12.63
最高时速（km/h）	7632	190.53	19.24	135	248
加速时间（s）	7632	11.16	1.98	4.67	16.98
重量（kg）	7632	1395.18	259.52	812	2146
长度（mm）	7632	4547.38	322.46	3399	5371
宽度（mm）	7632	1785.24	67.95	1573	1930
油箱（L）	7632	55.41	9.46	29	88
行李箱（L）	7632	498.075	145.05	138	989

资料来源：利用Stata 14估计得出。

不同于陈立中（2013）等人用制造商“厂商指导价”代理价格变量，本文选择“成交价”代理价格，现实中经销商出于完成销售任务往往低价销售，造成“厂商指导价”高于“成交价”，因此使用“厂商指导价”估算需求模型会导致实证结果不准确。数据几乎涵盖中国乘用车市场合资整车制造商以及吉利、比亚迪、长城等自主独资整车制造企业在售的全部车型。参照肖俊极、谭诗羽（2016）的做法，用 2010 年国家统计局第六次人口普查城镇家庭数量表征中国乘用车市场潜在规模，假定这一数值没有变化。

为了处理方程（3）中价格内生性问题，需要引入工具变量，引入的工具变量要与残差项不相关，且与内生性解释变量相关。根据 Berry & Pakes（1995）和 Nevo（2000）相关文献多选整车制造投入品价格作为车型售价的工具变量。本文引入中国联合钢铁网发布的“钢铁价格指数（CUSPI）”作为内生性解释变量价格的工具变量，因为钢铁价格的变动会直接影响整车制造成本进而影响整车售价，但消费者在购车时并不关心钢铁价格，满足工具变量选取标准。

根据乘用车品牌所属国家将 159 种车型划分为三大类：欧美系、日韩系、国产车。根据车型级别将 159 种车型划分为 4 种：小微型、紧凑型、中型、大中型。方程（10）中每种车型按所属国家进行第一层分组计算其市场份额（第一层嵌套系数 σ_1），又在此基础上按照车型级别进行第二层分组计算市场份额（σ_2），通过两次嵌套分组来捕捉消费者异质性，处理不可观测因素带来的遗漏变量问题。汇总数据，发现车型产品特征比较固定（变化较少），而月度价格数据出现明显波动，这也证明在短期内厂商以价格竞争为主，因此选择月度数据捕捉价格变动，同时也证明车企在短期内进行伯川德价格竞争的假设是合理的。

（二）供给估计数据

（1）议价势力的估算。本文主要用方程（16）估算中国乘用车合资整车制造企业内中方议价势力。车型价格数据与估算需求部分价格数据一致。合资企业内部中资车型利润数据和外资车型利润数据通过使用需求部分估计结果，参考（6）式和（14）式计算得出。

根据 Draganska et al.（2010）的研究，成本转换数据 θ 应使用最终产品制造成本，但由于乘用车制造涉及复杂的原材料投入，获取每个车型相关原材料投入就变得更加困难。参照 Berry & Pakes（1995）和 Nevo（2000）研究美国乘用车成本处理办法，用车型特征数据代理制造成本数据。为了减轻产品特征数据可能产生的共线性问题，使用因子分析将 13 个产品特征降维到 2 个主成分，第一主成分代表汽车性能，主要由发动机排量、加速时间、功率等组成；第二主成分包括长度、宽度、重量、行李箱容积等表征舒适度主成分。

（2）议价势力决定因素。本文主要从市场份额、对外资依赖性和自主品牌三个方面对中资议价势力进行解释。

市场份额数据通过对2013年1月～2016年12月每月同一中资集团内所有车型产值数据加总与中国市场每月乘用车总产值数据之比表征不同中资企业市场份额。根据胡洪力（2004）、何元贵等（2009）以及王宛秋等（2012）研究结论，预计中资企业市场份额与中资议价势力正相关。

对外依赖性指标通过计算2013年1月～2016年12月每月合资企业内外资车型产值占合资企业总产值之比表征中资在合资公司内部对外资依赖性。根据江诗松等（2011），李晓钟、张小蒂（2011）以及肖俊极、谭诗羽（2016）研究结论，预计中资对外资依赖性与中资议价势力负相关。

本文用自主品牌虚拟变量与对外资依赖性指标的交互项衡量自主品牌对中资议价势力的影响，这样处理的原因在于，虽然用合资企业内中资自主品牌车型产值数据占合资企业总产值之比衡量自主品牌效应较准确，但与对外资依赖性指标构建方法类似，造成共线性问题。自主品牌主要通过减少对外资的依赖性达到提高中资议价势力的目的（陈芳、穆荣平，2011；朱方伟等，2013；王保林，2013；田鑫，2015）。本文按一汽、东风、长安、广汽等合资制造商自主品牌数量和产值综合排名设置自主品牌虚拟变量，北汽、昌河、福建戴姆勒为基础组赋值为0；东风、华晨、一汽赋值为1，上汽、长安、广汽赋值为2。根据已有研究，预测自主品牌虚拟变量与对外资依赖性指标交互项与中资议价势力正相关。

四、实证分析

下文首先给出中国乘用车市场需求估计结果，在估算需求模型时不对车型做合资车和自主品牌车的区分，这样可以更全面地把握中国乘用车市场需求情况。在供给部分，为了得出合资乘用车企业中资议价势力，在考察样本中去掉自主品牌独资企业，例如，去掉比亚迪、长城等车企，因为自主独资品牌车企不存在企业内中资与外资讨价还价问题，但并没有排除合资企业内部中资自主品牌车型，例如上汽荣威、东风风行、广汽传祺等，以考察合资企业内自主品牌对议价势力的影响。在讨论议价势力影响因素时，重新考虑自主品牌车企，因为自主品牌车企也可能对中资议价势力有影响。以下给出回归结果。

（一）需求模型估计

模型（1）首先给出仅包括价格变量的logit估计结果，模型（2）加入工具变量并使用两阶段最小二乘估计来解决内生性问题，模型（3）进一步加入产品特征控制变量。模型（4）在模型（3）基础上引入运用因子分析降维后的产品特征控制变量并加入固定效应减轻遗漏变量问题，加入稳健标准误消除数据自相关和异方差。估计结果如表 2 所示。

表 2 需求模型估计结果

解释变量	模型（1）	模型（2）Ⅳ	模型（3）Ⅳ	模型（4）Ⅳ
价格	-0.0102 *** （-9.46）	-0.0258 *** （-9.36）	-0.0258 *** （-9.37）	-0.0260 *** （-8.10）
嵌套组一	0.9898 *** （308.59）	0.9875 *** （304.63）	0.9870 *** （304.90）	0.9914 *** （213.74）
嵌套组二	0.9040 *** （70.25）	0.9276 *** （64.39）	0.9350 *** （65.28）	0.8891 *** （40.87）
最高时速	—	—	0.0006 （0.51）	—
加速时间	—	—	0.0011 （0.56）	—
长度	—	—	0.0002 （0.71）	—
宽度	—	—	-0.0001 （-0.12）	—
重量	—	—	0.0005 （1.35）	—
第一主成分	—	—	—	0.1751 *** （8.44）
第二主成分	—	—	—	0.1057 *** （8.59）
截距	-6.9180 *** （-264.18）	-6.6836 *** （-109.04）	-8.2947 *** （-4.36）	-6.7099 *** （-120.40）
固定效应	否	否	否	是
稳健标准误	否	否	否	是
观测值	7632	7632	7632	7632
调整 R^2	0.9287	0.9291	0.9291	0.9403

注：括号内表示 t 统计量。*** 代表拒绝概率为 0.01，** 为 0.05，* 代表 0.1。Ⅳ代表工具变量。
资料来源：利用 Stata 14 估计得出。

当仅考虑价格因素，不引入工具变量和控制变量，同时不考虑固定效应和稳健标准误时，对价格估计系数为负 0.01，明显低于肖俊极、谭诗羽（2016）和陈立中（2013）对价格系数的估计。这可能是内生性问题导致估计出现偏差。嵌套组一估计系数为0.98，嵌套组二估计系数为0.90，满足嵌套logit模型要求的假定，证明消费者对车型级别以及品牌所属国家具有较大敏感性，消费者在选择汽车时具有明显的组别特征。中国乘用车市场对品牌和车型级别具有刚性需求，消费群体呈现固定的组别特征。以上中国消费市场需求特性为车企实施竞争策略提供基础。模型（2）引入工具变量并用两阶段最小二乘法（2SLS）进行回归，对主要变量的估计值上升到负0.03，显著提高，并与陈立中（2013）对价格估计0.02较为接近。调整 R^2 也由0.9287上升到0.9291，说明工具变量消除了内生性问题。模型（3）进一步加入产品特征控制变量，发现对价格估计依然为负0.03，结果稳健，但产品特征各系数不显著。通过做产品特征相关系数检验发现其存在严重共线性问题，采用代表汽车性能第一主成分，表征舒适度第二主成分表征车型特征消除共线性问题。模型（4）结果表明对价格估计为负0.03，与模型（2）、模型（3）相似，估计稳健，表明价格每提高1%，产品市场份额下降0.03%，进一步证明中国消费者对车型价格变化缺乏敏感性，市场需求表现为刚性。第一主成分、第二主成分估计值为正，说明汽车性能、舒适度与消费者效用正相关，这与陈立中（2013）等估计结果一致。第一主成分系数大于第二主成分系数，表明国内消费者更看重性能因素。根据以上分析，选择模型（4）估计值作为供给分析的参考。

（二）中资议价势力估计

根据Rey & Whinston（2013）对议价能力的理论性分析，议价能力主要由博弈双方讨价还价决定，因此，议价势力可能随着讨价还价双方变动而变动，那么不同合资企业不同中资集团是否具有不同的议价势力。为了对以上观点进行检验，需要在（16）式基础上估计出不同合资企业内，不同中资议价势力，为此通过加入不同中资议价势力个体效应来体现以上分析。回归结果①如表3所示。

表3　中资议价势力估算

解释变量	模型（1）	模型（2）	模型（3）
第一主成分（zhu1）	6.5567*** （128.48）	6.5574*** （130.16）	6.5528*** （10.86）
第二主成分（zhu2）	2.8918*** （56.40）	2.8893*** （57.09）	3.1714*** （5.83）

① 根据第二部分理论推导，中资利润参数估计值要限定为1。本文同时对中资利润不进行约束时对（16）式进行调整后的计量模型进行回归，结论与表3一致，因此带约束回归并未对估计结果产生影响。

续表

解释变量	模型（1）	模型（2）	模型（3）
中资利润（mr）	1（受限）	1（受限）	1（受限）
外资利润（mb）	1.8648 *** （22.40）	1.8735 *** （22.79）	2.600 *** （5.33）
个体效应	否	否	是
北汽集团议价势力	—	—	0.2777 *** （5.33）
昌河集团议价势力	—	—	0.1367 *** （2.06）
东风集团议价势力	—	—	0.8958 *** （−8.11）
广汽集团议价势力	—	—	0.3853 *** （−4.54）
华晨集团议价势力	—	—	0.1693 *** （12.25）
上汽集团议价势力	—	—	0.8986 *** （−24.48）
一汽集团议价势力	—	—	0.3716 *** （−2.71）
长安集团议价势力	—	—	0.5791 *** （−2.92）
福建戴姆勒议价势力	—	—	0.0680 *** （5.03）
时间趋势项	否	−0.0507 *** （−14.18）	−0.0537 *** （−8.30）
稳健标准误	否	否	是
观测值	6576	6576	6576
调整 R^2	0.7467	0.7698	0.7914

注：括号内表示 t 统计量。*** 代表拒绝概率为 0.01，** 为 0.05，* 代表 0.1。
资料来源：利用 Stata 14 估计得出。

模型（1）为简单回归，模型（2）在模型（1）基础上考虑时间趋势项来把握随时间变化固定效应，减轻遗漏变量问题。模型（3）加入不同中资议价势力个体效应，考虑不随时间变动固定效应，反映不同合资企业内不同中资议价势力异质性，进一步减轻遗漏变量问题，并加入稳健标准误减轻不同企业不同车型异质性导致的异方差与自相关问题。

整体来看，三个模型对主要变量回归结果都比较稳健。主要解释变量、时间趋势项、不同中资议价势力个体效应回归系数均显著。从模型拟合结果来看，模型（3）拟合系数最高为0.7914，表明时间趋势项和个体效应的加入提高了模型解释力度。模型（1）估计结果表明，当不对企业进行区分时，中资整体议价势力为0.35①，表明中国乘用车合资企业内中方议价势力明显不足，确实存在中方股权占优，但议价势力底气不足现象。这也进一步证明王小广的观点，即中国汽车市场格局是国际巨头以40%的资本，占据50%的市场份额，攫取70%的市场利润。

当加入不同中资议价势力个体效应后，回归结果表明，议价势力并不是某一行业的固有特征，议价势力会随着讨价还价双方变动而变动，不同合资企业内中资集团具有不同的议价势力。模型（3）估计结果表明，北汽集团议价势力是0.28；昌河集团议价势力为0.14②；东风集团议价势力为0.89；广汽集团议价势力为0.38；华晨集团议价势力为0.16；上汽集团议价势力为0.89；一汽集团议价势力为0.37；长安集团议价势力为0.57；福建戴姆勒议价势力为0.06。回归结论表明不同中资集团在合资企业内具有不同的议价势力并差异很大，从最低的福建戴姆勒0.06到最高的上汽集团0.89。根据以往对中国乘用车合资企业利润分配研究结果，本文对上汽、东风中资集团议价势力估算结果可能偏高。后文将通过按时间分组回归，重新估计中资集团议价势力，发现确实高估了上汽、东风集团议价势力。本文对其他中资集团议价势力估计结果相差不大，表明并不存在偏差。

从经济学直觉来看，议价势力较低的中资集团具有一些共同特征：一是合资企业内合作外方仅为一家且知名度、品牌效应高，例如华晨宝马合资公司合作外资为宝马集团，福建戴姆勒合资企业合作外资为奔驰集团；二是合资企业内中资自主品牌车型亏损，对外资依赖性大，例如华晨集团旗下生产中华、金杯等自主品牌乘用车，销量、售价明显低于合资车宝马，甚至需要合资车宝马补贴亏损。议价势力高的中资集团具有与之相反的特征：一是市场份额巨大，例如议价势力最大的上汽集团市场份额为24%，表明中国乘用车行业兼并重组确实有利于中资议价势力的提高，但意外的是，一汽集团市场份额为22%，仅次于上汽集团，但其议价势力仅为0.37，明显低于市场份额，不如一汽的东风集团和长安集团，表明市场份额也许并不是影响中资

①②　根据（16）式，中资议价势力为$0.5-\lambda$，λ计算公式为$1.8735=\frac{(1+2\lambda)}{(1-2\lambda)}$，计算出$\lambda=0.1519$，议价势力为0.35。后文其他中资议价势力计算公式与之一致。为了节省篇幅本文直接给出个体效应下其他中资集团议价势力计算后结果。

议价势力的主要因素；二是合资公司中外资并不唯一，例如上汽集团合作外资包括通用、大众，东风集团合作外资包括马自达、日产、起亚等，长安集团合作外资包括福特、铃木、马自达等；三是自主品牌车型销量较高，对外资依赖性较弱。

（三）中资议价势力变动趋势

为了展现不同中资集团议价势力随时间变动的情况，同时，对上汽、东风集团议价势力进行修正，本文给出按时间分组回归得到的不同中资议价势力在不同时间变动情况，其变动趋势如图 1 所示。

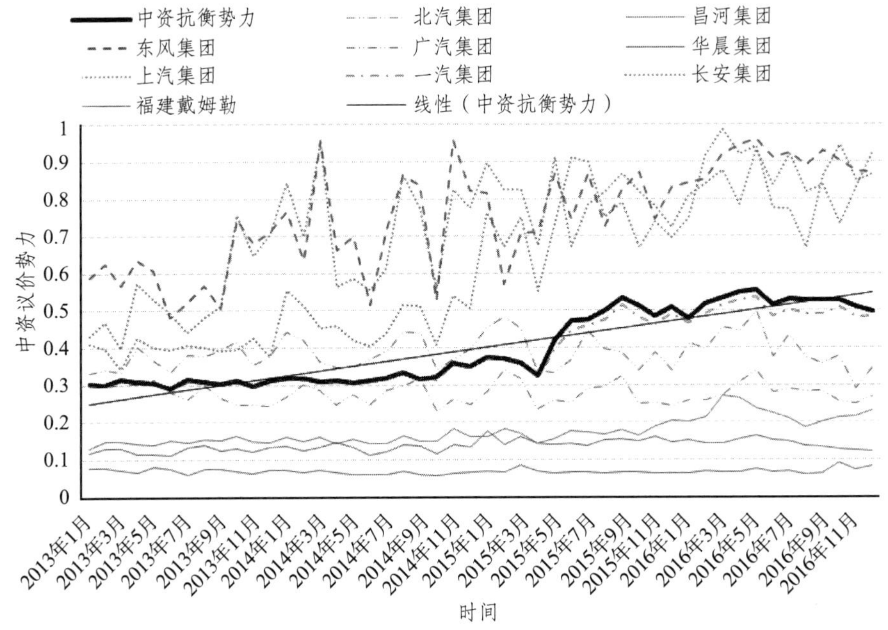

图 1　中资不同企业议价势力

图中粗线表示中资集团议价势力平均变动情况，整体来看中资议价势力呈现出上升趋势，表明本文对中国乘用车经验研究得出与 Galbraith（1993）提出的“抗衡势力假说”类似结论，即买方势力趋于提高。平均来看，中资议价势力从 2013 年的 0. 31 提高到 2016 年的 0. 49。

从不同中资企业来看，按议价势力变动趋势可将不同中资集团大致分为三组：第一组是华晨集团、昌河集团、福建戴姆勒集团，其议价势力较低，均在 0. 2 以下且在所考察年份变动不大；第二组由北汽集团、广汽集团、一汽集团组成，其变动趋势与中国乘用车中资整体变动趋势大致一样，议价势力变动范围在 0. 2 ~ 0. 5；第三组由上汽集团、东风集团、长安集团组成，其议价势力在考察时间范围内上升较快，明显快于平均趋势，同时议价势力在0.5~0.90。

（四）异质性分析

为了更细致地研究不同中资集团议价势力情况，同时探讨合资企业内外资势力有必要进行进一步分析。本文给出表4和表5。表4主要给出7个主要合资乘用车企业中资议价势力情况、利润情况、市场份额、自主品牌车型平均售价等信息。表5主要介绍合资乘用车企业内主要大型外资集团势力、市场份额以及利润情况。

表4　中资集团“议价势力”

变量	上汽	东风	长安	一汽	广汽	北汽	华晨
议价势力	0.7580	0.7251	0.6181	0.3885	0.3871	0.2774	0.1742
$m^r/(m^r+m^w)$	0.6903	0.7352	0.5940	0.3585	0.3893	0.2849	0.1559
市场份额（%）	24.69	15.19	8.88	22.66	7.27	8.82	5.24
合资品牌价格（万元）	15.2001	13.5914	13.5036	21.6424	14.9383	18.1387	33.9481
自主品牌价格（万元）	8.0486	7.1903	6.7789	8.4138	13.4687	—	8.3138
自主品牌产值/企业总产值（%）	10.49	4.63	31.52	4.82	14.25	—	5.94
P（万元）	14.0082	12.7654	9.7677	18.5897	14.8158	18.1387	19.2999

注：以上数据为供给部分估计结果以及作者通过原始数据整理所得。

表5　外资品牌“势力”

变量	大众	丰田	通用	福特	现代	本田	奔驰	宝马
外资势力	0.4431	0.6122	0.2571	0.4966	0.6669	0.4278	0.8269	0.8257
市场份额（%）	22.36	6.08	10.55	6.00	10.25	4.79	0.83	1.80
价格（万元）	17.9736	20.1543	17.6556	15.3913	12.3658	16.7927	36.4431	33.9481
利润（万元）	1.1315	2.6754	0.3754	0.9365	1.4081	0.8225	6.0434	4.3115

注：以上数据为供给部分估计结果以及作者通过原始数据整理所得。

与表3中模型（3）对中资不同集团议价势力估计结果相比，采用按时间分组回归估计方法得到的不同中资集团议价势力平均值更符合实际。上汽集团、东风集团议价势力分别为0.76、0.72，其议价势力依然最高。分组回归后，长安、一汽等中资集团议价势力与表3中模型（3）估计结果相差不大。不同中资集团议价势力与其在合资企业内利润分配一致，例如，上汽集团议价势力为0.76，在合资企业获得利润分成为69.03%；华晨集团议价势力为0.17，其利润分成为15.59%，这也表明本文对中资议价势力估算的正确性。

整体来看，市场份额与中资议价势力存在正相关关系，但市场份额不能解释中国乘用车合资企业内部中资议价势力来源的全部。上汽、东风、一汽集团虽然市场份额都在15%以上，但一汽集团议价势力明显不足。同时，广汽、北汽、华晨市场份额相似，但广汽议价势力明显高于北汽、华晨等中资集团。从合资品牌价格与自主品牌价格来看，合资品牌平均价格大致是中国自主品牌平均价格的两倍，表明中国乘用车自主车型多为微型、小型、紧凑型车。广汽集团凭借广汽传祺高端SUV自主品牌车型的成功发展，自主品牌车型平均价格几乎与合资品牌乘用车平均价格相当。

从自主品牌产值占企业总产值来看，中国乘用车合资企业内自主品牌产值明显不足，平均占比仅为11.94%，表明中国乘用车合资模式下中资对外资依赖性较大，自主品牌乘用车对总利润贡献不足。华晨、一汽自主产值占比仅为5.94%、4.82%，表明对外资的过度依赖可能是造成合资企业内部中资议价势力不足的原因。

有意思的是，长安集团市场份额仅为8.88%，与北汽、华晨市场份额类似，但长安集团议价势力为0.61，明显大于北汽、华晨，更显著大于市场份额为22.66%、议价势力为0.38的一汽集团。这种现象可以从自主品牌产值占比做出解释，长安集团自主品牌产值占比最高为31.52%，表明长安集团与外资组建的合资公司中，自主品牌对合资企业总产值贡献达到三成，自主品牌车型产值比例的提高减少了合资企业内部中资对外资的依赖性，从而提高中资议价势力。

本文对合资车企内部外企势力做简单介绍。合资模式下，外资势力平均为0.65①，其中势力最大的为奔驰和宝马集团，分别为0.83、0.83，大众、丰田、通用等外资集团势力大致相同。从外资势力与车型平均价格、利润关系来看，奔驰、宝马平均售价、平均利润明显高于其他外资品牌，其势力也最高。奔驰、宝马主要生产C级、D级中高端乘用车，其过高的势力与品牌溢价、车型级别不无关系。外资市场份额占比方面，奔驰、宝马市场份额虽然不高，分别为0.83%、1.80%，但势力最大，表明单纯从外资市场份额判断外资势力是存在严重偏差的，一方面会高估大众、通用等外资势力；另一方面会低估奔驰、宝马势力。本文以上结论为唐要家等（2016）、甄艺凯（2016）针对奔驰、宝马等高端外资品牌利用势力在最终销售市场和售后市场植入纵向控制手段造成的高零整比及搭售等不正当竞争相关研究提供证据，也为反垄断部门针对外资滥用势力等不正当竞争相关调查提供参考与借鉴。

---

① 一汽丰田合资公司内，中资议价势力为0.3885，外资丰田势力为0.6115；广汽丰田合资公司内，中资议价势力为0.3871，外资丰田势力为0.6129，那么丰田整体势力为0.6122，其他外资势力计算如上。

（四）中资议价势力影响因素分析

以上分析部分表明合资乘用车企业内中资相对于外资议价势力较弱，同时不同中资集团具有不同的议价势力，那么造成中资议价势力较弱原因有哪些。根据已有研究结论以及本文以上部分分析结论，中资集团议价势力主要受中资市场份额、合资企业内中资对外资依赖性和自主品牌三种因素影响。以下部分将对此进行实证检验。本部分重新将中国自主品牌企业乘用车数据纳入到研究样本，例如吉利、长城等自主独资车企，探讨其对合资模式下中资议价势力的影响。基本回归模型如（17）式所示：

$$lamda_{it} = \alpha_0 + \alpha_1 shareprod_{it} + \alpha_2 eproportion_{it} + \alpha_3 prod \times eproportion_{it} + \alpha_4 brand \times eproportion_{it} + \alpha_5 t + \alpha_6 duzi + \alpha_7 all + \alpha_8 CR8 + \varepsilon_{it} \quad (17)$$

（17）式中 lamda 表示不同合资企业内中资在不同时间的议价势力，用（16）式估计结果表示。shareprod 表示不同中资在不同时间的产值份额，eproportion 表示不同中资在不同时间对合资企业内外资依赖性，以上两个变量计算参照第二部分相关指标构建。brand 表示合资企业内中资自主品牌虚拟变量分组，分组标准参照第二部分相关指标构建。brand × eproportion 表示自主品牌与对外资依赖性交互项。同时加入时间趋势 t 控制趋势效应对中资议价势力的影响。根据 Dobson & Inderst（2007）研究结论，下游企业规模对其自身议价势力具有双向效应，一方面通过自身规模扩大提高议价势力，另一方面通过自身规模扩大减弱对方外部性选择进而间接提升自身议价势力。为了体现以上效应引入中资方总产值与对外资依赖性的交互项 prod × eproportion。加入取对数后的自主品牌独资企业产值数据 duzi 控制吉利、长城等自主独资企业产值增长对合资企业内中资议价势力影响。加入 CR8 和取对数后的中国乘用车市场规模控制行业结构变动和规模变动对中资议价势力影响。估计结果如表6所示。

表6　中资议价势力影响因素分析

解释变量	模型（1）	模型（2）	模型（3）
中资市场份额	0.2391** （2.34）	0.2266** （2.22）	0.2266*** （131.53）
对外资依赖性	-0.5108*** （-8.17）	-0.5186*** （-8.35）	-0.5186*** （-38.34）
中资产值与对外资依赖性交互项	0.0116*** （4.19）	0.0125*** （4.56）	0.0125** （6.70）
时间趋势项	0.0041*** （11.72）	0.0041*** （7.80）	0.0041 （1.44）

续表

解释变量	模型（1）	模型（2）	模型（3）
自主品牌与外资依赖性交互项	是	是	是
组一	0.1545*** (12.27)	0.1529*** (12.03)	0.1529*** (37.18)
组二	0.5270*** (29.45)	0.5259*** (29.30)	0.5259*** (143.64)
自主品牌企业产值	—	0.1975 (0.47)	0.1975** (4.18)
中国市场总产值	—	-0.2562 (-0.63)	-0.2562** (-8.70)
CR8	—	0.0282 (0.52)	0.0282** (7.00)
截距项	-7.8062*** (-10.94)	-9.0813*** (-2.24)	-9.081 (-1.56)
聚类稳健标准误	是	是	是
观测值	432	432	432
调整 R^2	0.8727	0.8736	0.8736

注：括号内表示 t 统计量。*** 代表拒绝概率为 0.01，** 为 0.05，* 代表 0.1。
资料来源：利用 Stata 14 估计得出。

模型（1）仅考虑中资市场份额、中资对外资依赖性以及自主品牌对外资依赖性交互项对议价势力的影响。模型（2）在模型（1）基础上加入"自主品牌企业产值""中国乘用车市场规模""行业集中度"控制变量。模型（3）通过改变回归设计降低行业控制变量共线性问题。模型（1）、模型（2）、模型（3）都考虑时间趋势项来把握时间趋势固定效应，考虑稳健标准误消除数据自相关与异方差影响。

比较来看，三个模型对主要研究变量估计结果稳健。除模型（2）"自主品牌企业产值""中国乘用车市场总产值""行业集中度"估计结果不显著外，其他变量估计结果均显著。通过做模型（2）共线性检验，除企业层面主要解释变量方差膨胀因子在 3 以内，行业层面控制变量方差膨胀因子都大于 100，表明行业控制变量存在共线性问题。通过改变模型设计，采用模型（3）回归，减轻共线性对估计结果影响，除截距项和时间趋势项外，其他解释变量均显著。整体来看企业层面主要变量回归系数值显著大于行业层面控制变量系数值，表明合资模式下中资议价势力主要受企业层面市场份额、对外资依赖性、自有品牌因素影响，较少受行业规模、结构变动因素影响，说明议价势力更多地表现为企业层面的微观现象，而不是行业固有特征。

从回归结论来看，中资市场份额每提高1单位，中资议价势力提高0.23单位，表明市场份额对中资议价势力确实具有正向影响。同时，中资产值规模的扩大有利于减轻对外资依赖性，从而间接提高中资议价势力，证明中资企业规模对自身议价势力提高具有双重效应（Dobson & Inderst，2007）。中资对外资依赖性每提高1单位，中资议价势力降低0.51单位，表明合资企业内中资对外资依赖性越大，议价势力越弱，以上分析揭示了一汽、华晨、昌河等中资集团议价势力较低的内在原因。从中资自主品牌与对外资依赖性交互项系数回归结果来看，自主品牌的提高有利于减轻合资车企内中资对外资依赖性，从而提高中资议价势力。合资企业内自主品牌发展主要通过两个途径提高中资议价势力，一是增加中资自身外部性选择，二是减少对合资车的过度依赖提高中资议价势力。分组来看，对于北汽、昌河、福建戴姆勒组成的对照组“对外资依赖性”回归结果为-0.51，东风、华晨、一汽组一自主品牌与对外资依赖性交互项系数为-0.36（0.1529-0.5186），对外资依赖性明显降低，表明自主品牌能够通过降低对外资依赖性来提高中资议价势力，减弱对外资依赖性的不利影响。上汽、广汽、长安组成的组三回归系数为0.01，表明以上三个中资集团自主品牌效应对中资议价势力贡献度已经超过对外资依赖性对议价势力的影响。

从行业控制变量回归结果来看，自主品牌独资企业规模增长，例如长城、吉利等企业规模扩大有利于提升合资模式下中资议价势力，其影响机制在于自主独资车企产值的增长通过抢占外资市场份额方式削弱外资规模扩张效应，从而提升合资企业内中资议价势力，但影响明显低于企业层面因素对议价势力影响。奇怪的是中国乘用车总产值规模与中资议价势力负相关，本文认为主要是因为合资车在中国乘用车占比过高，中国乘用车总产值增长大部分由合资车增长驱动（王保林，2013），这反而会增强中资对外资依赖性，降低中资议价势力。中国乘用车市场集中度对议价势力影响最弱，仅为0.02，这主要是因为本文考察时期为2013~2016年，自2009年大规模行业兼并重组后中国乘用车行业垄断程度、市场结构变化变动不大。

以上回归结论证明了胡洪力（2004），王宛秋等（2012），李晓钟、张小蒂（2011），王保林（2013），田鑫（2015）等文献观点，即中资市场份额、对外资依赖性、自主品牌确实对中资议价势力产生影响。通过本文实证研究进一步证明，市场份额并不是提高和影响中资议价势力的主要因素，合资企业内中资对外资依赖性以及自主品牌效应对中资议价势力具有更重要的影响。相比于市场份额对中资议价势力的影响，减少中国乘用车合资企业内中资对外资依赖性、发展和壮大自主品牌车型、抢占中高端乘用车市场才是进一步提高中资议价势力的关键。

五、结论及启示

本文通过构建一个“纳什讨价还价模型”，从纵向视角考察中国乘用车合资企业内中资与外资议价势力问题。相比于用集中度、勒纳指数、企业数量衡量“议价势力”，本文构建的衡量合资模式下中资议价势力方法更接近相对于上游讨价还价这一抗衡问题本质。通过建立“新实证产业组织”范式下需求、供给模型，使用价格、销量等数据，对中资和外资利润计算根据供给部分经典产业组织理论模型推导实现，避免了数据不可得对估算议价势力的影响。本文构建在“新实证产业组织”范式下衡量议价势力方法为产业组织纵向关系上衡量其他行业买方、卖方势力提供有益借鉴，为相关理论性文献提供经验证据。

实证分析得出几个有意思的结论。整体来看中国乘用车合资企业内中资议价势力平均为 0.35，确实存在合资企业内中资股权占优，但在与外资“讨价还价”过程中底气不足现象。本文从合资企业内中资议价势力视角揭示出我国合资整车制造模式存在的一些问题，即合资模式下中资议价势力“底气不足”成为制约中国乘用车行业进一步发展的桎梏。在考察时期内，中资议价势力呈现上升趋势，从 2013 年的 0.31 提高到 2016 年的 0.49。根据不同中资议价势力变动趋势，可将其分为三组：第一组，议价势力较强、增长趋势快于中资整体变动趋势，包括上汽集团、东风集团、长安集团；第二组，议价势力较弱、增长趋势与中资整体趋势大致相同，包括一汽集团、广汽集团、北汽集团；第三组，议价势力明显不足、增长趋势在考察期变动不大甚至出现下降趋势，包括华晨集团、昌河集团、福建戴姆勒集团。

本文对外资整车制造商势力估计为 0.65，其中奔驰、宝马势力最高，为 0.83、0.83。目前针对外资品牌售后市场高零整比、利用市场势力在终端销售和售后市场植入纵向约束等反竞争现象及行为成为中国乘用车行业反垄断关注的重点。根据 Tirole（1988）以及 Rey & Stiglitz（1988）等理论分析，市场势力是厂商实施纵向约束的前提。如何衡量外资品牌市场势力，特别是衡量纵向产业链中的势力成为以上反垄断调查的关键。根据本文研究结论，单纯按市场份额衡量外资议价势力会过高估计大众、通用等外资品牌；严重低估奔驰、宝马外资品牌势力。本文构建的在纵向视角衡量市场势力方法，特别是对合资模式下外资势力的估计为中国针对外资反垄断工作的开展提供有益的借鉴和参考。

本文发现的一个有意思的现象是，议价势力并不是行业固有特性，不同合资企业内不同中资集团具有不同的议价势力并差异很大，即不同的讨价还价对象会导致不同抗衡结果。进一步实证分析证明议价势力作为一种合资企业内讨价还价现象与行业结构、规模变动等宏观经济因素相关性较弱，更多地受企业层面市场份额、对外资依赖性、自主品牌因素影响，表现为企业内部的讨价还价微观现象。市场份额并不是影响合资整车制造模式下中资议价势力的主要原因。相对于市场份额对中资议价势力的影响，合资模式下中资对外资的过度依赖是造成中资“大而不强”的更重要的原因。企业层面中资市场份额、自主品牌都通过双重效应提高中资议价势力。本文以上结论为今后中国乘用车行业产业政策的制定带来如下启示。

第一，中资议价势力作为一种企业层面讨价还价微观现象，更多地受企业市场份额等内部因素影响，较少受行业因素影响。因此，相关政策部门应认识到行业层面刺激政策对提高中资议价势力的局限性，应更多地使用企业层面刺激手段，根据不同合资整车制造企业内不同中资议价势力水平和发展趋势以及其内在形成原因制定不同的应对措施。相关部门应实施“微观层面差别性刺激政策”，例如，采取“区别性兼并重组政策”，对于市场份额较低造成议价势力不足的中资集团，例如，广汽、长安集团，应鼓励其进行区域内或全国范围内的兼并重组，通过兼并重组方式提高议价势力；对于市场份额已很高，但议价势力较弱的中资集团，例如，一汽集团，进一步提高市场份额对增强其议价势力贡献不大，应更多地采用相关措施提升自主品牌发展，减轻对外资依赖性。

第二，本文结论表明，合资模式下中资议价势力“底气不足”成为中国乘用车行业进一步发展的桎梏。盲目扩大中国乘用车规模甚至会通过增大合资车比重和规模，进一步增强合资模式下中资对外资依赖性，不利于中资议价势力提升，因此，产业发展政策应从“量的提高”转向“质的提升”。本文认为相比于市场份额对中资议价势力的影响，减少中国乘用车合资企业内中资对外资依赖性、发展和壮大自主品牌车型、抢占中高端乘用车市场才是进一步提高中资议价势力的关键。目前阶段，中国合资模式下自主品牌乘用车在合资企业总产值占比过低，部分车企甚至出现“合资反补自主”的恶性现象，同样，除广汽集团外，中国自主车型平均售价仅为合资车的一半不到，且自主车型多为低端级别。发动机、变速箱等关键零部件尚需进口。特别是合资企业内中资自主创新能力甚至不如吉利、长城、奇瑞等独资企业。究其原因主要是合资企业内中资集团缺乏自主创新动力，坐享“合资车”带来的丰厚利润。为此应改变相关公司运营模式，推广“合资自主”模式，即将合资模式内自主品牌车型独立出来，成立在研发、制造、财务、销售上与合资企业相独立的集团，同时能够与合资车共享研发平台，通过以上方式提升中资集团整体自主创新能力，提高议价势力，改变其“大而不强”的局面。

附录：

本文关键性原始数据情况说明

本文估算中国乘用车市场需求数据来源如下：车型销量数据来源于“中国汽车工业协会”；车型月度价格数据来源于“广州威尔森咨询有限公司汽车数据交易平台”数据库；车型产品特征数据来源于“汽车之家”网站。其中所有车型价格数据为作者向特定数据库购买，限于篇幅原因以及第三方保密原则，附表 1 仅给出 2013 年 1 月部分车型部分原始数据，其他数据可向作者问询。

附表 1 2013 年 1 月部分车型价格、销量、产品特征数据

时间	企业	品牌	车型	价格（万元）	销量（辆）	排量（mL）	最高时速（km/h）	重量（kg）	长度（mm）
2013 年 1 月	东风日产	日产	日产轩逸	12.6416	24800	1598	183	1188	4631
2013 年 1 月	上汽大众	大众	大众朗逸	13.2716	28300	1598	200	1290	4605
2013 年 1 月	上汽通用	别克	别克英朗 GT	13.2232	18267	1429	185	1258	4587
2013 年 1 月	一汽丰田	丰田	丰田卡罗拉	12.2775	9654	1531	180	1285	4630
2013 年 1 月	一汽大众	大众	大众速腾	15.2337	26184	1496.5	190.66	1341.66	4655
2013 年 1 月	长安福特	福特	福特福克斯两厢	12.751	14654	1498	183.5	1278	4587
2013 年 1 月	一汽大众	大众	大众捷达	11.0158	24033	1498	185	1150	4501
2013 年 1 月	上汽大众	大众	大众桑塔纳	10.5701	11425	1598	185	1145	4475
2013 年 1 月	北汽现代	现代	现代朗动	11.9053	22177	1591	190	1233	4570
2013 年 1 月	一汽大众	大众	大众宝来	11.5836	11045	1496.5	190	1220	4562
2013 年 1 月	东风起亚	起亚	起亚 K3	11.9552	12741	1472	190	1262.5	4600
2013 年 1 月	上汽大众	大众	大众帕萨特	22.5008	17930	1726	226	1580	4872
2013 年 1 月	东风起亚	起亚	起亚 K2	8.5243	13366	1396	175	1089	4378
2013 年 1 月	上汽通用	雪佛兰	雪佛兰赛欧三厢	5.5932	27941	1364	177	1060	4300
2013 年 1 月	比亚迪	比亚迪	比亚迪 F3	5.1237	8654	1497	186	1210	4533
2013 年 1 月	上汽大众	斯柯达	斯柯达明锐	13.0581	9256	1598	190	1250	4659
2013 年 1 月	一汽大众	大众	大众迈腾	22.6666	17273	1798	230	1530	4866
2013 年 1 月	上汽大众	大众	大众新 POLO	9.684	10906	1395	182	1135	3987
2013 年 1 月	一汽大众	大众	大众高尔夫	14.6607	10650	1496.5	204	1280	4255

续表

时间	企业	品牌	车型	价格（万元）	销量（辆）	排量（mL）	最高时速（km/h）	重量（kg）	长度（mm）
2013年1月	北汽现代	现代	现代瑞纳	17.0548	7568	1797	195	1421	4710
2013年1月	广汽本田	本田	本田雅阁	18.7787	6579	2356	200	1575	4915
2013年1月	一汽大众	奥迪	奥迪A6L	44.3317	11706	2498	240	1970	5036
2013年1月	华晨宝马	宝马	宝马5系	47.0945	9600	2486	245	1830	5055
2013年1月	东风标致	标致	标致408	12.9006	4425	1598	207.5	1415	4750
2013年1月	上汽大众	雪佛兰	雪佛兰迈锐宝	16.0639	7880	1490	205	1520	4855
2013年1月	东风本田	本田	本田思域	13.4976	5335	1242	203	1326	4649
2013年1月	一汽丰田	丰田	丰田威驰	9.2492	1654	1496	180	1095	4420
2013年1月	上汽通用	雪佛兰	雪佛兰科鲁兹	11.0662	24477	1598	188	1310	4567
2013年1月	东风日产	日产	日产天籁	17.8007	4356	2242.5	201	1481	4891
2013年1月	东风日产	日产	日产阳光	8.1657	6420	1498	170	1055	4456

参考文献

[1] 常香云、钟永光、王艺璇、陈智高：《促进我国汽车零部件再制造的政府低碳引导政策研究——以汽车发动机再制造为例》，载《系统工程理论与实践》2013年第11期。

[2] 陈芳、穆荣平：《我国汽车行业创新能力测度研究》，载《科研管理》2011年第10期。

[3] 陈立中：《中国汽车产业需求估计、供给分析和兼并重组福利效应模拟——基于BLP模型和来自乘用车市场的例证》，载《中国软科学》2013年第3期。

[4] 程贵孙：《买方势力理论研究评述》，载《经济学动态》2010年第3期。

[5] 胡洪力：《基于DEA模型的中国轿车企业规模经济效益评估》，载《财经研究》2004年第10期。

[6] 何元贵、张捷、陈健：《影响中国汽车企业规模经济因素的实证分析》，载《工业技术经济》2009年第4期。

[7] 江诗松、龚丽敏、魏江：《转型经济背景下后发企业的能力追赶：一个共演模型——以吉利集团为例》，载《管理世界》2011年第4期。

[8] 李晓钟、张小蒂：《中国汽车产业市场结构与市场绩效研究》，载《中国工业经济》2011年第3期。

[9] 李显君、高歌、孟东晖、章博文：《工艺创新机制研究：来自中国汽车企业的实证》，载《科研管理》2016年第12期。

[10] 李世杰、蔡祖国：《考虑零售商服务的上游制造商转售价格控制机理及规制探讨——兼论中国市场中的进口汽车高价格之谜》，载《中国工业经济》2015年第3期。

[11] 刘伟：《买方市场势力与卖方绩效——基于我国制造业数据的实证检验》，载《财经问题研究》2014年第7期。

[12] 李振、向鹏飞、黄亚琪：《FDI技术溢出效应对企业市场势力的影响研究——基于

中国汽车制造企业的实证分析》，载《宏观经济研究》2014 年第 8 期。

[13] 孙晓华、郑辉：《买方势力、资产专用性与技术创新——基于中国汽车工业的实证检验》，载《管理评论》2011 年第 10 期。

[14] 唐要家、唐春晖、管霞霞：《排他性单一品牌经销的汽车售后市场垄断化效应》，载《中国工业经济》2016 年第 9 期。

[15] 田鑫：《中国自主品牌乘用车发展现状及对策研究》，载《中国物价》2015 年第 1 期。

[16] 王宛秋、刘璐琳、孙大伟：《关于我国汽车行业规模经济效应的实证研究》，载《经济问题探索》2012 年第 10 期。

[17] 王保林：《我国自主品牌乘用车的差距与困境》，载《管理世界》2013 年第 3 期。

[18] 肖俊极、谭诗羽：《中国乘用车行业的纵向一体化与横向共谋实证分析》，载《经济学（季刊）》2016 年第 4 期。

[19] 甄艺凯：《双重转售价格维持的反竞争效应——基于中国汽车行业的分析》，载《中国工业经济》2016 年第 5 期。

[20] 朱方伟、于淼、孙秀霞：《中国汽车合资企业自主创新模式研究》，载《科研管理》2013 年第 6 期。

[21] 张大力：《基于 SCP 范式的中国汽车产业组织结构实证研究》，载《经济问题探索》2011 年第 7 期。

[22] 张小蒂、贾钰哲：《全球化中基于企业家创新的市场势力构建研究——以中国汽车产业为例》，载《中国工业经济》2011 年第 12 期。

[23] Bresnahan, T. F., 1989: *Handbook of Industrial Organization*, North Holland: Free Press.

[24] Berry, S. J. and Pakes, A., 1995: Automobile Prices in Market Equilibrium, *Econometrica*, Vol. 63, No. 4.

[25] Blair, R. D. and Harrison, J. L., 1993: *Monopsony Princeton*, Princeton University: Free Press.

[26] Bonnet, C. and Mechemache, Z. B., 2017: Complementarity and Bargaining Power, *TSE Working Paper*, No. 772.

[27] Doyle, C. and Inderst, R., 2007: *Some economics on the treatment of buyer power in antitrust*, London Scho-ol of Economics: Free Press.

[28] Draganska, M., Klapper, D., and Villas - Boas, S. B., 2010: A Larger Slice or a Larger Pie? An Empirical Inve-stigation of Bargaining Power in the Distribution Channel, *Marketing Science*, Vol. 29, No. 1.

[29] Fee, C. E. and Thomas, S., 2004: Sources of gains in horizontal takeovers, *Journal of Financial Economics*, Vol. 74, No. 3.

[30] Galbraith, J., 1993: *American Capitalism: The Concept of Countervailing Power*, Cambridge: MIT Press.

[31] Gowrisankaran, G., Nevo, A., and Town, R., 2014: Mergers When Prices Are Negotiated: Evidence from the Hospital Industry, *American Economic Review*, Vol. 105, No. 1.

[32] Hu, W., Xiao, J., and Zhou, X., 2014: Collusion or Competition? Inter-firm Relationships in the Chinese Auto Industry, *Journal of Industrial Economy*, Vol. 62, No. 1.

[33] Haucap, J., Heimeshoff, U., Klein, G. J., Rickert, D., and Wey, C., 2013: Bargaining Power in Manufacturer Retailer Relationships, *DICE Discussion Papers*, No. 107.

[34] Nevo. A., 2000: Mergers with Differentiated Products: The Case of the Ready-to-eat Cereal Industry, *RAND Journal of Economics*, Vol. 31, No. 3.

[35] Nash, J. F., 1950: The Bargaining Problem, *Econometrica*, Vol. 18, No. 2.

[36] Rey, P. and Whinston, M. D., 2013: Does retailer power lead to exclusion? *RAND Journal of Economics*, Vol. 44, No. 1.

[37] Rey, P. and Stiglitz, J. E., 1988: Vertical Restraints and Producers' Competition, *European Economic Review*, Vol. 32, No. 1.

[38] Schumacher, U., 1991: Buyer structure and seller performance in US manufacturing industries, *Review of Economics and Statistics*, Vol. 73, No. 2.

[39] Spiller, P. T. and Sheffman, D. T., 1992: Buyers' strategies, enter barriers and competition, *Economics Inquiry*, Vol. 3, No. 3.

[40] Tirole, J., 1988: *The Theory of industrial Organization*, Cambridge: MIT Press.

Empirical Analysis on the Bargaining Power And its Influencing Factors in Chinese Passenger – vehicle Joint Venture

Kai Li　Weiguang Zhao

Abstract: Using the monthly data of Chinese passenger car joint venture, based on the "new empirical industrial organization" analysis paradigm and constructing a model of "vertical Nash bargaining model", this paper makes an empirical study on the Chinese Passenger-vehicle joint venture. The conclusion is: (1) There is indeed the problem of lack of Bargaining Power in the Chinese Passenger-vehicle joint venture, but during the inspection period, its show an upward trend; (2) Bargaining Power is not inherent characteristics of the industry, it will change with the bargaining changes, not subject to changes in industry structure and scale, it is a bargaining phenomenon between enterprises; (3) Market share of Chinese side in joint venture, dependence on foreign investors, independent brands do have an impact on the Chinese Bargaining Power; (4) Compared with the impact of market share on Chinese firms' Bargaining Power, it is necessary to reduce the dependence on foreign investment in China's passenger car joint venture, developing and expanding its own brand, seizing the high-end passenger car market, enhancing the "internal strength", Those are key to the Bargaining Power of Chinese capital.

Keywords: Chinese Passenger-vehicle Market　Bargaining Power　BLP　NEIO

JEL Classification: L4　L41　L42

开放、竞争与中国企业表现：一个文献综述

王　聪*

摘　要：近年来，中国企业在生产率、创新等方面的表现成为学术界关注的焦点。以开放和竞争为主线，现有文献从以下方面对涉及中国企业表现的问题进行了探索：首先，利用宏微观数据对开放与竞争环境下企业的表现进行定量测算，并围绕国有企业如何改善表现展开争论；其次，比较不同类型中国企业的表现，寻找中国企业表现的共同点；再次，在竞争视角下，竞争影响企业表现的不同机制，强调了对外开放、市场竞争与企业内部环境的作用；最后，探索中国企业进一步改革的方向，已有改革的效果，以及国有企业改革面临的困难。

关键词：开放　竞争　企业表现　文献综述

一、引　言

学术界对于企业层面生产率研究的一个重要发现是，企业间生产率分布差异巨大，即便在高度细分的产业内部这一现象依然成立（Foster et al.，2016；Chandra et al.，2016）。例如，对于美国制造业的研究表明，90 分位点上的企业是 10 分位点企业生产率的 2 倍，这一分布特征在区域市场之间和内部均共同存在（Syverson，2011）。一些研究指出，企业的生产率差异与企业的出口状态高度相关，生产率相对更高的企业更有可能出口，甚至对于那些位于“出口部门”的企业来说，这一规律也基本成立，并且在“出口部门”中大量的企业并不出口；另一部分研究表明，同一产业内部企业间的资源配置水平与企业的出口状态高度相关（Melitz，2003）。上述事实意味着，首先，企业有可能根据自身生产率水平选择出口，抑或是出口企业生产率提升更快。其次，贸易开放对于企业生产率的提升意义重大。再次，参与贸易对于企业间的资源再配置起到关键作用。最后，贸易和投资开放导致加剧的竞争对企业表现至关重要。

企业层面的研究已经成为国际贸易研究在微观实证和理论层面关注的重

* 本文受国家自然科学基金应急管理项目“对华‘双反’调查的成因和‘非市场经济地位’的影响”（71741007）、商务部重大课题“迈向贸易强国的战略路径研究”资助。

衷心感谢匿名审稿人的宝贵建议！

王聪：对外经济贸易大学国际经济贸易学院；地址：北京市朝阳区惠新东街 10 号，邮编 100029；Email：wangcong379@163.com。

点，中国也不例外。然而，对于中国的研究情况表明，中国企业的出口选择有可能与已有理论预期的并不一致，中国企业存在“出口—生产率悖论”，即生产率低的企业更愿意选择出口（李春顶，2010）。这意味着，研究中国企业生产率与对外开放主题的文献需要切实地考虑中国现有的经济和贸易制度。

进入 21 世纪，中国对外开放取得了诸多成绩，2001 年底中国加入世界贸易组织（WTO），中国贸易和引进外资规模迅速攀升，同时中国政府也在积极引导中国企业走出去。在对外开放过程中，中国经济取得成就的同时也伴随着诸多挑战。首先，加入世贸组织，中国面临的诸多贸易壁垒出现下降，参与全球化程度加深，但中国参与国际分工却面临附加值低、“价值链低端锁定”等问题，贸易模式背后隐藏着产业升级的巨大挑战。其次，中国在鼓励企业参与全球化分工过程中，习惯于大量运用税收和补贴优惠，造成企业易被贸易伙伴国指责倾销和补贴出口。再次，中国参与贸易的主体主要是加工贸易企业和外资主导企业，这类企业往往享有进口中间品关税优惠，同时与国内市场相对隔绝，这一方面导致产业关联和技术溢出效应有限，另一方面使得低生产率企业易主动选择参与低成本产品加工组装环节，从而实现出口，中国引资的技术溢出效应有限、本地市场效应欠佳与“出口—生产率悖论”现象并存。还有，中国经济内部大量存在的有关产品、要素以及政治制度安排抑制企业进一步发挥市场主体地位，典型的如中国的土地、资本和劳动力市场发育严重欠佳，这导致中国企业，一不能有效参与全球分工，二不能形成区域内分工。最后，2008 年全球金融危机爆发，世界经济陷入低迷，英国脱欧，美国新任总统特朗普贸易政策扑朔迷离，中国经济增速也开始放缓，进出口贸易开始低迷，出口产品质量与技术结构低端化、服务贸易壁垒居高不下，债务问题凸显，各类经济发展中的矛盾和挑战正不断积累，外部不确定性和内部矛盾正在加剧中国经济发展面临的阻力。

从中国经济发展面临的诸多成就和挑战不难看到，转型升级以及更加趋于创新驱动成为当下中国学术界和政府共同追求的目标。对于转型升级来说，能够发挥重要作用的因素之一便是企业自身的生产率，对于创新驱动而言，企业自身的创新能力成为不二选择。此外，大量文献在研究影响企业表现的因素方面，多将重点落在能够发挥作用的某一因素上，而往往忽略促使企业表现发生变化的市场机制的作用，特别是能影响企业表现的市场竞争机制。沿着这一思路，本文区别于已有文献之处是，将能够促进形成市场竞争机制的企业内外部因素纳入分析框架，并将上述因素与国际贸易主流研究进展①

① 一篇关于近年来国际贸易最新进展的文献是 Feenstra（2016），该文将近年来的贸易文献整理为六大主题，分别为中国出口提升、全球价值链与工资不平等、贸易获利的来源、引力方程和国际贸易、移民和提升增长的政策评估、全球气候变化的影响和国际贸易。具体参考，Feenstra，The international trade and investment program. NBER Reporter，2016 Number 1. website：http：//www. nber. org/reporter/2016number1/#report.

相结合进行适当的论述。这也是本文写作动机的重要来源，在正式展开对相关问题的实证和理论研究前，对相关文献进行梳理是十分必要的，具体的文献综述框架如图 1 所示。

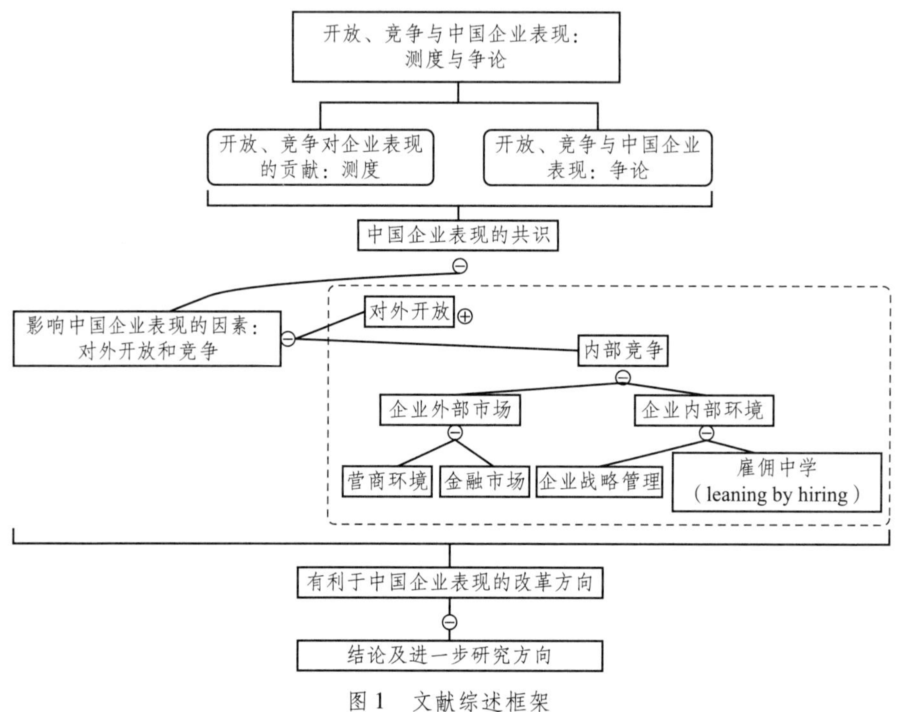

图 1　文献综述框架

本文后续的结构安排如下：第二部分介绍文献中与“开放、竞争与企业表现”主题相关的测度与争论问题；第三部分综述关于中国企业表现共识的相关文献；第四部分介绍竞争因素对于中国企业影响的机制。第五部分是提升中国企业表现的改革方向相关研究；最后一部分总结全文并指出未来的研究方向。

二、开放、竞争与中国企业表现：测度与争论

（一）相关测度方法

本文关心的企业表现主要有两点，一是企业生产率，二是企业创新能力和表现。从竞争角度理解企业表现的文献主要从两个方面展开研究。一是利用企业层面数据，将反映竞争的效应分解出来，研究方法包括统计分解和理论模拟两种主要思路。二是观察对外开放这一引入竞争的措施对企业表现的影响，最具代表性的文献是贸易自由化对企业表现影响的研究。

1. 分解方法

现有文献将企业进入退出市场的企业动态行为看作是市场竞争机制的表现，因此，大量文献利用企业层面数据对该现象对企业生产率①的贡献进行了研究。目前，在这方面的主要研究包括 Griliches & Regev（1995）、Foster et al.（2001）和 Melitz & Polanec（2015）等（分别简称为 GR、FHK 和 MP）。其中，GR 和 FHK 是在 Baily et al.（1992）（简称"BHC 方法"）基础上的进一步完善和发展，尽管对已有方法有所改进，GR 和 FHK 还是存在容易高估企业净进入对总劳动生产率贡献的问题，而使用 MP 可以解决这一偏差。

其一，GR 分解法。GR 将加总劳动生产率的增长分解为由存活企业、新进入企业和退出市场的企业贡献的部分。其可以表示为：

$$
\begin{aligned}
\Delta\Phi &= \sum_{i\in S}\left[s_{i2}(\varphi_{i2}-\bar{\Phi}) - s_{i1}(\varphi_{i1}-\bar{\Phi})\right] \\
&\quad + \sum_{i\in E}s_{i2}(\varphi_{i2}-\bar{\Phi}) - \sum_{i\in X}s_{i1}(\varphi_{i1}-\bar{\Phi}) \\
&= \sum_{i\in S}\bar{s}_i(\varphi_{i2}-\varphi_{i1}) + \sum_{i\in S}(s_{i2}-s_{i1})(\bar{\varphi}_i-\bar{\Phi}) \\
&\quad + \sum_{i\in E}s_{i2}(\varphi_{i2}-\bar{\Phi}) - \sum_{i\in X}s_{i1}(\varphi_{i1}-\bar{\Phi}) \qquad (1)
\end{aligned}
$$

（1）式中 i 表示企业，S、E 和 X 分别表示存活企业、新进入企业和退出企业的集合；$\Delta\Phi = \Phi_2 - \Phi_1$，表示两期加总劳动生产率之差，其中 $\Phi_t = \sum_i s_{it}\varphi_{it}$，Φ 为加权劳动生产率，$s_{it}$为权重［Melitz & Polanec（2015）使用企业就业人数占所有当期就业人数的比重衡量］，表示企业 i 在 t 时期就业人员占该时期全部就业人员的比重，其值大于 0，且满足 $\sum_i s_{it} = 1$，φ_{it}为企业 i 在 t 期的劳动生产率，运算时对 φ_{it}取对数，因此 ΔΦ 的含义变为加总劳动生产率的增长率。式中 $\bar{\Phi} = \frac{(\Phi_2 + \Phi_1)}{2}$，表示两期的平均生产率，在分解时将其作为参考生产率引入分解方程，这是该方法对 BHC 方法的主要改进之处。式中其余字母表示为：$\bar{s}_i = \frac{(s_1 + s_2)}{2}$；$\bar{\varphi}_i = \frac{(\varphi_1 + \varphi_2)}{2}$。

（1）式第二行，前两项为存活企业对加总劳动生产率增长率的贡献，其中第一项为企业市场份额不变时的总生产率变动（企业内效应），第二项为企业生产率不变时市场份额的变化对加总劳动生产率变化的贡献（企业间效应）；（1）式第二行第三项和第四项分别为新进入企业对加总劳动生产率变动

① 对于生产率的测算也是现有文献关注的重点，能反映企业生产率的指标大体分为两类，一是劳动生产率，多使用企业增加值与就业人数之比衡量，另一类则是全要素生产率，测算的方法包括索罗余值、固定效应方法、数据包络方法、随机生产前沿方法、OP、LP、ACF 等。更详细的关于生产率的分析文章可以参考于永达、吕冰洋（2010），Syverson（2011），Yu（2015）等。

的贡献（进入效应）及退出企业对总劳动生产率变化的贡献（退出效应）。

其二，FHK 分解法。FHK 的基本思想与 GR 方法类似，不同之处是 FHK 引入了不同的参考生产率以及一项交互效应项。具体的分解方程为：

$$\begin{aligned}\Delta\Phi &= \sum_{i\in S}[s_{i2}(\varphi_{i2}-\Phi_1)-s_{i1}(\varphi_{i1}-\Phi_1)] \\ &\quad+\sum_{i\in E}s_{i2}(\varphi_{i2}-\Phi_1)-\sum_{i\in X}s_{i1}(\varphi_{i1}-\Phi_1) \\ &= \sum_{i\in S}s_i(\varphi_{i2}-\varphi_{i1})+\sum_{i\in S}(s_{i2}-s_{i1})(\varphi_{i1}-\Phi_1) \\ &\quad+\sum_{i\in S}(s_{i2}-s_{i1})(\varphi_{i2}-\varphi_{i1})+\sum_{i\in E}s_{i2}(\varphi_{i2}-\Phi_1) \\ &\quad-\sum_{i\in X}s_{i1}(\varphi_{i1}-\Phi_1)\end{aligned} \tag{2}$$

（2）式第二行前两项和第三行分别为企业内效应、企业间效应、进入效应和退出效应，（2）式第二行最后一项为交互效应，用于测量企业市场份额变化与企业劳动生产率同时变动对总劳动生产率变化的贡献。其中企业内效应、企业间效应和交互效应均是对存活企业的进一步分解。

MP 分解法。MP 拓展了 Olley & Pakes（1996）生产率分解方法，并指出已有研究对生产率分解时测算的企业进入退出贡献存在一定偏差。其具体分解公式如下：

$$\begin{aligned}\Delta\Phi &= (\Phi_{S2}-\Phi_{S1})+s_{E2}(\Phi_{E2}-\Phi_{S2})+s_{X1}(\Phi_{S1}-\Phi_{X1}) \\ &= \Delta\bar{\varphi}_S+\Delta cov_S+s_{E2}(\Phi_{E2}-\Phi_{S2})+s_{X1}(\Phi_{S1}-\Phi_{X1})\end{aligned} \tag{3}$$

（3）式中，$s_{Gt}=\sum_{i\in G}s_{it}$，表示所有属于某一类企业 G 的企业市场份额的加总；$\Phi_{G1}=\sum_{i\in G}\left(\frac{s_{it}}{s_{Gt}}\right)\varphi_{it}$ 表示某类企业 G 的加权劳动生产率；借鉴 Olley & Pakes（1996）的分解方法

$$\begin{aligned}\Phi_t &= \bar{\varphi}_t+\sum_i(s_{it}-\bar{s}_t)(\varphi_{it}-\bar{\varphi}_t) \\ &= \bar{\varphi}_t+cov(s_{it},\varphi_{it})\end{aligned} \tag{4}$$

（4）式中 $\bar{\varphi}_t=\frac{1}{n_t}\sum_{i=1}^{n_t}\varphi_{it}$，表示企业的算数平均劳动生产率；同理，$\bar{s}_t=\frac{1}{n_t}$为企业的算数平均市场份额。（4）第二行从左数每一项可以表示为企业内效应、企业间效应、进入效应和退出效应。该分解方法为每类企业均找到了较为合适的参考生产率，因此，该方法在一定程度上放松了前面两种分解方法中进入、退出和存活企业只对应一个固定参考生产率的做法。

除此上述三种主流方法外，相关学者在理论层面进一步对上述问题进行了研究，并结合实际数据对理论模型的参数进行校准，得到创造性毁灭过程中企业创新的主要来源。Garcia – Macia et al.（2016）指出，进入者和在位企业能够创造新产品同时取代竞争对手的产品（该过程可以看作“创造性毁

灭”过程），同时在位企业还可以通过改进现有产品来达到创新。研究者通过使用 1976 ~ 1986 年和 2003 ~ 2013 年美国企业就业动态数据，分析了企业创造性毁灭过程和改进自身产品创新对企业增长的贡献，并分析了来自进入者和在位企业的创新贡献，研究表明，就业的创造性毁灭可以解释企业大约 1/4 的增长，而在位企业自有产品的改进则是企业创新的最大来源，这一来源可以贡献企业增长的大约 3/4。

2. 贸易自由化下的测度

贸易自由化是一国促进生产率提升的主要途径。这一主题的研究，以及相关政策措施对于政策制定具有重要价值，最近几年甚嚣尘上的跨太平洋伙伴关系协定（TPP）便是很好的例证。已有研究证实，贸易自由化可以从以下主要渠道促进生产率的提升。首先，更低的贸易和 FDI 壁垒，可以加强该部门的竞争，给予国内生产商降低价格的压力，从而利用规模经济（Helpman & Krugman，1985）、改善效率、吸收外国技术或者创新（Aghion et al.，2005）。其次，大型和高生产率企业从贸易自由化中获益更大，贸易自由化使得这些企业可以进一步获得市场份额，并在开放部门内部获得更多的总收益（Melitz，2003；Pavcnik，2002）。最后，贸易自由化可以增加国内生产商的中间投入品质量和种类（Ethier，1982；Grossman & Helpman，1991；Markusen，1989），并且最近使用多国企业层面数据的研究进一步量化了这一机制的重要性（Fernandes，2007；Kasahasa & Rodrigue，2008；Topalova & Khandelwal，2011；Amiti & Konings，2013；Halpern et al.，2015）。

现有文献对于贸易自由化带来的福利效应的认识还存在较大的差别。使用计量分析的研究中，Ahn et al.（2016）使用多国过去 20 年的产品层面关税数据构建了国家—产业层面有效关税率数据库，并检验了贸易自由化对产业的直接效应，以及对下游产业的间接效应，研究表明，间接投入品市场对生产率的提升起到了显著作用。作者的研究指明，贸易自由化对于企业全要素生产率的提升具有显著作用，大约投入品关税下降 1% 能够带来产业层面 2% 的生产率提高，并且作者发现贸易与 FDI 自由化之间存在显著的互补效应，作者的研究支持了发达国家进一步消减关税的行为。文章主要通过估计计量方程，从而检验贸易自由化对生产率的贡献。该研究的主要贡献在于构建的国家—产业层面的有效关税率数据库，该数据库涵盖 18 个发达国家的 18 个产业最终产品关税和中间产品关税数据，最终产品关税用来刻画实行贸易自由化产业的竞争压力，进口关税则被用来反映上下游产业的中间投入机制，其中国家—产品层面关税、最终品关税和中间品关税的计算公式如下：

$$\tau_{ipt} = \sum_{j}^{N_t^{MFN}} \omega_{ipj} MFN_{ipt} + \sum_{j}^{N_t^{Pref}} \omega_{ipj} PREF_{ipjt} + \sum_{j}^{N_t^{nonMFN}} \omega_{ipt} NONMFN_{ipt} \quad (5)$$

（5）式表示国家—产品层面关税，其中 i、p、t 分别表示国家、产品和年度，MFN_{ipt} 表示应用于 WTO 成员方的最惠国（MFN）关税率，$NONMFN_{ipt}$ 是适用于非 WTO 成员方的关税率（典型的高税率），$PREF_{ipjt}$ 表达的是在某一（区域或者双边）贸易协定，或者是在某一单边优惠待遇如针对发展中国家的普遍税率优惠制（GSP）下，特定的贸易伙伴国 j 国的优惠税率。ω_{ipj}估计了国家—产品层面的权重，使用 i 国所用进口产品 p 中来自 j 国的该产品比重衡量，并且为了防止内生性问题，将该权重固定在初始年份的水平。

$$\tau_{ist}^{output} = \sum_{p \in s} \omega_{ips} \tau_{ipt} \tag{6}$$

（6）式为 2 位数产业层面有效最终产品关税，式中 ω_{ips}表示进口 p 产品在 i 国 s 部门总进口中的比重。

$$\begin{aligned} \tau_{ipt}^{input} &= \sum_{k} a_{isk} \tau_{ikt}^{output} + \sum_{k} \beta_{isk} \tau_{ikt}^{input} \\ &= \sum_{k} a_{isk} \tau_{ikt}^{output} + \sum_{k} \beta_{isk} \left(\sum_{l} a_{ikl} \tau_{ilt}^{output} + \sum_{l} \beta_{ikl} \tau_{l}^{input} \right) + \cdots\cdots \end{aligned} \tag{7}$$

（7）式表示部门 s 的有效投入品关税水平，有效投入品关税是总产出关税的加权平均，权重 a_{isk}是用于生产 s 部门最终产品的进口中间投入品占 s 部门总投入品的比重。考虑到国内中间投入品的生产同样会使用到进口投入品，因此将（7）式第一行右侧第二项加入表达式，β_{isk}表示来自部门 s 的国内投入占该部门总中间投入的比重，上述比重数据可由投入产出表进行测算。

就目前国际贸易研究的进展来看，大量的文献将焦点集中于测算贸易收益（如 Feenstra，1994；Klenow & Rodriguez - Clare，1997；Broda & Weinstein，2006；Feenstra & Kee，2008；Goldberg et al.，2009；Feenstra & Weinstein，2009；Arkolakis et al.，2012；魏浩等，2016；钱学锋等，2016），这类文献的主要目的是测算贸易自由化某一边际对收入的贡献，如新产品对收入的影响，但结果也存在显著差异。与 Ahn et al.（2016）的实证结果不同，Arkolakis et al.（2012）在 Dixit - Stiglitz 偏好、单一生产要素、线性成本函数、完全或者垄断竞争①四大假设下，证明一国整体贸易自由化的福利状况变化与两个变量有关，一是国内产品的支出比重，等于 1 减去进口渗透率，二是进口对可变贸易成本的弹性。最终研究表明贸易自由化带来的福利效应还不是很多。Arkolakis et al.（2017）进一步在垄断竞争、异质性企业及可变加成的模型上，测算了贸易自由化的获益情况，使用 Arkolakis et al.（2012）得出的福利方程简约公式，并利用微观层面的贸易数据对贸易自由化的获益进行了测算，结果表明由具有可变加成模型推导得出的贸易自由化获益要小于固定加成模型的结果，贸易的促进竞争效应还十分不确定。Feenstra（2018）和 Feenstra & Weinstein（2018）指出异质性企业中的垄断竞争模型存在三种贸易利益的来源，分别是，国内进口产品种类增多、进口竞争的加剧使得企业价格加成下降带来的促进竞争效应、高效企业的出口自选择效应，近年的研究过多地强调了自选择效应，忽视了贸易开放带来的前

① 完全或垄断竞争另外需要三个宏观条件，分别是：贸易平衡、总利润占总收入的比重固定、进口需求系统是 CES 型。

两种收益来源。作者检验发现，产品种类增加和促进竞争效应大约能够贡献贸易扩张带给美国福利增长的 75%，自选择效应贡献了剩余 25% 的福利增长。

（二）开放、竞争与中国企业表现：争论

1949 年新中国成立之后，中国政府在经济体制上全面效仿苏联模式，尽管并不完全相同，但计划经济体制将相当部分的权利交给了中央、省和地方的计划部门（Brandt & Rawski，2008），这使得中国经济发展模式带有明显的计划色彩。这给中国经济带来了利弊参半的效果，在 1950 ~ 1970 年间，中国企业几乎很难像市场经济国家那样正常运作，但这也为经济发展带来了一定的收益。据世界银行统计，这段时间，中国人均国民生产总值年增长 4.2%，在 77 个非工业国家中只有 10 个超过了中国①，中国的经济表现明显超过其他人口众多的发展中国家的经济，这些国家包括巴西、埃及、印度尼西亚和墨西哥。此外，中国的计划经济还对人力资本积累起到了积极作用。

与这些成就并存的是巨大的失误。1959 ~ 1961 年，中国出现了“三年困难时期”，经济低迷，经济迫切需要重组，为此而付出的努力就体现出了新老中国企业的新技术能力（Brandt & Rawski，2008）。20 多年的计划经济使中国遭受了普遍的低效率发展。城乡之间市场分离，跨行政区域的经济流通受到阻碍，农业和非农业之间、个人和集体之间及生产者和消费者之间在资本和劳动力的边际生产力上的差异，全都表明可能存在对资源大范围的错误配置，这是静态低效率的表现。不仅如此，中国经济还遭受了现实和潜在产量之间持续存在的巨大差异，即“x 低效率”，各行业普遍存在生产者工作激励不足，工作懈怠情绪弥漫。中国各单位的创新激励严重不足，生产单位创新几乎等同于依靠政府行政计划，各类单位过度追逐短期物质产出（短期计划），社会生产边界的增长落后于已有知识和资源决定的生产潜力，结果造成了动态的低效率。这种结果在单个企业内部随处可见，作为中国首个制造商之一的“一汽”，在计划经济时期 30 多年的停滞不前后发现自己的设备和模具早应该被淘汰。

造成上述企业和经济表现的巨大失误的因素之一，是计划经济遗留下来的企业治理机制不完善。自 20 世纪 70 年代末，中国开始了经济改革，政府逐渐意识到计划经济体制限制经济发展的诸多深层次原因，即非经济的政策目标、制度的薄弱和激励机制的缺乏。计划经济体制忽视创新精神，强制实行统一一致的做法，使企业的僵化作风充斥到了整个经济发展中。计划经济下，企业行为受到政府的深度干预，在计划经济最为盛行的时期，经济发展中几乎见不到私营企业的身影，更奢谈具有现代公司治理机制的企业，国有企业与私营企业在公司治理机制上的显著差别逐渐被提上议事日程。围绕这一

① 超过中国的国家大多是石油出口国。

话题，国有企业和私营企业之间企业治理机制向哪边靠拢成为争论的焦点。

公司治理结构是一个描述企业不同成员间契约关系的概念。它的目的是解决企业内在的两个基本问题：第一是激励问题，即在给定产出是集体努力的结果和个人贡献难以度量的情况下，如何促使企业的所有参与人努力提高企业的产出？第二个是经营者选择问题，即在给定企业家能力不可观察的情况下，什么样的机制能够保证具有企业家能力的当经理？（张维迎，2015）

在公司治理结构所要解决的第一个问题上，中国国有企业改革取得了较大的进步，但在第二个问题上进步还不明显。1978 年开始采取的各种改革措施，主要是经理承包责任制，为国有企业的在位经理提供了适当的短期激励，但选择经理人的权威仍然掌握在党和政府有关部门的官员手中，这些官员不仅激励不足，而且缺乏信息来发现和任命有能力的企业家。根本的原因是官员无须为自己的选择承担任何风险。由于这一点，国有企业经营者的职位安排与企业业绩几乎没有任何关系，尤其是与企业长期业绩没有关系，这反过来又进一步降低了经理有效经营企业的长期激励。而且，在国有企业融资结构由国家的股权资本为主导转向国有银行的债务为主导的时候，作为主要债务人的国有银行既无动力亦无能力去执行债务合同。

国有企业公司内部治理结构存在问题。国有企业在公司治理结构方面存在如下缺陷：第一，国有企业面临“所有者缺位”和“虚委托人”问题，国有企业名义上属于国有，但在实际运行过程中国家中的公民又不能行使委托人的权利，不存在真正的委托人，导致“内部人控制”现象严重；第二，因为国有企业不存在真正的委托人，这意味着没有人为选拔经营者带来的后果负责；第三，委托代理层次太多会影响企业经营决策效率，庞大而繁杂的委托代理关系给国有企业带来了高昂的代理成本；第四，公司治理结构有名无实，尽管国有企业逐渐建立起现代企业公司治理体系，但是董事会、经理层、股东和其他利害相关者之间的制衡机制并未形成；第五，股权结构不合理，国有股一股独大，使得公司治理形同虚设。（张维迎，1995、2015；郑红亮等，2000；Clarke，2003；Lin，2004；Liu，2006；刘瑞明，2013）

正因为国有企业存在明显的公司治理问题，学术界掀起了一场国有企业民营化思潮，该主张认为民营化是国有企业改革的唯一出路（张维迎，2015），然而，相关学者也提出了反对意见。简新华等（2016）指出社会主义市场经济、公有制与市场经济相结合的确是以前未曾有的新生事物，不能因为与以前的市场经济不一样，就完全否定其产生的可能性。市场经济需要的企业制度是自主企业制度。所谓自主企业制度就是面向市场、参与竞争、自主经营、自负盈亏、产权明晰的企业制度。张宇（2016）指出一方面，社会主义本质的实现离不开市场经济，因为只有通过市场经济的发展，才能形成马克思所说的普遍的物质变换、全面的关系、多方面的需求以及全面的能力体系，才能使财富的源泉充分涌流出来，从而为个人自由全面和社会的共同富裕奠定物质基础。另一方面，社会主义本质的实现又不能依赖于市场经济，因为市场竞争所遵循的是弱肉强食的“丛林法则”，特别是在资本主义市场经济中，资本积累的一般规律导致财富占有的两极分化，一极是财富在少数人手中的不断积累和增大，另一极则是大多数人生活的相对贫困，与之相伴随的则必然是劳动与资本的对抗、阶级矛盾的加剧、生产过剩的经济危机和资本的集中与垄断。面对市场经济的严重弊病，以自由至上为教义的资本主义国家也不得不转向国家干预主义，承担起调节收入分配和建立社会保障与福利制度的职能。以私有制为基础、以资本雇佣劳动为目的的资本主义社会尚且如此，以公有制为基础、以满足人民需要和实现共同富裕为目的的社会主义怎么可能完全依赖于市场经济呢？实现社会的共同富裕，必须加大收入再分配调节的力度，包括完善社会保障制度、增加公共支出、加大转移支付力度等措施，加快健全以税收、社会保障、转移支付为主要手段的再分配调节机制等。但是，与资本主义国家不同的是，社会主义经济中共同富裕的实现不仅依赖于国家对国民收入再分配，更要有社会主义的基本制度和分配制度为基础的初次分配的保障。并且，企业在开放市场中的价格获益并不总是导致企业创新能力的提升。例如，Liu & Larry（2016）发现中间品进口关税的下降抑制了中国企业的创新水平，其原因在于中国企业过低的创新能力。上述研究结论进一步加剧了关于中国企业以何种方式和何种身份参与对外开放，以提高自身绩效的争论。

可以看到，关于中国企业表现以及选择以何种所有制或公司治理形式经营企业，是过去 20 多年以及未来持续争论的焦点所在。在这场关于中国企业何去何从的论战中，不同企业在市场中享受的公平竞争待遇也是各方关注的焦点。转型时期，国家政策制定以及市场运行过程中，私营企业往往缺乏制度保障，在生产经营过程中会遇到“所有制歧视”和“规模歧视”问题，为了规避外部经营的不确定性，私营企业往往积极地寻求政治关系，从而尽量减少外部经营不确定性对本企业的影响。在这一过程中，改革开放起到了推动国内体制改革的强大作用，对外开放过程使得中国参与贸易的企业获得世界市场的竞争压力，因此，中国企业从中也获得了不小的收益（Brandt et al.，2017）。除此之外，关于中国企业表现的争论还涉及产权、政策性负担等问题（刘瑞明，2013）。尽管现有文献对中国企业的表现在多方面进行了研究，不断在争论中提出新的问题，但在有关开放过程中带来的竞争效应对中国经济体制以及中国企业的整体表现的影响还值得进一步深入研究。

三、中国企业表现的共识

尽管关于中国企业表现的现有文献还存在相当多的争论，但大部分文献都将问题指向了一个方向：国有企业与其他类型企业之间在生产效率、创新能力上存在明显差距。国有企业内部存在大量的资源误配现象，这是工业企业长期低效率和经济增长相对滞后的重要原因（刘瑞明，2013）。不仅如此，在其他部门，如服务业部门这一现象可能更加严重，服务业部门中广泛存在的激励扭曲、创新焦虑以及竞争不足问题正在逐渐受到关注（王聪、林桂军，2017）。

从这一问题出发，早期研究争论基本集中在如何提升国有企业经营绩效，代表性的观点包括"产权论"和"竞争论"。胡一帆等（2005）利用1996~2001 年世界银行对中国的企业调查数据，研究发现，私有股权和外资所有股权对公司生产率较国有股份具有更大的激励作用，私有股份中法人股和高管及雇员持股能够有效促进公司生产率，外部人持股则不能，国有股中，法人股和地方政府持股与企业生产率具有负向关系。聂辉华等（2008）研究表明，国有产权明显比其他所有制带来更低的经营绩效，而且在各种竞争程度的市场环境下，国有产权的劣势很明显，考虑了市场竞争对产权的影响后，国有资本对企业经营绩效的影响显著为负，而私营企业对企业绩效的影响显著为正，这表明，当前国有企业改革的重点应该是产权改革，是继续改善国有企业内部治理结构。最近的研究在探讨产权与市场竞争路径的同时，将国有企业行政层级、企业创新投入的效果纳入分析中来。研究表明，产权改革的影响更加明显，能够显著提高企业投资的敏感性，当产权改制为非国有控股后，企业投资的资本成本敏感性才显著提高（徐明东等，2013）；在总量上，国有企业对总量生产率增长贡献最大，从增量上来看，民营企业的效率贡献最大（张少华等，2015）；国有企业的行政级别与 TFP 显著正相关，无论是央企还是省级国企，它们的创新投入都没有提高 TFP，这表明对于国有企业来说，研发带来的仅仅是税收补贴效应而非创新效应（方明月，2014）。

另一条关于中国企业表现的共识可以总结为：开放促进了中国企业的生产率增长和创新水平。Brandt et al.（2017）发现，加入 WTO 后，中国关税水平的下降给予中国企业减少价格和价格加成的压力，并且，部门层面的生产率提升与关税下降之间的关系要大于企业层面，关税下降水平更高的部门会吸引更多的高生产率私有企业进入，这推高了该类部门企业盈利的最低生产率门槛。Chen et al.（2017）在中国高速发展、进口值与 R&D 同步增长的背景下，从进口的知识外溢可以降低企业 R&D 投资成本的角度展开分析，研究发现，进口显著促进了中国企业 R&D 投资的增加，来自高收入国家的进口对创新投资的边际影响要大于低收入国家的进口；从企业吸收技术外溢的能力来看，高技术企业的吸收能力高于低技术企业；私营企业一般更具有效率且具有创新精神，因此，进口品主要促进了私营企业的创新。

总体来看，现有共识尽管是建立在不同争论之上的，但过于强调不同争论的区别有可能会使我们迷失在对差异的争论之中，从而忽视研究中国企业表现的本质。正如刘瑞明（2013）指出的那样，就改革方向而言，不同理论在一系列改革问题上，如对基本产权的赋予和保护、鼓励良性竞争、发挥比较优势、市场经济中政府放松对国有企业的控制和干预等问题上有着相似的认识，尽管在具体改革措施上存在争议，但是这几种理论是互补的，都为理解国有企业低效率提供了重要思路。

最后，梳理支撑得出现有共识的研究发现，强调国有企业区别于其他企业的共识，更多的是从产权和企业治理结构角度展开研究，而从市场竞争特别是参与国际竞争角度展开研究的还相对较少，这明显区别于关于贸易自由化与中国企业表现相关的文献的研究思路，这也为进一步将两类文献的研究思路、理论基础和研究范围相互融合指明了研究方向。未来，更多的关于"开放、竞争、所有制与产权和中国企业表现"主题的研究，有望会得出更多关于中国企业表现的共识，关于该主题的相关研究有必要，而且也势必会扩张到除工业部门以外的更广泛的产业、企业和个体层面。

四、影响中国企业表现的因素：对外开放和竞争

（一）对外开放的影响

这一类研究文献集中于对企业面临国际竞争时生产率变化的研究。这一类研究集中于探讨市场上竞争压力的来源之一，即进出口竞争的作用机制，这一现象也是目前正在兴起的企业异质性理论所关注的焦点，代表性研究如 Eaton & Kortum（2002）和 Melitz（2003）等。异质性生产率理论重点讨论了企业"自我选择"效应假说和企业"出口学习效应"假说，并且这一类文献与贸易自由化和对外开放这一主题紧密相连。Amiti & Konings（2007）指出贸易自由化可能会带来竞争效应（如 Helpman & Krugman，1985）、溢出效应（如 Keller & Yeaple，2009）和资源再配置效应。大多数贸易自由化的文献指出贸易对企业生产率具有显著正向影响，但是对其中的潜在机制却没有达成一致的意见。

其中，一部分文献关注了企业出口市场参与对生产率的影响。这一类文献认为更大的出口市场给予企业投资新技术，扩张和增加劳动雇佣的机会，而不断增加的竞争压力可能会迫使企业参与创新，从而对企业生产率产生影响。支持出口参与增加企业生产率的文献有 Baldwin & Gu（2003）、Melitz & Costantini（2007）、Atkeson & Burstein（2010）和 Bustos（2011）。

另一部分文献关注了进口竞争对企业生产率的影响，这一类文献对于哪些企业会受进口竞争的影响从而增加其生产率还没有统一的结论。Steinwender（2015）指出进口竞争可能与低利润企业相关，这些企业处于破产的边缘并想避免被市场淘汰，进口竞争还会迫使低效率企业减少努力，而高效

率企业则会选择创新避免竞争，作者在其研究中发现平均来说，出口市场参与机会对生产率的影响巨大，并且显著，而进口竞争对企业生产率的影响则很小且不显著。

关于中国的研究指出中国企业存在“出口—生产率悖论”（李春顶，2010；盛丹、王永进，2012；汤二子，2017），即参与出口的企业的生产率相较中国的非出口企业生产率偏低，这与已有理论存在差异。为解释这一现象存在的原因，考虑到中国企业大量参与加工贸易的事实，戴觅等（2014）和 Yu（2015）对“出口—生产率悖论”进行了重新解释。此外，大量研究还分别从企业性质、要素密集度、市场进入成本、出口密度及市场分割和地方保护的视角对中国企业“出口—生产率悖论”进行解释。中国作为全球第一大贸易国和出口国，相关研究表明，企业层面的出口特征显示了与最新的异质性企业贸易理论和新论断恰好相悖的结果，这值得深入的研究和思考。这也为下一步的研究指明了方向，即可以使用更多的中国企业样本数据开展经验检验，同时更加细致地划分企业类型、使用不同的生产率计算方法和计量模型进行检验，对加工贸易企业数据、外资企业数据进行检验，探究中国企业“出口—生产率悖论”的证据；使用同样的企业数据，进一步细致深入分析存在悖论的企业类型，更全面细致的表现特征，真正存在悖论的企业种类、行业种类、时间段、空间分布等，全面厘清悖论的分布（李春顶，2015）。

综上所述，现有文献针对企业劳动生产率相关的主题进行了大量的研究。通过梳理现有文献，本文发现，首先，关于中国劳动生产率增长来源的文献还相对较少，并且已有文献大多聚焦于中国加入世界贸易组织前后年份到全球金融危机之前这一时间段（1998 ~ 2007 年），由于数据的可得性以及数据质量的限制，对 2007 年之后的劳动生产率增长的来源探讨较少，特别是针对 2007 年前后两个时间段内国有企业对总体劳动生产率的贡献的探讨还较少。其次，现有关于中国的研究文献证明中国企业存在“出口—生产率悖论”问题，但是对于“出口—生产率悖论”的企业所有制类型、企业年龄和地区分布的探讨还相对较少。再次，现有文献关于中国企业“出口学习效应”的检验还相对较少，特别是对考虑异质性企业的“出口学习效应”的研究。最后，现有文献关于市场整体的竞争程度对企业劳动生产率等的间接影响的关注还较少。

（二）内部市场竞争：市场竞争与金融业发展视角

1. 营商环境

这一类文献关注企业所处的经营环境如何影响企业生产率水平和生产率增长。外部环境通常不会直接影响生产率，但却可以对企业运用影响生产率的企业内部因素产生激励作用，这就意味着外部影响因素可以同时影响企业内和企业间的效率。通常，企业生产率的外部影响因素与政府政策紧密相关，这对于理解政府干预市场所带来的生产率变化具有重要意义。影响企业生产率变化的重要外部因素包括生产率的溢出效应、竞争、市场监管法规和要素市场的健全程度，具体来说涉及市场竞争与企业劳动生产率或生产率的相关研究有：

涉及优胜劣汰的市场选择效应对企业生产率影响的研究，这一类研究侧重说明企业间资源配置对于生产率的作用。这一类文献指出竞争使得更有效率（例如同种产品低成本生产，低价格销售）的企业的市场份额更大，高成本的企业市场份额不断缩小，甚至使低效率企业退出市场，为更高效率的企业进入市场留出空间，这一竞争过程同时也提高了市场上企业存活的最低门槛。

相关研究中，一部分研究认为市场竞争造成的企业的进入退出对总生产率的贡献并不大，如 Griliches & Regev（1995）利用以色列 1979 ~ 1988 年的制造业企业数据研究发现，企业的进入退出对制造业劳动生产率的贡献很小，并且作者指出退出企业的生产率较低，这些企业在退出市场之前就已有所表现，即所谓的“死亡阴影”效应。Schmitz（2005）通过在采矿业面临外国竞争时跟踪美国采矿业企业的表现，研究发现 20 世纪 80 年代美国的采矿业的生产率增长大部分由企业自身生产率提高所贡献。Hallward - Driemeier & Fraser（2009）对摩洛哥的研究发现，企业的进入退出对制造业劳动生产率和 TFP 贡献微小。Melitz & Polanec（2015）对 Olley & Pakes（1996）的生产率分解方法进行了拓展，使用斯洛文尼亚制造业企业数据研究发现，企业进入退出对加总劳动生产率增长的贡献较小。

另一部分文献则发现企业进入退出对生产率的增长起到了重要贡献。如 Foster et al.（2006）发现美国零售业总生产率的提高几乎全部由低效率企业的退出和高效率连锁店的进入所贡献。Brandt et al.（2012）使用中国工业企业数据的研究发现，企业的进入退出行为对制造业 TFP 具有显著贡献，企业的进入退出效应贡献了加总 TFP 增长的 2/3。

关于中国的研究方面，李玉红等（2008）发现企业进入退出在劳动生产率或 TFP 增长中的重要作用。简泽（2011）对中国的生产率进行分解测算时发现，1998 ~ 2007 年间企业进入退出效应均为负，但随时间推移稳定的增加，优胜劣汰在资源配置中的作用逐渐显现，进入和退出的机制逐渐成为我国总量生产率增长越来越重要的驱动力量。毛其淋和盛斌（2013）使用 1998 ~ 2007 年中国制造业企业数据的研究发现，企业的进入退出对制造业生产率增长具有重要的直接影响，并且企业更替还通过市场竞争效应对存活企业生产率的提高产生显著的间接促进作用。杨汝岱（2015）使用中国工业企业数据的研究则发现中国制造业生产率增长的主要来源是企业成长，并且企业成长的空间在不断缩小，亟待依托资源配置效率改善的新的增长模式。吴利学等（2017）也对此问题进行了细致的研究。此外，部分研究开始关注竞争环境下的中国劳动要素的企业间配置效应，如 Ma et al.（2015）利用中国工业企业数据库，研究了 1988 ~ 2007 年中国的就业流动模式，研究发现，中国不断深化的国企改革、对外开放参与全球经济以及实际汇率的贬值都会对中国的就业创造和毁灭产生重要影响。

2. 金融业发展

中国金融部门长期存在竞争不足和信贷资金配置扭曲的问题，并且资本项目长期受到管制。相关研究关注了通过金融市场化和开放资本项目对企业表现的影响，但更多的研究还停留在分析融资约束对企业的影响上。一个更加值得思考的方向也许是如何通过开放引进竞争，系统性的解决中国金融部门固有的扭曲和摩擦，从而从根源上提高金融部门支持中国企业业绩提升的能力。

已有的研究表明功能健全的金融制度对支撑产品和服务的跨国交换十分必要，金融制度更加完善的国家在金融依赖度高的部门具有比较优势并且出口更多（Beck，2002、2003；Svaleryd & Vlachos，2005；Hur et al.，2006；Becker & Greenberg，2013；Manova，2013）。对于英国、比利时、中国、意大利和日本企业数据的研究表明，信贷约束限制了企业的出口产品范围、出口目的地数量以及国外销售额（Greenaway et al.，2007；Muuls，2008；Minetti & Zhu，2011；Amiti & Weinstein，2011；Manova et al.，2015），同时理论研究尝试从理论层面解释贸易对金融市场不完善的敏感程度大于国内生产的原因（Ahn，2011；Feenstra et al.，2014）。除此之外，另一部分文献研究了买方和卖方之间的贸易信贷以及外国直接和间接投资在多大程度上能够弥补金融制度的不完善（Manova，2008；Antras & Foley，2015；Manova et al.，2015）。现有文献多集中于对金融摩擦扭曲总贸易具体机制探究的研究，如已有研究认为信贷约束可以通过影响异质性企业选择进入国内生产、国内制造商选择参与出口、企业出口水平来影响贸易，并利用国家或产业层面金融发展水平验证上述机制（Manova，2013），或者，基于信息不对称视角解释非出口和出口企业面临信贷约束，和不同企业受到信贷约束程度差异的原因（Feenstra，2014）。但现有文献缺乏对金融市场化进一步细分，如将金融业市场化区分为金融业的竞争与信贷资金配置的市场化两种机制。

已有研究还涉及关于影响国际贸易的不同制度扭曲因素的研究。除了金融市场扭曲，其他的研究还关注了基础设施、劳动力市场、有限契约执行对国际贸易的影响（Nunn，2007；Levchenko，2007；Helpman & Itaskhoki，2010；Cunat & Melitz，2012；Coşar & Demir，2016）。大量的这一类文献研究表明，某种制度较为健全的国家通常会在依赖该种制度的部门具有比较优势。这表明，部门间资源再配置的扭曲，以及部门内部企业间资源再配置的扭曲能够在很大程度上解释为何国家的贸易量远远小于传统的赫克歇尔 - 俄林模型（H - O 模型）所预测的贸易量（Trefler，1995），进一步这也可以解释为何出口量对于贸易自由化的反应如此缓慢，以及在资源的无效配置下企业异质性与社会总体的福利效应关系密切（Manova，2013）。①

（三）企业内部因素的影响：管理者视角

前文指出，中国国有企业长期存在，并且经过改革仍未有效解决的一大问题，即国有企业所有者缺位，企业选人用人问题。目前国际贸易由于数据可得性和研究视野的不断拓展，研究主题开始涉及企业经营战略和管理者对企业表现的影响。但是，涉及中国的研究文献还很缺乏。相信未来对这一主题的不断丰富，以及关于中国问题研究的开展，会对解决中国企业选人用人问题提供新的思路。

1. 企业战略管理

第一类文献基于企业战略管理的角度对高管特征与企业出口表现进行了研究。在理论上，国际商务领域以及国际贸易领域通常假设企业国际化决定是完全理性的，并且相关研究者也倾向于忽略在解释发生贸易和投资时涉及企业管理者的战略决策制定过程，而在现实中，企业战略决策者对信息的处理方式不是按照理性预期的方式把所有获得信息都引入到决策模型中，他们往往遵循的是，只考虑重要信息而忽略其他信息的原则，这就可能会使得企业做出的决策不完全是理性的（Nielsen & Nielson，2011）。

这一类文献多基于企业战略决策的视角对企业出口决策进行研究，且在分析企业战略决策时多会用到高阶理论（upper echelons theory），这一理论通过假设管理层可以观测的经历在一定程度上决定了他们的导向以及战略决策，从而反映了战略决策者的行为偏好（Hambrick & Mason，1984）。

相关研究有，Daily et al.（2000）使用美国财富500强企业数据，考察了企业CEO国际化经验、任期、企业国际化、继任事件和公司金融表现之间的关系，分析结果表明，企业CEO国际化经验与企业国际化程度之间存在明显的交互效应。Hermann & Datta（2005）基于管理团队特征与高阶理论的视角，利用1997年美国112家属于制造业、有国际销售且最低销售额为2.5亿美元的企业数据，研究了高管特征［包括受教育水平、任期、年龄、国际经验和功能性背景（functional backgrounds）］与企业国际多元化之间的关系，作者研究发现国际化水平越高的企业，其高管团队越有可能拥有更高的教育水平、更短的组织任期、更年轻的管理者，以及更多的国际经验等特征，除此以外，作者还发现，高管特征对国际多元化的影响在业绩表现好的企业比业绩表现差的企业更加明显。Barkema & Shvyrkov（2007）使用1996～1998年荷兰25家大型非金融类企业数据，重点关注了任期多样性和教育多

① Arkolakis et al.（2012）指出在资本和劳动自由配置的市场，企业异质性与社会总体福利之间不相关。

样性对企业国际扩张决策的影响，作者检验了其通过影响企业策略创新，从而对企业做出的到新区域投资决策的影响，同时还关注了高管团队多样性导致的团队内部小团体的形成对企业国际扩张的影响，作者指出导致团队内部小团体的强断层背景（strong faultline settings）会阻碍建设性的讨论，以及阻碍企业进入国际市场。Carpenter & Fredrickson（2001）利用美国 300 家企业数据，考察了企业的高管团队特征与企业的全球化战略态度之间的关系，并且研究了不确定性对于企业高管团队特征与企业全球化策略态度之间关系的影响。研究表明，高管团队的国际经验、教育异质性和任期异质性与企业的全球化战略态度呈现正相关关系，而与高管团队的功能异质性呈现负相关关系，当控制了高管团队面临的不确定性后，企业高管团队异质性与企业国际战略态度之间的关系呈现出非线性的关系。Nielsen & Nielson（2011）将高阶理论应用到企业国际战略决策中，使用 2001 ~ 2007 年瑞士 165 家企业数据，并区分了高管团队国际经验和国籍多样性，实证检验了企业高管特征对企业国际进入模式的影响，研究结果表明，有国际经验的高管团队更有可能选择独资进入模式，而国籍多样性会导致企业选择合资进入模式。

总体上来说，这一类文献不同于强调企业生产率、要素禀赋等差异的国际贸易领域文献，该类文献强调了能够显著影响企业出口表现的管理层特征，包括管理者的期望、承诺、国际语言的掌握能力、职业经验、教育背景和创新能力等，这一类文献提供了企业异质性的另一种来源，即管理者特征的差异，这在一定意义上对现有文献起到了较好的补充作用。然而，这一类文献也存在着一定的不足，首先，现有研究还主要集中于对发达国家的分析，对发展中国家分析还较少。其次，大多数研究集中于分析制造业，而对服务业关注较少。再次，已有研究对企业管理者影响企业不同出口行为的检验过于单一，大多集中于对企业海外投资、企业国际化，或者是否出口的影响，而缺少对企业出口不同行为（如企业出口倾向、出口强度、出口边际和出口产品转换等）的检验。最后，相关的分析结论可能会因分析的行业的不同而存在差异（Sousa et al. , 2008）。

2. 雇用中学

第二类文献从影响企业出口的另一途径，即雇用中学（leaning by hiring）出发，对影响企业出口表现的劳动力投入进行了系统的分析。这一类文献从微观上强调了促使企业出口的企业间劳动力流动所引发的知识溢出效应，从而使得企业可以从雇用的员工中学到企业出口所需要的知识和信息，并且，相关文献强调了雇用中学效应的重要驱动力量即关键员工的作用，而现实中的关键员工往往是那些能够掌控企业重要战略决策的管理者，由此，这一类文献将管理者特征与企业出口表现联系到了一起。

长期以来，在国际商务的研究领域，管理层能力一直以来都是跨国公司理论的核心，然而，在国际贸易领域，管理层能力却没有得到更多的关注。

近年来兴起的企业异质性贸易理论中，关于企业异质性的实证文献也主要集中于对自选择假说的证明，即只有生产率最高的企业才能从事出口，因为这些企业可以更好地收回与出口进入时相关的高额固定成本（Sala & Yalcin, 2015），而对企业异质性的另一来源企业内部高管团队所具备的能力关注相对较少，这一类文献可以说对上述研究的不足进行了必要的补充。

相关代表性研究有：Axinn（1988）使用美国和加拿大机床公司相关数据，考察了企业管理者对出口的看法与企业出口表现之间的关系，研究发现，拥有海外工作经历的管理者比重越高的企业，或者拥有相信出口相比国内销售能带来更高的增长机会观念的管理者的企业，其出口销售额比重越高。Minondo（2011）指出企业除了投资于实物资本和技术以外，另一个决定企业出口成功与否的重要决定是企业雇用有国际市场出口经验的管理者，这些管理者具备企业出口目的地市场的特征、如何对产品进行改进以迎合出口市场消费者偏好、对出口企业最适合的中间商以及出口目的地竞争程度的信息，作者使用 2001 ~ 2008 年西班牙制造企业数据，检验了企业是否会通过有意识的雇用有出口经验的管理者来为进入国际市场进行准备，研究表明雇用有出口经验经理的企业进入国际市场的概率更加大，这表明企业会有意识地自选择进入国际市场。Sala & Yalcin（2015）使用 1995 ~ 2006 年丹麦雇员和雇主匹配数据，作者将管理部门视为团队，通过判断管理者以前是否在出口企业类似岗位工作过来判断管理者是否具有企业需要的出口经验，同时作者指出，在现实中，企业并不会独立经营，它们必须适应其所经营的环境，它们在实际经营中会形成正式或非正式的联盟，以方便互相之间对称或不对称的信息和资本共享，作者用企业在细分行业中的出口比重刻画了现实中企业联盟之间的这种知识分享现象，进一步，作者研究了管理者的管理能力是如何影响企业选择进入国际市场的，实证研究发现，管理能力在克服出口带来的成本方面与生产率起到的作用一样重要。

这类文献中一个受关注较多的研究方向是，涉及企业雇用的海外移民对企业出口影响的研究。这一类文献考察了企业雇用海外具有出口经验的员工对企业出口的作用，强调了员工特有的背景（经验、知识关系网等）因素在决定企业出口时的重要性。其重要意义在于，具备出口经验的海外移民管理者会在一定程度上影响企业的生产效率，从而帮助企业克服参与出口所必须支付的沉没成本，其中重要的渠道就是通过知识溢出效应来实现。具备出口经验的经理在公司间的流动，会将其所知道的专业知识带到新的公司，这一现象在具备海外国籍的管理者身上表现得尤其明显，他们可以将其掌握的关于海外出口前景的相关知识、国外销售的相关经验、国外物流网络的相关信息告知国内出口企业。

针对发展中国家研究的代表性文献主要有，Molina（2013）观察到企业出口表现与企业员工规模显著相关，而已有文献指出出口参与规模的异质性并未反映在可观测的员工特征上，即员工的技能和职位构成在出口商间的差别很小，作者据此推测无法观测的员工特点将是出口市场表现的重要影响因素。作者使用 1990 ~ 2001 年巴西制造业企业雇员与雇主匹配数据，以及包含企业出口行为的相关数据，实证研究了员工在其他出口商处获得的出口经验对员工目前就职企业出口相关行为的影响，研究发现，从出口商处被挖走的员工与雇用员工的企业随后拓展的出口目的地以及更高的市场渗透率相关，但是，对于流失员工的企业来说只有市场渗透率会有所下降。这一发现表明，企业会根据目前海外产品市场状况推测未来出口状况，从而会对企业的劳动需求产生冲击，那些有长期出口潜力的企业，会积极雇用具有竞争力的劳动力，并且只有少数关键员工会影响到企业的竞争优势从而增加企业的初始优势，然后企业会选择是否出口，企业通过先进行劳动力升级为未来企业进入海外市场做了准备。

针对发达国家研究的文献有：Hiller（2013；2014）利用丹麦相关数据研究了流入本国的国际移民对本国企业出口表现的影响，研究表明，当企业雇用海外移民时会促进企业的出口扩张。Mion & Opromolla（2014）指出了与 Melitz（2003）等研究企业异质性问题所强调的只有生产率足够高的企业才能从事出口不同的地方，即现实中存在许多生产率非常高但是却不出口的企业，以及相当数量的生产率不够高却向国外市场出口的企业。作者指出，出口经验也许是影响企业出口决策但却被忽略的重要因素之一，而这种出口经验对出口决策的影响往往通过雇用有出口经验的管理者来实现。作者强调了管理者是负责包括企业组织、战略决策、技术科学管理方式或过程制定和管理团队导向等高层次企业内部决策的群体，管理者是企业内部战略决策、市场营销和商业活动的主要参与者和制定者，其作用不可忽略。在此基础上，作者使用 1995 ~ 2005 年葡萄牙企业—国家—产品层面数据以及雇员—雇主匹配数据，研究了伴随企业间拥有出口经验的管理者的流动，出口经验的溢出对企业员工工资和企业出口状态的影响，研究发现，管理者在之前企业获得的出口经验会促进现在就职企业的出口表现，以及会提高管理者的工资。除此以外，作者还发现，出口经验对于特定出口目的地市场来说十分重要，具体体现为，拥有现在就职企业出口目的地出口经验的管理者的工资会更高，企业也更可能进入管理者拥有出口经验的市场，并且出口商更可能待在这些市场，且销售额会相对更高。Masso et al.（2015）认为通过劳动力流动产生的知识转移能够影响企业表现，管理者和其他方面的专业人员的出口经验是企业出口决策的关键因素，作者通过使用 2006 ~ 2011 年爱沙尼亚制造业雇主—雇员匹配数据，实证检验了拥有不同出口经验的高工资员工与新雇主出口决定程度之间的关系、雇用有出口经验的雇员对企业出口决定的影响是否依赖于企业间产品的相似性以及最近时期的出口经验对于企业出口决策的影响。研究发现，企业雇用的有特定地区出口经验的管理者和其他高工资雇员与企业出口到特定地区的概率相关，出口经验对于进入邻近的欧盟国家的市场显得尤为重要，并且拥有最近一两年的出口经验对于企业出口决策更加重要，当雇员之前的企业和现在的企业产品结构及产品技术较为接近时，从雇用有出口经验的员工中的收益将会更强，但出口经验对于企业的出口强度的影响并不明显。Lodefalk（2016）指出对于全球经营企业来说，实现人员在相隔很远的经营场所间的转移非常重要，这种转移可以方便相关知识和信息的交换、改善合作以及提升商业文化等，对于很多情况下，人员跨境转移并不一定需要长期跨境流动以满足企业的目的，短期移民同样可以。短期移民相比长期移民来说受到的约束更少，而且他们可以将代理商与遥远的经营网络联系起来。基于以上考虑，作者使用 1998～2007 年瑞典服务贸易企业和就业相关数据，考察了短期人员流动与贸易之间的关系，研究发现，雇用短期移民对于企业随后的出口强度有正向显著的作用，且对于服务业的作用要大于货物贸易，短期移民能够通过帮助企业克服非正式的特定目的地障碍从而显著促进出口。许家云（2018）使用中国上市公司治理结构数据与海关数据、工业企业数据合并样本的研究发现，海归 CEO 显著提高了企业出口，更好的地区制度环境有利于强化海归对企业出口的促进效应。

可以看到，这一类文献对管理者影响企业出口行为的另一渠道，即通过雇用中学改善企业表现进行了较为系统的分析，相关研究具有较为重要的理论和实践意义。然而，这一类文献也存在一定的不足之处，比如，首先，尽管具备特殊能力或技术的企业管理者被认为是驱动企业间生产率差异的重要因素，关于企业管理者如何来影响企业经营的问题还是较少被检验（Syverson，2011）。其次，相关研究主要集中于对发达国家的情况进行研究，还缺乏来自发展中国家的实证证据。再者，如何将企业间员工的流动与管理者特征很好地结合从而提出统一的理论分析框架值得进一步研究。最后，相关研究还只是关注企业间流动的员工具有的特殊知识和信息，对于流动的员工本身的特征（如性别、年龄、受教育程度、国籍及与政府的关系等）对出口企业出口表现的影响关注还相对较少。

总的来看，通过梳理现有文献，本文发现，一方面，相关研究中涉及发展中国家高管特征对企业出口表现的研究还相对较少，还没有文献针对中国企业进行专门研究，另一方面，已有研究对企业出口行为的刻画还相对简单，大多只是集中于对企业出口倾向的探讨。相关研究对于从根本上解决中国企业选人用人问题的借鉴意义还十分有限。

五、开放、竞争中提升中国企业表现的改革方向

古典资本主义企业的基本制度特征是，企业家必须是资本家，剩余索取

权就是资本的利润①。这一基本特征意味着，以市场竞争为导向的私营企业的资本劳动关系是资本雇用劳动，而不是劳动雇用资本。然而，建立在实际经济中能力和个人财富之间分布不对称基础上的企业，常面临如下公司治理困境。第一，由于观察的不完全性以及企业家能力的显示需要一个过程，资本家在选择经理时不可避免地会犯一些错误，被解雇会被认为经理能力低下，有能力的人在被聘用前常常不被认可而四处碰壁，这就需要相应的机制保证真正有能力的经理不会受到不公正的待遇。第二，经理的活动常常是重要但不易被监督的，这就需要有一种激励机制使得经理努力工作，而不是像国有企业那样经常产生“内部人控制”问题②。第三，当资本家是企业的外部成员时，资本很容易被滥用，如经理使用资本进行“过度投资”，且企业收入对于外部人来说是不可被完全观测到的。由于经理经常从滥用资本和收入中谋求私利，因此这就要求资本家必须对企业资金的使用拥有一定的发言权和监督权。第四，当企业需求的资金巨大，该资金不能由少数投资者提供时，此时资本家对企业的监督又会出现问题，资本家的监督成本由个人承担，但监督收益由所有相关者享有，如何设计一套机制来平衡资本家之间的“搭便车”行为成为重要问题。

根据企业治理理论，一个好的公司治理结构具有以下特征。首先，剩余索取权应当与剩余控制权尽可能对应，即拥有剩余索取权和承担风险的人应该拥有控制权，反之，拥有剩余控制权的人应该承担风险，因此也应该具有剩余索取权（张维迎，2015；Dewatripont & Tirole，1994）。其次，经理的补偿收入应当与企业的经营业绩挂钩而不应该是固定合同，这样可以使得经理承担风险。再次，资本家应该拥有选择和监督经理的权威（张维迎，1995）。再次，最优公司治理结构应该是一种状态依存控制状态，即控制权应当与自然状态相对，不同状态下企业应该有不同利益相关者控制（Aghion & Bolton，1992；Dewatripont & Tirole，1994）。最后，为了解决投资者“搭便车”问题，应当让所有权适当集中于大股东手中（Shleifer & Vishny，1997）。

基于现实企业与理想企业公司治理结构之间的差距，张维迎（2015）指出，中国国有企业改革的唯一方向是民营化。针对中国企业改制的效果现有研究进行了分析和评估，大部分研究支持改制后的国有企业表现优于改制前（宋立刚等，2005；白重恩等，2006；胡一帆等，2006；Song et al.，2011）。这背后推动国有企业表现改善的主要因素包括奖金激励、人力素质和教育程度改善，产权、市场竞争以及公司治理结构的改善（刘小玄等，1998；郑京海等，2002；周权雄等，2010；胡吉祥等，2011）。然而，正如平新乔

① 张维迎，2015，《企业理论与中国企业改革》，上海：上海人民出版社，第 129 页。

② 国有企业面临所有者缺位的问题，如果所有者缺位，且经理在企业中没有多大利益，经理自主权就会产生许多代理问题，如利润转移和资产侵蚀等。这些代理问题就是通常所说的“内部人控制”问题（吴敬琏，1995）。

(2004) 指出的那样，由于背后存在巨大的物质利益，政府对国有资产和相关产业进行了控制和保护，这对资本市场、劳动力市场等要素市场与产品市场的效率造成了损害。政府对失业和降低控制权收益的担心是国有企业民营化或者破产清算的最大障碍，因此，一个简单的含义是：采取一个将政府目标函数考虑在内的次优民营化或破产清算方案是明智的，同时，对政府来说，这比一个无法实施的最优方案更为可行（王红领等，2001）。

需要指出的是，在扩大开放，国内市场竞争程度不断提升的过程中，单纯关注国有企业或者某一类企业的绩效表现，以及是否对国有企业进行私有化，抑或是混合所有制改革，还是非常不充分的。当前，对外开放的内涵正在不断深化，开放不仅指边境上的关税削减，其内涵还涉及边境后的开放，即国内要素市场、与服务行业开放相关政策、政府产业政策等向国际水平靠拢。当然，涉及边境后的诸多规则和开放措施，首先需要弄清的是，什么样的规则有利于提高中国企业表现，从而是中国经济进一步开放改革的方向。比如，Boeing（2016）和 Howell（2018）研究了政府补贴对中国企业创新和生产效率的影响，实证结果表明，政府补贴并非一定会促进企业的创新水平和生产率的提升。相关研究结论对于政策制定者反思“挑选赢家”产业政策的效果具有重要启示，并且值得进一步深入分析。在此基础上，深入讨论边境后制度、规则以及市场环境的变化对中国企业表现的影响将具有重要理论和现实意义。不仅如此，中国投资、金融市场和资本项目的开放对企业表现的影响正在受到越来越多的关注。中国金融系统中存在的严重扭曲显著阻碍了资本配置效率，从而抑制了经济的健康增长，长期存在的金融市场扭曲最终将诱发长期金融风险爆发的可能（Song & Xiong，2018），而通过开放资本和金融市场来化解中国金融市场扭曲的政策，可能首先需要将注意力放在减少国内要素及其相关市场上（Wei，2018）。

上述思路构成了改善中国企业表现的一条主线，与此同时，需要进一步予以关注的是除国有企业之外，其他企业创新和生产效率的改善问题。中国的民营企业、合资企业以及外资企业在华表现，更多的是在现有政策环境下的市场化决策结果，这需要考虑到中国的制度环境是否有效地发挥了该类企业的最优产出和效率，该类主题涉及产业政策导向、要素市场发育、企业家精神、政治制度、企业政策、贸易自由化等广泛的主题①，对于提高市场化导向企业绩效的具体措施，将有赖于对上述主题的深入研究。

---

① 近两年涉及这类主题的文献至少包括：宋马林、金培振（2016），余明桂等（2016），白让让（2016），吴超鹏、唐菂（2016），余淼杰、智琨（2016），苏启林等（2016），龙小宁、黄小勇（2016），胡永刚、石崇（2016），戴魁早、刘友金（2016），叶青等（2016），纪洋等（2016），罗党论等（2016），罗来军等（2016），黎文靖、郑曼妮（2016），王甄、胡军（2016），邢斐等（2016），张天华、张少华（2016），温涛等（2016），Baum - Snow et al.（2017）和 Brandt et al.（2017）。

六、结论及进一步研究方向

近年来，中国企业在生产率、创新等方面的表现成为学术界关注的焦点。以开放和竞争为主线，现有文献从以下方面对涉及中国企业表现的问题进行了探索。首先，利用宏微观数据对开放与竞争环境下企业的表现进行定量测算，并围绕国有企业如何改善表现展开争论；其次，比较不同类型中国企业的表现，寻找中国企业表现的共同点；再次，开放、竞争视角下，竞争影响企业表现的不同机制，强调了对外开放、市场竞争与企业内部环境的作用；最后，探索中国企业进一步改革的方向、已有改革的效果以及国有企业改革面临的困难。

从研究主题来看，现有文献无论从理论还是实证方面都对“开放、竞争与中国企业表现”这一主题进行了大量的研究，针对中国的研究也越来越多。本文认为未来对“开放、竞争与中国企业表现”主题可以进一步研究的方向主要有：

首先，可以考虑将一国参与全球价值链分工与中国企业表现结合进行进一步的研究。目前文献主要集中于探讨国家层面因素对中国企业表现的影响，将全球价值链分工纳入分析框架研究中国企业表现的相关研究还相对较少。目前，全球化正日益加深，中国企业表现不再是由单一国家决定，产品全球化生产形成了生产的全球价值链，一国更多地专注于某一生产环节生产的事实，使得各国间的产品生产出现产业的上下游关系，这一关系使得各国间的贸易更加密切，进出口产品间的价格变动相互影响，考虑中国的现实情况，我国作为全球产品的加工组装“基地”，其他国家企业或者跨国公司表现的变化必然对中国企业表现产生一定的影响，对这一问题的研究也更加具有现实意义。在此方向上，有三个主要的研究方向：一是将国家产业层面数据与全球价值链分工模式结合，研究一国产业参与全球分工演进过程中中国企业表现的变动规律；二是将企业微观层面数据与全球价值链相关理论（如外包、供应链等理论）相结合探讨中国企业表现变动的微观机制，进而为宏观政策制定提供微观理论和实证基础；三是对服务业、农业、能源部门企业进行深入研究，目前对涉及中国企业表现的研究，还大多停留在对中国工业部门企业的研究上，主要原因在于实际数据的可获得性上，由于中国经济发展战略高度重视工业发展，与工业相关的统计体系较为完善，其数据也较容易搜集，另外，也源于理论界对农业和服务业企业的关注不足，因此，未来更多的研究可以从农产品、资源类和服务型企业角度对中国企业参与全球价值链的表现，以及在开放环境下探讨该类企业表现出的与已有研究存在的异同。最后，中国企业的选人用人问题有望结合全球经济一体化和逆全球化两大研究主题取得新的进展。

其次，未来的研究可以考虑如何将中国企业表现与异质性企业、汇率波动、企业加成定价、产品质量结合起来进行深入研究。从中国企业表现与贸易模式和产业升级来看，现有文献充分探讨了竞争、质量阶梯的差异对于进口竞争影响企业表现（如就业和产出程度）的作用，那么，不同国家不同企业的表现是否会因不同的地理位置、价值链地位、要素禀赋、要素成本以及质量阶梯长短等因素而有所不同呢？企业进行贸易的产品是否会在面临进口竞争时在产品空间中出现跳转，从一种产品的生产跳转到另一产品的生产上，从而出现逃避竞争效应，以及跳转的模式如何，这些都有待进一步检验。具体的研究思路可以大致分为三个：其一，结合企业自身内部因素（如研发、人力资本、资本积累、高层管理团队以及企业治理结构等）因素探讨不同类型企业在制定企业发展战略过程中的机制，以及这一机制对贸易产品质量带来的相应影响。其二，结合外部宏观环境（如技术及地理空间溢出效应、市场竞争状态特别是进口竞争、市场监管程度、法律规章制度等因素）对企业决策，从而对企业表现的影响机制，及其与产品质量之间的多元互动关系，在此基础上可以探讨一国宏观政策制定的目标和可行路线。最后，中国在对外开放中，外资限制逐渐减少，涉及中国本土资本的企业类型逐渐增多，如合资企业、为完全外资企业和跨国公司配套的本土企业，不同类型企业在市场竞争中表现出何种企业动态，进一步研究各类企业的创新表现、环境表现以及对经济的推动表现具有什么规律。

最后，探讨进口产品价格形成机制及中国企业表现的相关研究还相对较少，特别是针对发展中国家，如针对中国的研究。未来，从进口角度对中国企业表现进行相关的研究也具有一定价值。目前，中国政府提出了外贸“优进优出”，以及从贸易大国迈向贸易强国的战略构想。长期以来，中国开放政策过度重视出口，忽略进口，进口实行进口替代战略，已有研究对进口贸易缺乏系统的关注和研究，这导致现实中国进口产品以支持加工贸易发展的资本品、原材料和中间品为主，进口消费品占比过低，中国虽然是世界上主要产品的供应国，但产品竞争以价格竞争为主，出口产品质量堪忧，出口的产品在一定程度上成为“出口通货紧缩”的代名词。进口方面，产品进口定价权长期缺失，从事进口贸易向国外输出了过多的贸易利得。上述中国客观上面临的贸易问题为进一步从进口角度研究中国企业表现提供了依据，具体来说：进口消费品的定价与中国企业表现问题将是未来贸易和投资自由化过程中，中国政府需要着重关注的问题，这涉及对进口消费品价格、质量的全面系统研究，特别是在消费品进口开放过程中，不完善的法律规章制度催生的一系列商业模式下，如“平行进口”现象，中国企业进口消费品的定价模式与最优制度选择问题将是未来亟待研究的方向；中国企业资本品、原材料和进口中间品的定价权缺失问题将会被逐渐提上议事日程，研究如何解决中国进口产品定价权缺失问题，需要相关学者系统梳理进口定价的形成机制、作用路径以及影响范围，从而为实现进口产品“优质优价”“优进优出”奠定基础；如何将中国企业进口产品价格演变体系乃至进出口产品价格演变机制、理论架构置于中国贸易强国战略框架之下，是未来中国真正实现贸易强国的重要一环。此外，将企业产品进出口价格与中国国内经济周期相结合进行相应的研究，是未来国际宏观经济学向微观个体层面深入发展的重要方向。最后，结合中国企业表现，系统性回答扩大进口是否意味着本国利益的损失这一问题，是摆在理论工作者面前富有挑战性的命题。

综上所述，开放竞争环境下的中国企业表现的研究，其研究目的主要有两个。一是，通过对开放、竞争下的中国企业的表现为国际贸易理论提供新的研究视角和理论贡献，从中国企业的现实发展问题中寻找企业面临不同预算约束下的行为偏好，及发现不同行为偏好下造成的相应经济效应。二是，以开放环境下的中国企业为研究素材，可以为中国企业长期存在的国企改革、企业效率、价值链地位、产品质量、创新能力、公司治理等问题，以及由上述问题导致的收入差距扩大、区域发展不平衡等问题提供解决问题的思路。并且，对于中国企业的深入研究对其他发展中国家的经济发展和企业治理问题也可以提供借鉴依据。

参考文献

[1] 白重恩、路江涌、陶志刚：《国有企业改制效果的实证研究》，载《经济研究》2006 年第 8 期。

[2] 白让让：《竞争驱动、政策干预与产能扩张——兼论“潮涌现象”的微观机制》，载《经济研究》2016 年第 11 期。

[3] 戴觅、余淼杰、Maitra Madhura：《中国出口企业生产率之谜：加工贸易的作用》，载《经济学（季刊）》2014 年第 2 期。

[4] 戴魁早、刘友金：《要素市场扭曲与创新效率——对中国高技术产业发展的经验分析》，载《经济研究》2016 年第 7 期。

[5] 方明月：《先天优势还是后天努力——国企级别对全要素生产率影响的实证研究》，载《财贸经济》2014 年第 11 期。

[6] 胡吉祥、童英、陈玉宇：《国有企业上市对绩效的影响：一种处理效应方法》，载《经济学（季刊）》2011 年第 3 期。

[7] 胡一帆、宋敏、张俊喜：《竞争、产权、公司治理三大理论的相对重要性及交互关系》，载《经济研究》2005 年第 9 期。

[8] 胡一帆、宋敏、郑红亮：《所有制结构改革对中国企业绩效的影响》，载《中国社会科学》2006 年第 4 期。

[9] 胡永刚、石崇：《扭曲、企业家精神与中国经济增长》，载《经济研究》2016 年第 7 期。

[10] 纪洋、谭语嫣、黄益平：《金融双轨制与利率市场化》，载《经济研究》2016 年第 6 期。

[11] 简新华、余江：《市场经济只能建立在私有制基础上吗？——兼评公有制与市场经济不相容论》，载《经济研究》2016 年第 12 期。
[12] 简泽：《从国家垄断到竞争：中国工业的生产率增长与转轨特征》，载《中国工业经济》2011 年第 11 期。
[13] 黎文靖、郑曼妮：《实质性创新还是策略性创新？——宏观产业政策对微观企业创新的影响》，载《经济研究》2016 年第 4 期。
[14] 李春顶：《中国出口企业是否存在“生产率悖论”：基于中国制造业企业数据的检验》，载《世界经济》2010 年第 7 期。
[15] 李春顶：《中国企业“出口—生产率悖论”研究综述》，载《世界经济》2015 年第 5 期。
[16] 李玉红、王皓、郑玉歆：《企业演化：中国工业生产率增长的重要途径》，载《经济研究》2008 年第 6 期。
[17] 刘瑞明：《中国的国有企业效率：一个文献综述》，载《世界经济》2013 年第 11 期。
[18] 刘小玄、郑京海：《国有企业效率的决定因素：1985 ~ 1994》，载《经济研究》1998 年第 1 期。
[19] 罗党论、廖俊平、王珏：《地方官员变更与企业风险——基于中国上市公司的经验证据》，载《经济研究》2016 年第 5 期。
[20] 罗来军、蒋承、王亚章：《融资歧视、市场扭曲与利润迷失——兼议虚拟经济对实体经济的影响》，载《经济研究》2016 年第 4 期。
[21] 龙小宁、黄小勇：《公平竞争与投资增长》，载《经济研究》2016 年第 7 期。
[22] 毛其淋、盛斌：《中国制造业企业的进入退出与生产率动态演化》，载《经济研究》2013 年第 4 期。
[23] 聂辉华、涂晓玲、杨楠：《竞争还是产权——对国有企业激励机制的经验考察、教学与研究》2008 年第 1 期。
[24] 平新乔：《政府保护的动机与效果——一个实证分析》，载《财贸经济》2004 年第 05 期。
[25] 钱学锋、毛海涛、徐小聪：《中国贸易利益评估的新框架——基于双重偏向型政策引致的资源误置视角》，载《中国社会科学》2016 年第 12 期。
[26] 盛丹、王永进：《中国企业低价出口之谜——基于企业加成率的视角》，载《管理世界》2012 年第 5 期。
[27] 宋立刚、姚洋：《改制对企业绩效的影响》，载《中国社会科学》2005 年第 2 期。
[28] 宋马林、金培振：《地方保护、资源错配与环境福利绩效》，载《经济研究》2016 年第 12 期。
[29] 苏启林、赵永亮、杨子晖：《市场冲击、要素扭曲配置与生产率损失——基于出口企业订单波动的经验研究》，载《经济研究》2016 年第 8 期。
[30] 汤二子：《中国企业“出口—生产率悖论”：理论裂变与检验重塑中国企业出口生产率悖论》，载《管理世界》2017 年第 2 期。
[31] 王聪、林桂军：《中国服务贸易强国之路研究——理论内涵、现实问题及政策建议》，载《国际贸易》2017 年第 8 期。
[32] 王红领、李稻葵、雷鼎鸣：《政府为什么会放弃国有企业的产权》，载《经济研究》2001 年第 8 期。

[33] 王甄、胡军：《控制权转让、产权性质与公司绩效》，载《经济研究》2016 年第 4 期。

[34] 魏浩、付天：《中国货物进口贸易的消费者福利效应测算研究——基于产品层面大型微观数据的实证分析》，载《经济学（季刊）》2016 年第 4 期。

[35] 温涛、朱炯、王小华：《中国农贷的“精英俘获”机制：贫困县与非贫困县的分层比较》，载《经济研究》2016 年第 2 期。

[36] 吴超鹏、唐菂：《知识产权保护执法力度、技术创新与企业绩效——来自中国上市公司的证据》，载《经济研究》2016 年第 11 期。

[37] 吴敬琏：《在公司化改制中建立有效的公司治理结构》，载《党校科研信息》1995 年第 7 期。

[38] 吴利学、叶素云、傅晓霞：《中国制造业生产率提升的来源：企业成长还是市场更替?》，载《管理世界》2016 年第 6 期。

[39] 邢斐、王书颖、何欢浪：《从出口扩张到对外贸易“换挡”：基于贸易结构转型的贸易与研发政策选择》，载《经济研究》2016 年第 4 期。

[40] 徐明东、田素华：《转型经济改革与企业投资的资本成本敏感性——基于中国国有工业企业的微观证据》，载《管理世界》2013 年第 2 期。

[41] 许家云：《海归与企业出口行为：来自中国的微观证据》，载《金融研究》2018 年第 2 期。

[42] 杨汝岱：《中国制造业企业全要素生产率研究》，载《经济研究》2015 年第 2 期。

[43] 叶青、赵良玉、刘思辰：《独立董事“政商旋转门”之考察：一项基于自然实验的研究》，载《经济研究》2016 年第 6 期。

[44] 余淼杰、智琨：《进口自由化与企业利润率》，载《经济研究》2016 年第 8 期。

[45] 余明桂、钟慧洁、范蕊：《业绩考核制度可以促进央企创新吗?》，载《经济研究》2016 年第 12 期。

[46] 于永达、吕冰洋：《中国生产率争论：方法的局限性和结论的不确定性》，载《清华大学学报（哲学社会科学版）》2010 年第 3 期。

[47] 张少华、张天华：《中国工业企业动态演化效率研究：所有制视角》，载《数量经济技术经济研究》2015 年第 3 期。

[48] 张天华、张少华：《偏向性政策、资源配置与国有企业效率》，载《经济研究》2016 年第 2 期。

[49] 张维迎、吴有昌、马捷：《公有制经济中的委托人—代理人关系：理论分析和政策含义》，载《经济研究》1995 年第 4 期。

[50] 张维迎：《企业理论与中国企业改革》，上海人民出版社 2015 年版。

[51] 张宇：《论公有制与市场经济的有机结合》，载《经济研究》2016 年第 6 期。

[52] 郑红亮、王凤彬：《中国公司治理结构改革研究：一个理论综述》，载《管理世界》2000 年第 3 期。

[53] 郑京海、刘小玄，Bigsten Arne：《1980—1994 期间中国国有企业的效率、技术进步和最佳实践》，载《经济学（季刊）》2002 年第 2 期。

[54] 周权雄、朱卫平：《国企锦标赛激励效应与制约因素研究》，载《经济学（季刊）》2010 年第 2 期。

[55] Aghion, P. , Bloom, N. , and Howitt, P. , 2005: Competition and Innovation: an Inverted - U Relationship, *The Quarterly Journal of Economics*, Vol. 120, No. 2.

[56] Aghion, P. and Bolton, P., 1992: An Incomplete Contracts Approach to Financial Contracting, *The Review of Economic Studies*, Vol. 59, No. 3.

[57] Ahn, J., 2011: A Theory of Domestic and International Trade Finance, *IMF Working Papers*, No. 262.

[58] Ahn, J., Dabla - Norris, E., and Njie, L., 2016: Reassessing the Productivity Gains from Trade Liberalization, *IMF Working Paper*, No. 77.

[59] Amiti, M. and Khandelwal, A. K., 2013: Import Competition and Quality Upgrading, *Review of Economics and Statistics*, Vol. 95, No. 2.

[60] Amiti, M. and Konings, J., 2007: Trade Liberalization, Intermediate Inputs, and Productivity: Evidence from Indonesia, *The American Economic Review*, Vol. 97, No. 5.

[61] Amiti, M. and Weinstein, D. E., 2011: Exports and Financial Shocks, *The Quarterly Journal of Economics*, Vol. 126, No. 4.

[62] Antràs, P. and Foley, C. F., 2015: Poultry in Motion: A Study of International Trade Finance Practices, *Journal of Political Economy*, Vol. 123, No. 4.

[63] Arendt, L. A., Priem, R. L., and Ndofor, H. A., 2005: A CEO - Adviser Model of Strategic Decision Making, *Journal of Management*, Vol. 31, No. 5.

[64] Arkolakis, C., Costinot, A., and Rodríguez-clare, A., 2012: New Trade Models, Same Old Gains? *The American Economic Review*, Vol. 102, No. 1.

[65] Arkolakis, C., Costinot, A., and Donaldson, D., 2017: The Elusive Pro - Competitive Effects of Trade, *MIT working paper.*

[66] Atkeson, A. and Burstein, A. T., 2010: Innovation, Firm Dynamics, and International Trade, *Journal of Political Economy*, Vol. 118, No. 3.

[67] Axinn, C. N., 1988: Export performance: do managerial perceptions make a difference? *International Marketing Review*, Vol. 5, No. 2.

[68] Baily, M. N., Hulten, C., and Caves, R. E., 1992: Productivity Dynamics in Manufacturing Plants, *Brookings Papers on Economic Activity. Microeconomics*, Vol. 1992.

[69] Baldwin, J. R. and Gu, W., 2003: Export-market participation and productivity performance in Canadian manufacturing, *Canadian Journal of Economics/Revue canadienne d'économique*, Vol. 36, No. 3.

[70] Barkema, H. G. and Shvyrkov, O., 2007: Does top management team diversity promote or hamper foreign expansion? *Strategic Management Journal*, Vol. 28, No. 7.

[71] Baum - Snow, N., Brandt, L., and Zhang, Q., 2017: Roads, Railroads, and Decentralization of Chinese Cities, *The Review of Economics and Statistics*, Vol. 99, No. 3.

[72] Beck, T., 2002: Financial development and international trade: Is there a link? *Journal of International Economics*, Vol. 57, No. 1.

[73] Beck, T., 2003: Financial Dependence and International Trade, *Review of International Economics*, Vol. 11, No. 2.

[74] Becker, B., Chen, J., and Greenberg, D., 2013: Financial Development, Fixed Costs, and International Trade, *The Review of Corporate Finance Studies*, Vol. 2, No. 1.

[75] Boeing, P., 2016: The allocation and effectiveness of China's R&D subsidies - Evidence from listed firms, *Research Policy*, Vol. 45, No. 9.

[76] Brandt, L., Biesebroeck, V. J. and Zhang Y., 2017: WTO Accession and Performance of Chinese Manufacturing Firms, *American Economic Review*, Vol. 107, No. 9.

[77] Brandt, L., Biesebroeck, V. J., and Zhang, Y., 2012: Creative accounting or creative destruction? Firm-level productivity growth in Chinese manufacturing, *Journal of Development Economics*, Vol. 97, No. 2.

[78] Brandt, L. and Rawski, T., 2008: *China great economic transformation*, Cambrige, United Kingdom: Cambrige University Press.

[79] Broda, C. and Weinstein, D. E., 2006: Globalization and the Gains from Variety, *The Quarterly Journal of Economics*, Vol. 121, No. 2.

[80] Bustos, P., 2011: Trade Liberalization, Exports, and Technology Upgrading: Evidence on the Impact of MERCOSUR on Argentinian Firms, *The American Economic Review*, Vol. 101, No. 1.

[81] Carpenter, M. A. and Fredrickson, J. W., 2001: Top Management Teams, Global Strategic Posture, and the Moderating Role of Uncertainty, *The Academy of Management Journal*, Vol. 44, No. 3.

[82] Chan, J. M. L. and Manova, K., 2015: Financial development and the choice of trade partners, *Journal of Development Economics*, Vol. 116.

[83] Chandra, A., Finkelstein, A., and Syverson, C., 2016: Productivity Dispersion in Medicine and Manufacturing, *American Economic Review*, Vol. 106, No. 5.

[84] Chen, Z., Zhang, J., and Zheng, W., 2017: Import and innovation: Evidence from Chinese firms, *European Economic Review*, Vol. 94.

[85] Clarke, D. C., 2003: Corporate governance in China: An overview, *China Economic Review*, Vol. 14, No. 4.

[86] Coşar, A. K. and Demir, B., 2016: Domestic road infrastructure and international trade: Evidence from Turkey, *Journal of Development Economics*, Vol. 118.

[87] Cuñat, A. and Melitz, M. J., 2012: Volatility, Labor Market Flexibility, And The Pattern of Comparative Advantage, *Journal of the European Economic Association*, Vol. 10, No. 2.

[88] Daily, C. M., Certo, S. T., and Dalton, D. R., 2000: International Experience in the Executive Suite: The Path to Prosperity? *Strategic Management Journal*, Vol. 21, No. 4.

[89] Dewatripont, M. and Tirole, J., 1994: A Theory of Debt and Equity: Diversity of Securities and Manager - Shareholder Congruence, *The Quarterly Journal of Economics*, Vol. 109, No. 4.

[90] Eaton, J. and Kortum, S., 2002: Technology, Geography, and Trade, *Econometrica*, Vol. 70, No. 5.

[91] Ethier, W. J., 1982: National and International Returns to Scale in the Modern Theory of International Trade, *The American Economic Review*, Vol. 72, No. 3.

[92] Feenstra, R. C., 2016: The International Trade and Investment Program, *NBER Reporter*, Number 1.

[93] Feenstra, R. C., 2018: Restoring the product variety and pro-competitive gains from trade with heterogeneous firms and bounded productivity, *Journal of International Econom-*

ics, Vol. 110.

[94] Feenstra, R. and Weinstein, D. E., 2009: Globalization, competition, and the US price level, *Manuscript*, *University of California*, *Davis and Columbia University*.

[95] Feenstra, R. C. and Weinstein, D. E., 2017: Globalization, Markups, and US Welfare, *Journal of Political Economy*, Vol. 125, No. 4.

[96] Feenstra, R. C., 1994: New Product Varieties and the Measurement of International Prices, *The American Economic Review*, Vol. 84, No. 1.

[97] Feenstra, R. C., Li, Z., and Yu, M., 2014: Exports and Credit Constraints under Incomplete Information: Theory and Evidence from China, *Review of Economics and Statistics*, Vol. 96, No. 4.

[98] Fernandes, A. M., 2007: Trade policy, trade volumes and plant-level productivity in Colombian manufacturing industries, *Journal of International Economics*, Vol. 71, No. 1.

[99] Foster, L., Grim, C., and Wolf, Z., 2016: Firm - Level Dispersion in Productivity: Is the Devil in the Details? *American Economic Review*, Vol. 106, No. 5.

[100] Foster, L., Haltiwanger, J. C., and Harper, M. J., 2001: *Aggregate Productivity Growth. Lessons from Microeconomic Evidence New Developments in Productivity Analysis*, University of Chicago Press.

[101] Foster, L., Haltiwanger, J., and Krizan, C. J., 2006: Market Selection, Reallocation, and Restructuring in the U. S. Retail Trade Sector in the 1990s, *Review of Economics and Statistics*, Vol. 88, No. 4.

[102] Garcia - Macia, D., Hsieh, C., and Klenow, P. J., 2016: How Destructive is Innovation? *National Bureau of Economic Research Working Paper Series*, No. 22953.

[103] Goldberg, P., Khandelwal, A., and Topalova P., 2009: Trade Liberalization and New Imported Inputs, *The American Economic Review*, Vol. 99, No. 2.

[104] Greenaway, D., Guariglia, A., and Kneller, R., 2007: Financial factors and exporting decisions, *Journal of International Economics*, Vol. 73, No. 2.

[105] Griliches, Z. and Regev, H., 1995: Firm productivity in Israeli industry 1979 - 1988, *Journal of Econometrics*, Vol. 65, No. 1.

[106] Grossman, G. M. and Helpman, E., 1991: Quality Ladders in the Theory of Growth, *The Review of Economic Studies*, Vol. 58, No. 1.

[107] Hallward - Driemeier, M. and Thompson, F., 2009: Creative destruction and policy reforms: changing productivity effects of firm turnover in Moroccan manufacturing, *The World Bank Policy Research Working Paper Series*, No. 5085.

[108] Halpern, L. A. S. O., Koren, M. O. S., and Szeidl, A., 2015: Imported Inputs and Productivity, *American Economic Review*, Vol. 105, No. 12.

[109] Hambrick, D. C. and Mason, P. A., 1984: Upper Echelons: The Organization as a Reflection of its Top Managers, *The Academy of Management Review*, Vol. 9, No. 2.

[110] Helpman, E. and Itskhoki, O., 2010: Labour Market Rigidities, Trade and Unemployment, *The Review of Economic Studies*, Vol. 77, No. 3.

[111] Helpman, E. and Krugman, P., 1985: *Market Structure and Foreign Trade: Increasing Returns, Imperfect Competition, and the International Economy*, The MIT Press.

[112] Hiller, S., 2013: Does immigrant employment matter for export sales? Evidence from Denmark, *Review of World Economics*, Vol. 149, No. 2.

[113] Hiller, S., 2014: The Export Promoting Effect of Emigration: Evidence from Denmark, *Review of Development Economics*, Vol. 18, No. 4.

[114] Howell, A., 2017: Picking "winners" in China: Do subsidies matter for indigenous innovation and firm productivity? *China Economic Review*, Vol. 44.

[115] Hur, J., Raj, M., and Riyanto, Y. E., 2006: Finance and trade: A cross-country empirical analysis on the impact of financial development and asset tangibility on international trade, *World Development*, Vol. 34, No. 10.

[116] Kasahara, H. and Rodrigue, J., 2008: Does the use of imported intermediates increase productivity? Plant-level evidence, *Journal of Development Economics*, Vol. 87, No. 1.

[117] Keller, W. and Yeaple, S. R., 2009: Multinational Enterprises, International Trade, and Productivity Growth: Firm - Level Evidence from the United States, *Review of Economics and Statistics*, Vol. 91, No. 4.

[118] Klenow, P. J. and Rodriguez - Clare, A., 1997: Quantifying Variety Gains from Trade Liberalization, Manuscript, University of Chicago.

[119] Levchenko, A. A., 2007: Institutional Quality and International Trade, *The Review of Economic Studies*, Vol. 74, No. 3.

[120] Lin, T. W., 2004: Corporate Governance in China: Recent Developments, Key Problems, and Solutions, *Journal of Accounting and Corporate Governance*, Vol. 1, No. 1.

[121] Liu, G. S., Sun, P., and Woo, W. T., 2006: The Political Economy of Chinese - Style Privatization: Motives and Constraints, *World Development*, Vol. 34, No. 12.

[122] Liu, Q. and Qiu, L. D., 2016: Intermediate input imports and innovations: Evidence from Chinese firms' patent filings, *Journal of International Economics*, Vol. 103.

[123] Lodefalk, M., 2016: Temporary expats for exports: micro-level evidence, *Review of World Economics*, Vol. 152, No. 4.

[124] Ma, H., Qiao, X., and Xu, Y., 2015: Job creation and job destruction in China during 1998 - 2007, *Journal of Comparative Economics*, Vol. 43, No. 4.

[125] Manova, K., 2013: Credit Constraints, Heterogeneous Firms, and International Trade, *The Review of Economic Studies*, Vol. 80, No. 2.

[126] Manova, K., 2008: Credit constraints, equity market liberalizations and international trade, *Journal of International Economics*, Vol. 76, No. 1.

[127] Manova, K., Wei, S., and Zhang, Z., 2015: Firm Exports and Multinational Activity Under Credit Constraints, *Review of Economics and Statistics*, Vol. 97, No. 3.

[128] Markusen, J. R., 1989: Trade in Producer Services and in Other Specialized Intermediate Inputs, *The American Economic Review*, Vol. 79, No. 1.

[129] Masso, J., Rõigas, K., and Vahter, P., 2015: Foreign market experience, learning by hiring and firm export performance, *Review of World Economics*, Vol. 151, No. 4.

[130] Melitz, M. J., 2003: The Impact of Trade on Intra - Industry Reallocations and Aggregate Industry Productivity, *Econometrica*, Vol. 71, No. 6.

[131] Melitz, M. J. and Costantini, J. A., 2007: *The Dynamics of Firm - Level Adjustment to*

Trade Liberalization, Harvard University Press.

[132] Melitz, M. J. and Polanec, S., 2015: Dynamic Olley – Pakes productivity decomposition with entry and exit, *The RAND Journal of Economics*, Vol. 46, No. 2.

[133] Minetti, R. and Zhu, S. C., 2011: Credit constraints and firm export: Microeconomic evidence from Italy, *Journal of International Economics*, Vol. 83, No. 2.

[134] Minondo, A., 2011: Learning to Export with New Managers, *Empirical Economics Letters*, Vol. 10, No. 1.

[135] Mion, G. and Opromolla, L. D., 2014: Managers' mobility, trade performance, and wages, *Journal of International Economics*, Vol. 94, No. 1.

[136] Molina, D. and Muendler, M., 2013: Preparing to Export, *National Bureau of Economic Research Working Paper Series*, No. 18962.

[137] Muûls, M., 2008: Exporters and credit constraints. A firm-level approach, *National Bank of Belgium Working Paper Research*, No139.

[138] Nielsen, B. B. and Nielsen, S., 2011: The role of top management team international orientation in international strategic decision-making: The choice of foreign entry mode, *Journal of World Business*, Vol. 46, No. 2.

[139] Nunn, N., 2007: Relationship – Specificity, Incomplete Contracts, and the Pattern of Trade, *The Quarterly Journal of Economics*, Vol. 122, No. 2.

[140] Olley, G. S. and Pakes, A., 1996: The Dynamics of Productivity in the Telecommunications Equipment Industry, *Econometrica*, Vol. 64, No. 6.

[141] Pavcnik, N., 2002: Trade Liberalization, Exit, and Productivity Improvements: Evidence from Chilean Plants, *The Review of Economic Studies*, Vol. 69, No. 1.

[142] Sala, D. and Yalcin, E., 2015: Export Experience of Managers and the Internationalisation of Firms, *The World Economy*, Vol. 38, No. 7.

[143] Schmitz, J. A. J., 2005: What Determines Productivity? Lessons from the Dramatic Recovery of the U. S. and Canadian Iron Ore Industries Following Their Early 1980s Crisis, *Journal of Political Economy*, Vol. 113, No. 3.

[144] Shleifer, A. and Vishny, R. W., 1997: A Survey of Corporate Governance, *The Journal of Finance*, Vol. 52, No. 2.

[145] Song, Z., Storesletten, K. and Zilibotti, F., 2011: Growing Like China, *The American Economic Review*, Vol. 101, No. 1.

[146] Song, Z. M. and Xiong, W., 2018: Risks in China's Financial System, *National Bureau of Economic Research Working Paper Series*, No. 24230.

[147] Sousa, C. M. P., Martínez – López, F. J., and Coelho, F., 2008: The determinants of export performance: A review of the research in the literature between 1998 and 2005, *International Journal of Management Reviews*, Vol. 10, No. 4.

[148] Steinwender, C., 2015: The Roles of Import Competition and Export Opportunities for Technical Change, *CEP Discussion Papers from Centre for Economic Performance, LSE*, NO. 1334.

[149] Svaleryd, H. and Vlachos, J., 2005: Financial markets, the pattern of industrial specialization and comparative advantage: Evidence from OECD countries, *European Eco-*

nomic Review, Vol. 49, No. 1.

[150] Syverson, C., 2011: What Determines Productivity? *Journal of Economic Literature*, Vol. 49, No. 2.

[151] Topalova, P. and Khandelwal, A., 2011: Trade Liberalization and Firm Productivity: The Case of India, *Review of Economics and Statistics*, Vol. 93, No. 3.

[152] Trefler, D., 1995: The Case of the Missing Trade and Other Mysteries, *The American Economic Review*, Vol. 85, No. 5.

[153] Wei, S., 2018: Managing Financial Globalization: Insights from the Recent Literature, *National Bureau of Economic Research Working Paper Series*, No. 24330.

[154] Yu, M., 2015: Processing Trade, Tariff Reductions and Firm Productivity: Evidence from Chinese Firms, *The Economic Journal*, Vol. 125, No. 585.

Openness, Competition and the Performance of Chinese Enterprises: A Literature Review

Cong Wang

Abstract: In recent years, the performance of Chinese enterprises in productivity, innovation and other aspects has become the focus of attention in the academic circle. Taking opening and competition as the main line, the existing literature has explored the problems involved in the performance of Chinese enterprises from the following aspects: First of all, using macro and micro data to quantify the performance of enterprises under the open and competitive environment, and discuss how the state-owned enterprises improve their performance; secondly, comparing the performance of different types of Chinese enterprises and looking for the common point of Chinese enterprise performance; thirdly, in the perspective of competition, competition affects the different mechanisms of enterprise performance, and emphasizes the role of opening to the outside world, market competition and the internal environment of the enterprise; finally, to explore the direction of the further reform of Chinese enterprises, the effect of the reform and the difficulties faced by the reform of the state-owned enterprises.

Keyword: Openness Competition Enterprise Performance Literature Review

JEL Classification: F60 L10

制造业集聚对军民融合产业发展的双重效应研究

湛　泳　赵纯凯　郭坚豪*

摘　要：军民融合是中国统筹经济建设和国防建设的重要国家战略，发展军民融合产业是各级地方政府的重要任务之一。本文基于制造业集聚的双重效应，构建了制造业集聚影响军民融合产业发展的理论框架，利用中国省际面板数据实证检验了制造业集聚对军民融合产业发展的影响。结果发现：制造业集聚与军民融合产业呈现倒“U”形关系，且当制造业集聚水平越高、集聚的技术要素密集程度越大、地区技术势差越小和技术溢出渠道越多时这种倒“U”形关系越稳健。另外，制造业集聚对军转民和民参军行业都同样表现为倒“U”形影响，但后者的拐点值更大。本文的研究对厘清制造业集聚影响制军民融合产业发展的作用机制以及制造业集聚背景下如何快速推进军民融合产业发展具有重要的意义。

关键词：军民融合产业　制造业集聚　双重效应

一、引　　言

20 世纪 90 年代以来，军民融合逐渐成为各国随着世界军事和经济格局的变化所进行国防改革的重要举措（Lynch，1987），并引起学术界的关注。军民融合作为重要的国家战略，在推动中国国防经济转型和国防工业市场化、提升企业技术创新能力、改善国防经济与地方经济的二元结构、推动产业升级和经济发展等方面做出了贡献（贺新闻等，2011；黄朝峰等，2017；湛泳、赵纯凯，2016）。在中国，军民融合产业是以航空航天和海洋工程等

* 本文受国家社科基金项目“新常态下技术创新引领跨越‘中等收入陷阱’的机制和路径研究”（15BJL015）、湖南省教育厅重点课题“军民融合推动产业结构优化升级的路径与机制研究”（16A218）、湖南省社科创新重点项目“湖南省军民融合发展与产业结构升级：耦合机制与路径研究”（XSPCX015）资助。感谢《中国工业经济》高端前沿论坛（2017 年·夏）以及《经济研究》第三届军民融合推动经济转型发展论坛参会者的批评与建议。

感谢匿名审稿人的宝贵意见！

湛泳：湘潭大学商学院；地址：湖南省湘潭市雨湖区羊牯塘，邮编 411105；Email：zhanyong225@163. com。

赵纯凯：上海财经大学财经研究所；地址：上海市杨浦区国定路 777 号，邮编 200433；Email：ckz_zhao@163. com。

郭坚豪：陆军勤务学院；地址：湖北省武汉市硚口区罗家墩 122 号，邮编 430035；Email：gjholw@foxmail. com。

为核心的高精尖战略性产业，是推进“中国制造 2025”和实施制造强国战略的重要方式，而制造业作为兴国之器、强军之基，是促进经济建设与国防建设协调发展的催化剂，更是推动军民融合产业发展的核心助推器。显然，制造业发展和制造业集聚是军民融合产业成长的重要基石，军民融合产业则是推动制造业转型升级的引擎。所以，在推动军民深度融合的背景下，以制造业集聚为载体来发展军民融合产业，已经成为众多地方政府的重要战略选择。

从已有的文献来看，不同的学者对军民融合的界定和研究方向并不一致。一方面，部分研究将军民融合视为一种战略政策或方式，其本质是探究军民融合对优化社会资源配置的作用：Benoit（1978）认为军民融合战略有助于促进军用技术的民用化，提高社会经济效益；Stowsky（2004）通过实证研究发现军民融合战略并未促进美国的民营经济的成长；Brandt（2010）认为通过军民融合政策将促进原有国防工业进行商业化运营，并推动军民两用技术发展；张兆垠（2011）从军事、经济、科技和社会等多维度设计了中国军民融合式国防战略体系；黄朝峰等（2017）从分工角度阐述了军民融合在促进市场效率提升和科技进步等方面的作用；王双喜（2018）则认为要从政府、市场和第三方力量的共同作用下来充分发挥军民融合在资源优化配置上的作用。另一方面，部分研究则从国防科技工业的角度出发，将军民融合作为一个独立的产业进行研究，并主要从军转民和民参军两大行业展开：Vekstein（1999）认为军转民行业的发展不仅与本国国防工业基础相关，还与技术结构、产业政策以及研发网络等息息相关；Hensel（2011）发现军转民和民参军之间的障碍体现在利润、预算、成本、技术和出口等方面；James（2009），董晓辉、张伟超（2014）都从技术创新或技术溢出的角度对军民两大产业的发展效益进行了研究；而湛泳、赵纯凯（2016）以及张于喆（2017）从宏观层面研究了军民融合产业对地区产业结构和经济增长的影响。所以，基于已有文献，本文将从产业层面定义军民融合，以深入分析制造业集聚对军民融合产业发展的影响，并发现地区制造业集聚与军民融合产业之间的内在联系和现实机理。

但是，集聚经济对产业发展的影响具有双重效应（沈能等，2014）。制造业集聚所形成的规模经济和外部效应契合了企业发展所需要的经济要素与经济环境（Krugman，1991），有助于促进行业内专业化分工、效率提升和竞争优势树立（Park，1995；Porter，1998）；另外，过度集聚会导致拥挤效应（Brakman et al.，1996），产生要素拥挤成本（Accetturo et al.，2010），导致集聚效益下降，甚至会影响企业的创新产出和创新绩效（Sedgley & Elmslie，2001）。所以，在广泛依托制造业集聚来发展军民融合产业的背景下，制造业集聚也可能会对军民融合产业发展形成双重效应。

鉴于此，本文利用 2007 ~ 2014 年中国省际面板数据实证剖析制造业集聚与军民融合产业发展之间的关系，并通过异质性和中介效应检验，来探究制造业集聚和军民融合产业发展的协调机制，为地方政府如何有效推进军民融合产业发展提供思路。本文的创新点集中在以下三个方面：一是本文首次揭示了制造业集聚与军民融合产业发展之间的倒“U”形关系，进一步丰富中国特色军民融合理论；二是本文从制造业集聚角度运用实证方法为目前中国军民融合发展中存在的现实问题[①]找到新的解释，并为各地区如何均衡实现军民融合和其他产业之间的良性互动和协同创新发展提供借鉴；三是本文从集聚水平、集聚类型和集聚效益发挥三个角度揭示制造业集聚作用于军民融合产业的差异化影响，为发现制造业集聚与军民融合产业发展之间的关系研究提供了一个更加全面的视角。

二、理论机制

制造业集聚对军民融合产业发展可能存在显著的双重效应。一方面，制造业适度集聚能积极地释放经济红利，在人才、技术、资本以及原材料等方面给予军民融合产业支持；另一方面，制造业过度集聚会导致企业的产品结构和技术结构同质化严重，以至于企业因争夺生产要素、发展空间以及市场份额展开恶性竞争，并对军民融合产业形成拥挤效应，最终抑制军民融合产业发展。

（一）制造业适度集聚促进军民融合产业发展的机理

军民融合打破了原有高度垂直一体化的军工产业体系，有助于民营企业中的先进生产技术和管理技术的进入，在军民两大主体相互融合的过程中，原有的制造业基地会对军民融合产业形成技术溢出，而军民融合产业也可借助制造业的集聚效应来完善内外部供应链，最终在循环累积因果效应的作用下扩大规模优势，减少生产成本和交易成本，最终实现军民融合产业的成长。制造业集聚推进军民融合产业发展的作用机制如图 1 所示。

一是技术溢出效应。制造业集聚对军民融合产业的技术溢出包括知识溢出、产业关联溢出和市场溢出。军民融合产业能利用制造业集聚区内创新资源相对丰富的优势，通过专利引用、研发活动参与以及人才引进等知识溢出渠道来推动技术创新和促进产业成长（Jeff et al.，1993；Audertsch，1998），同时集聚经济对新产品和新技艺的包容度和支持力度也更大，有利于提升企业技术创新绩效（Nieto & Santamaría，2007），对促进军民技术创新和技术成熟稳定也有重要意义。另外，部分制造业企业与参军民企之间可能具有类似的生产结构、产品结构、管理机制和研发机制，制造业集聚可以通过共同研发、合作生产以及学习竞争等方式对军民融合产业形成产业关联性技术溢出。

---

① 如民企参军动力不足、军民技术溢出渠道阻塞以及军民技术转化不协调等。

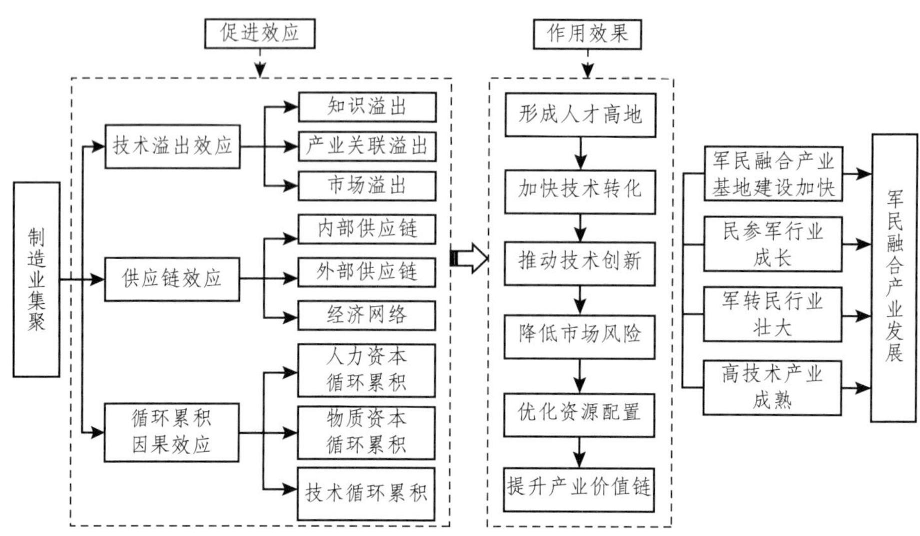

图 1　制造业适度集聚促进军民融合发展的作用机制

而制造业集聚所释放的规模效应将进一步加强企业之间的信息交流和提升企业的效率，并通过要素和产品市场信息来改进生产军民融合新产品的生产技术，提高产品质量。

二是供应链效应。制造业集聚内部正规化和规模化的创新机制、生产运行机制、产学研合作机制、管理协作机制、产品推广机制和营销机制，能给军转民和民参军企业形成良好的示范作用，有利于军民融合产业内部供应链的完善。同时，在军转民与民参军企业研发和生产的过程中，制造业通过为相关军民融合企业提供原材料、中间产品和生产服务而成为其外部供应链中不可获取的角色，制造业集聚则为发挥这种外部供应链效应提供了更便利的条件，在降低交易成本的同时也进一步促进了军民融合产业价值链的延伸。随着军民融合产业内外部供应链的完善，将进一步降低企业的交易成本和搜寻成本，增强各企业之间的密切合作，加速网络经济模式的形成，促进创新效率和信息传递效率的提升。

三是循环累积因果效应。制造业集聚所形成的集聚红利会随着人才、资本和技术等要素的流动而产生要素累积效应，而要素流动所产生的回报则进一步加剧了原有的集聚水平，也进一步加快了集聚红利的释放（Krugman，1991；Fujita & Mori，2005）。制造业集聚的循环累积因果效应让军转民与民参军企业获得人才、技术和资本的成本进一步下降，通过对人力资本、物质资本和技术的不断循环累积而形成一种自我强化机制，有助于规模经济的实现，形成军民融合专业人才高地，并推进相关高技术产业成熟，降低市场风险，加速技术创新和军民技术转化。

（二）制造业过度集聚促进军民融合产业发展的机理

由于目前中国军民融合产业依旧是以航空航天、海洋工程以及电子信息等方面为主，制造业过度集聚会加大对军民融合产业的竞争效应。同时，制造业基地作为各地军民融合产业发展的重要基础，制造业过度集聚无疑会压缩相关军民融合企业的发展空间和生存空间。同时，各地区的制造业集聚程度不一致，存在以劳动密集型为主的低端制造业过度集聚情况，并不能从产业链和价值链等方面为军转民和民参军行业提供产品和技术上的帮助。制造业过度集聚会对军民融合产业形成的阻碍作用如图 2 所示。

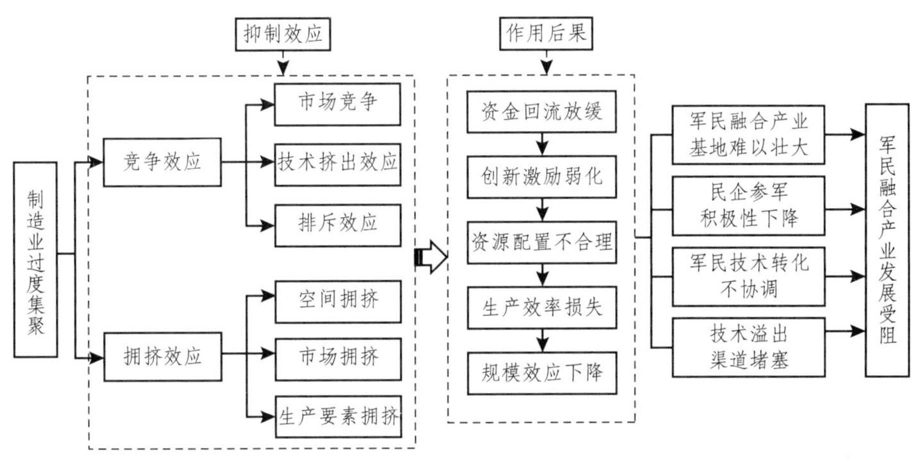

图 2　制造业过度集聚抑制军民融合发展的作用机制

制造业过度集聚对军民融合发展所形成的竞争效应主要包括市场竞争、技术挤出效应以及排斥效应。为发展军民融合产业，新型军民两用品的研发须突破原有的技术模式，开发新的产品功效以获得市场认可，但原有制造业集聚所形成的规模优势、成本优势和价格优势，必然对军转民和民参军企业的新产品形成市场竞争，一旦新产品在市场受挫，将导致企业资金回流速度放缓，企业创新激励受损。同时，制造业过度集聚导致地区人才吸引力下降，其他高技术产业对军民融合产业以及军转民和民参军企业之间技术溢出渠道将受阻，对军民融合产业形成技术挤出效应，导致军民技术转化不协调、不流畅，阻碍军民研发活动。另外，制造业过度集聚易引发企业间的恶性竞争，创新激励和规模效应会被进一步弱化（叶宁华等，2014），对具备参军能力的民企形成排斥效应，从而降低民企参军的积极性。

制造业过度集聚对军民融合所形成的拥挤效应主要包括区域拥挤、市场拥挤和生产要素拥挤。一是空间拥挤。制造业过度集聚所形成的空间拥挤效应是由于企业过度在某一特定的空间范围内汇聚所造成的结果（Broersma &

Oosterhaven，2009）。从微观上讲，制造业集聚的空间拥挤将阻碍军转民与民参军企业之间的交流，加大军民双向技术溢出的难度，提高军转民和民参军企业的搜寻成本和交易成本。从宏观上讲，制造业集聚的空间拥挤效应还不利于军民融合产业的空间区域扩张，可能会阻碍军民融合产业基地的发展壮大。二是市场拥挤效应。制造业过度集聚时，产品市场面临着供需不匹配，供大于求的现象，市场充斥着大量的同质产品，企业去库存压力增大，民企研发和创新活动受到阻碍，参军的动力被进一步削弱，也会导致军转民企业的新产品进入市场的难度加大。三是生产要素拥挤。制造业过度集聚的拥挤效应往往伴随着要素比例的失衡，导致某类基础生产要素的过多或过于稀缺（Bauer，1990），以至于要素价格和要素结构的不合理。对军民融合产业而言，一旦市场要素错配或比例失衡，将不利于产业内部资源的合理配置，进一步导致生产效率损失和规模效应下降。

综上所述，制造业集聚对军民融合产业发展的影响存在双重效应。当制造业适度集聚时，制造业集聚有助于形成军民人才高地，加快军民技术转化和技术创新，并降低市场风险和促进资源优化配置，提升军民融合产业价值链，最终实现军民融合产业基地的建设加快、军转民和民参军行业成长以及高技术产业成熟的目标。而当出现制造业过度集聚情况时，将出现军民融合产业资金回流放缓、创新激励被弱化、资源配置不合理的现象，以至于生产效率损失和规模效应下降，从而导致军民融合产业基地难以发展壮大、民企参军动力下降、军民技术转化不协调以及军民技术溢出渠道堵塞。

三、模型构建与变量选取

（一）模型构建

为充分验证制造业集聚对军民融合发展的双重效应，本文构建如下计量模型：

$$CMI_{it} = \alpha_0 + \alpha_1 CMI_{it-1} + \alpha_2 MA_{it} + \alpha_3 MA_{it}^2 + \rho x_{it} + \mu_{it} \tag{1}$$

其中，下标 i 和 t 分别表示省份和年份，CMI 表示军民融合，MA 为制造业集聚水平，X 为控制变量集合，α_0 为常数项，μ_i 为随机误差项。由于产业发展、产业结构调整以及经济增长等都是受前期基础影响较大的动态过程（付宏等，2013），同时在实际问题的研究中，由于军民融合产业的技术创新能力较强、技术交流频繁和技术开发和技术应用效率较高，军民融合产业发展也可能加速制造业的集聚进程，以至于实证过程可能存在内生性，所以我们通过构建动态面板模型系统 GMM 模型来进行处理。

（二）变量选取与数据说明

1. 被解释变量

军民融合产业发展主要体现在规模扩张与利润增长等方面，但目前关于宏观层面的军民融合产业的衡量还并不统一，而大量的军工企业又存在数据涉密等情况，所以本文参考湛泳、赵纯凯（2016）的指标选取方式，以地区军民融合类上市企业的总产值与 GDP 的比值（CMI）作为各地区军民融合产业发展的指标，这是因为中国军民融合产业受地区政策、经济环境和原有产业基础的影响较大，而上市公司作为各地区推进军民融合政策的核心单元和重要主体能够一定程度代表各地区军民融合产业发展的总体状况，故选取了 236 家上市公司①数据来衡量地区军民融合产业发展，上述指标数据均来自国泰安数据库。

2. 解释变量

在已有的研究中，衡量制造业集聚度的指标众多，包括空间基尼系数、EG 产业集聚指数、DO 指数、HHI 指数和区位熵等，由于本文是从省级层面且只考虑单一产业的集聚效果来验证制造业集聚对军民融合发展的影响，关于企业层面、产业集聚的共享外部性以及自然优势等方面的探讨并非本文的研究重点，所以为不失一般性并基于数据的可得性，本文以各省制造业就业人口在工业总就业人口中的比值为基准，构造各区位熵指数②来衡量制造业集聚水平（MA），数据来源各年统计年鉴。另外，为进一步验证不同的制造业集聚类型对军民融合发展的影响，本文按照张军（2003）和 OECD 制造业技术分类标准将制造业的 28 个子行业分为劳动密集型、资本密集型和技术密集型三类③，同时通过加总子行业生产总值计算出三类制造业的区位熵来

① 军转民上市企业主要是按照《中国军民融合发展报告（2013～2015）》以及中国上市公司协会所界定的国防军工板块来进行选取、民参军上市企业是按照《军用技术转民用推广目录（2012～2015）》《军民两用产品与技术信息共享目录（2007～2014）》以及同花顺相关行业板块所进行的广义界定。

② 制造业集聚的区位熵 $MA_{it}=\dfrac{EP_{it}/EP_i}{EP_t/EP}$，其中 EP_{it} 为某年 i 地区制造业的就业人口，EP_i 为 i 地区所有的工业就业总人口，EP_t 为该年全国范围内制造业的就业人口，EP 为全国所有地区工业总就业人口。

③ 其中劳动密集型行业包括农副食品加工业、食品制造业、纺织业、纺织服装、料和帽制造业、皮革毛皮羽毛（绒）及其制品业、木材加工及木竹藤棕草制造业、家具制造业、印刷业和记录媒介的复制、文教体用品制造业、橡胶制品业、塑料制品业、非金属矿物制品业和金属制品业 13 个行业；资本密集型行业包括饮料制造业、烟草制品业、造纸及纸制品业、石油加工、炼焦及核燃料、化学原料及化学制品制造业、化学纤维制造业、黑色金属冶炼及压延加工业、通信设备制造业 9 个行业；技术密集型包括医药制造业、专用设备制造业、交通运输设备制造业、电气机械及器材制造业、通信设备和计算机及其他电子、仪器仪表文化办公用机械 6 个行业。由于数据缺失和划分依据争议问题，煤炭开采和洗选业等 10 个子行业并没有划分到上述三类中。

衡量各自的集聚水平，分别记为 MAL、MAC 和 MAT，数据来源于《中国工业经济统计年鉴（2008～2015）》。

3. 中介变量

目前，设立军民结合产业基地是各地区推进军民深度融合的重要方式，而高技术产业一方面是军民融合产业的重要组成部分，又能通过技术溢出和示范效应等促进当地军民融合产业的发展，所以本文选取了军民融合产业基地和高技术产业作为各地军民融合产业发展的中介变量。另外，军转民和民参军是军民融合产业的两大发展模式，各自的发展状况同样会影响制造业发展。对于上述四个变量，军民融合产业基地（CIA）用各地区国家级军民融合生产基地的数量进行表示①，数据来自国家军民融合公共服务平台；军转民行业（MIC）和民参军行业（CEM）用各地区军转民和民参军企业的生产总值与 GDP 的比值来进行衡量②，数据来自国泰安数据库（GTA）；高技术产业发展指标（HTI）用各地区高技术产业总产值占 GDP 的比重表示，数据来自《中国高技术产业统计年鉴（2008～2015）》。

4. 控制变量

参考陆铭等（2005），邵帅、杨莉莉（2010），Zhang et al.（2012）以及付宏等（2013）等文献，选取扣除教育支出的财政支出占 GDP 的比重作为政府作用指标（G），同时引入政府作用的平方项（G^2）来充分反映政府在军民融合产业发展中的双重作用。另外，在控制变量中我们还用第二产业和第三产业的产值和 GDP 的比值用来衡量地区产业结构（IS），用固定资产投资比（FAI）来表示各地区物质资本投入状况，用人均受教育年限来代表人力资本（HC），用出口量占 GDP 的比重来表示贸易结构（ST）。以上指标的数据来自各年统计年鉴、《中国人口与就业统计年鉴（2008～2015）》以及各省统计年鉴和统计公报。

5. 地区虚拟变量

由于中国各地区经济发展、技术创新以及军工基础等存在较大差异，所以本文通过设置虚拟变量组来分析地区异质性背景下制造业集聚对军民融合产业发展的技术溢出效应，具体从以下两个角度进行区分：一是考虑各地区制造业集聚强度，设为 DA；二是考虑制造业集聚对军民融合产业影响过程中受技术势差和溢出渠道多寡的影响，分别记为 DP 和 DC，具体依据沈能、李富有（2012）和邱斌等（2008）分别对技术势差和技术溢出渠道的计算方式③来设置虚拟变量组。其中，DA、DP 和 DC 都是根据对应变量的样本均值

---

① 指标设置的依据主要是按照各地区军民融合产业基地的设立时间。

② 在原始样本中，132 家民参军企业仅分布在 22 个地区，所以 CEM 的观测值为 176。

③ 技术势差 $GAP = \frac{T_{max} - T_i}{T_i}$，并用人均 GDP 做技术创新的代理变量；技术溢出渠道主要是考虑专利数、R&D 投入以及信息化水平等。

由大到小而分别划分为三个组别，记为 DA_1、DA_2 和 DA_3（DP 和 DC 的记法类似），将属于该组别的地区设置为1，否则为0，并分别与制造业集聚变量 MA 相乘以及将平方项作为新的解释变量以充分反映三个因素对实证结果的影响，另外，为保证结果的稳健性，设置虚拟变量时每个组别对应的省份数量保持一致。相关指标计算的数据来自各年统计年鉴、《中国科技统计年鉴(2008～2015)》和各省统计年鉴。

四、实证分析

（一）基础回归结果分析

表1是制造业集聚影响军民融合产业发展的基础估计结果。为突出结果的对比性，模型（1）～模型（3）分别利用混合 OLS、固定效应和差分 GMM 模型进行估计的结果，模型（4）和模型（5）是利用系统 GMM 模型进行估计的结果。

表1　基础回归结果

变量	混合 OLS	固定效应	DIF－GMM	SYS－GMM	
	模型（1）	模型（2）	模型（3）	模型（4）	模型（5）
CMI（－1）			0.7841*** (4.36)	0.9856*** (59.13)	0.9142*** (119.45)
MA	0.1912* (1.67)	0.0687** (2.48)	0.0960*** (3.91)	0.1869*** (10.75)	0.1039*** (7.15)
MA^2	－0.0030 (－0.59)	－0.0336* (－1.73)	－0.0386*** (－3.55)	－0.0806*** (－9.33)	－0.0444*** (－7.13)
G	0.3279*** (6.57)	0.0436*** (3.15)	0.0081 (0.90)	0.0676*** (4.05)	0.0446*** (6.37)
G^2	－0.1934*** (－3.60)	－0.0755 (－0.94)	－0.0560** (－1.96)	－0.1055*** (－7.41)	－0.0391*** (－5.48)
IS	0.0101* (1.74)	0.0765 (1.51)	0.0723*** (10.12)		0.2001*** (23.08)
FAI	－0.0163 (－1.11)	－0.0032 (－0.31)	－0.0053* (－1.80)		－0.0104*** (－10.58)
HC	－0.0020 (－0.69)	－0.0109* (－1.74)	－0.0011 (－1.29)		－0.0048*** (－7.33)

续表

变量	混合 OLS	固定效应	DIF - GMM	SYS - GMM	
	模型（1）	模型（2）	模型（3）	模型（4）	模型（5）
ST	-0.0165 (-0.70)	-0.0232 (-0.72)	-0.0129 (-1.18)		-0.0154** (-2.07)
Constant	-0.0413 (-0.67)	0.0855 (1.04)	-0.0324*** (-3.04)		-0.1858*** (-23.59)
拐点值	—	1.02	1.24	1.16	1.17
R^2	0.7935	0.5549	—	—	—
AR（1）			0.2639	0.3079	0.2667
AR（2）			0.7676	0.8110	0.8050
Sargan 检验			0.5966	0.0664	0.1016

注：括号内为 t 统计量；*、** 和 *** 分别表示参数估计在 10%、5% 和 1% 的水平下显著。

对比模型（1）和模型（2）的结果，模型（3）~模型（5）中制造业集聚一阶项的系数显著为正，这一结果证明了制造业集聚对军民融合产业发展存在积极影响，但二阶项的系数显著为负，说明在缓解实证结果的内生性问题后，制造业集聚与军民融合发展呈现出倒“U”形关系，即随着制造业集聚度的加大，对军民融合的技术溢出效应存在先上升后下降的趋势，意味着制造业集聚对军民融合产业发展存在双重效应，这与我们的理论预期是一致的。由模型（5）可知，倒“U”形的拐点出现在 1.17 左右，也就是说制造业集聚度大于拐点值 1.17 之后，就会对军民融合表现出抑制作用。究其原因：一方面，制造业集聚所带来的规模经济使军民融合企业的平均成本和边际成本进一步下降，适度的制造业集聚度将有利于技术进步和资本累积，并通过产品供给和人员流动等对军民融合产生技术溢出；另一方面，一旦制造业集聚水平越过拐点，也就意味着产生了过度集聚现象，在竞争效应和拥挤效应的主导下，将不利于产业动态福利的提升（Gopinath et al.，2006），导致对军民融合产生抑制作用。

从控制变量来看，政府作用对军民融合产业发展同样表现为倒“U”形关系，即随着政府作用的加大，出现先增大后减小的趋势，这可能是因为中国军工产业长期内受政府补贴和拨款较多，军民融合产业受到各级政府的重视，财政拨款和政策支持为军民融合产业的发展提供了必要的资金，但随着政府作用的持续加大，可能导致产业资本过剩，形成资源错配，不利于军民融合产业发展。另外，由于产业结构越好的地区的宏观经济环境、公共设施条件、企业发展环境以及人力资本等方面存在较大的优势，更加有利于产业发展（许庆明和胡晨光，2012），所以地区产业结构对军民融合产业发展总体上表现出显著的正效应。固定资产投资和人力资本的系数显著为负，可能是因为中国大部分地区的固定资产投资集中在房地产与基础设施建设等方面，是造成产能过剩的重要动因（韩国高等，2011），同时经济发展较为落后的地区固定资产投资比重一般较大，过高的固定资产投资将导致物质资本与人力资本处于非均衡状态（Barro，1999），从而影响人力资本推动军民融合产业发展的效果。另外，受制于军工技术的专用性，中国军民融合产业的人才进入壁垒相对较高，可能会对地区人力资本产生一定的排斥效应。贸易结构的系数显著为负可能是由于各地区现阶段军民融合产品研发和生产还远远不足以支撑对外出口，核电和武器等有一定比例产品出口的行业在军民融合上市公司的样本中所占的比例有限，而沿海等出口外向型地区对外贸易发达，造成军民融合产业在民营企业的生产决策中不具备比较优势，所以一定程度上对军民融合产业发展形成了挤出效应。

（二）异质性分析

通过前文的分析，本文发现了制造业集聚与军民融合产业发展之间存在倒“U”形关系，而制造业集聚的强度、集聚的类型和集聚效益的大小可能会影响倒“U”形的拐点位置，所以本文将从上述三个方面进行异质性分析。

表2是根据不同的制造业集聚水平所进行的地区分组①，可以发现在高制造业集聚水平组中，制造业集聚与军民融合产业的倒“U”形关系显著存在，证明我们前文所得到的结论是可靠的，根据模型（2），倒“U”形的拐点值出现在1.28左右，说明制造业集聚强度大于1.28后，就会对军民融合产业发展产生抑制作用，从现实情况来看，仅有江苏和上海的制造业集聚水平整体上超过了1.28，福建、天津、广东和浙江也在部分年份超过了拐点值，过高的制造业集聚水平很可能对当地军民融合产业发展产生抑制作用。在制造业集聚水平较高组中，制造业集聚对军民融合产业的影响依旧表现为倒“U”形，拐点值为1.16，超过了该组的制造业集聚水平的上限，说明对于这些地区而言，制造业集聚尚未出现对军民融合产业的抑制作用。但在弱制造业集聚组，制造业集聚一次项系数显著为负，二次项并不显著，这说明由于地区样本中制造业集聚水平较低，所释放的集聚效益较小，难以对当地军民融合产业发展提供必要的支持，反而可能需要借助军民融合产业对当地制造业所形成的逆向技术溢出，来加速制造业集聚。

---

① 主要是依据各地区制造业集聚的平均水平进行分组。其中，高集聚水平组的平均强度区间为0.99~1.40，包括江苏、上海、福建、天津、广东、浙江、山东、辽宁、北京和吉林；集聚水平较高组的平均强度区间为0.78~0.94，包括河北、河南、湖南、湖南、江西、广西、陕西、海南和甘肃；低集聚水平组的平均强度区间为0.61~0.78，包括四川、重庆、云南、青海、宁夏、山西、贵州、内蒙古、黑龙江和新疆。

表 2 按制造业集聚水平分组的估计结果

变量	集聚水平高		集聚水平较高		集聚水平低	
	模型（1）	模型（2）	模型（3）	模型（4）	模型（5）	模型（6）
CMI（-1）	0.9890*** (68.65)	0.9150*** (89.86)	1.0151*** (44.73)	0.9418*** (117.33)	1.0130*** (46.58)	0.9352*** (158.35)
$MA \times DA_1$	0.0358*** (6.28)	0.0263*** (3.02)				
$(MA \times DA_1)^2$	-0.0146*** (-4.69)	-0.0103** (-2.55)				
$MA \times DA_2$			0.0261** (2.22)	0.0358*** (4.90)		
$(MA \times DA_2)^2$			-0.0093 (-0.82)	-0.0154*** (-4.54)		
$MA \times DA_3$					-0.0168*** (-2.97)	-0.0096*** (-3.60)
$(MA \times DA_3)^2$					0.0108** (2.34)	0.0025 (1.48)
G	0.0579** (2.46)	0.0540*** (6.37)	0.0319* (1.92)	0.0257*** (5.05)	0.0387** (2.04)	0.0295*** (4.96)
G^2	-0.0991 (-4.30)	-0.0428*** (-5.11)	-0.0889*** (-4.37)	-0.0198*** (-4.49)	-0.0803** (-4.15)	-0.0243*** (-5.08)
IS		0.2066*** (9.55)		0.2291*** (40.97)		0.2203*** (32.01)
FAI		-0.0104*** (-5.87)		-0.0165*** (-13.70)		-0.0117*** (-9.42)
HC		-0.0066*** (-9.55)		-0.0049*** (-12.26)		-0.0058*** (-12.96)
ST		-0.0109** (-2.34)		-0.0020 (-0.55)		-0.0065 (-1.28)
Constant	-0.0086** (-2.07)	-0.1263** (-7.19)	-0.0066*** (-2.69)	-0.1518*** (-23.69)	-0.0070 (-1.35)	-0.1374*** (-17.93)
拐点值	1.23	1.28	—	1.16	—	—
AR（1）	0.3190	0.2603	0.3116	0.2711	0.3061	0.2630
AR（2）	0.7776	0.7893	0.7852	0.8517	0.8233	0.8267
Sargan 检验	0.4391	0.0810	0.1937	0.1481	0.1889	0.1399

注：括号内为 t 统计量；*、** 和 *** 分别表示参数估计在 10%、5%和 1%的水平下显著。

制造业集聚效益的释放受制于集聚规模、集聚类型、要素流动的幅度以及产业关联度等（Escribano et al.，2009；潘文卿，2011），而军民融合产业作为以技术和资本为核心的战略新兴产业，不同的制造业集聚类型必然对其影响不一致，所以我们从劳动密集型、资本密集型和技术密集型三个方面进行了异质性检验，具体结果如表3所示。

表3　按制造业集聚类型分组的估计结果

变量	劳动密集型（MAL）		资本密集型（MAC）		技术密集型（MAT）	
	模型（1）	模型（2）	模型（3）	模型（4）	模型（5）	模型（6）
CMI（-1）	0.9035*** (41.43)	0.9172*** (67.81)	0.9390*** (33.89)	0.9180*** (37.97)	0.9130*** (46.58)	0.8752*** (58.35)
MA	-0.0235*** (-3.27)	-0.0198*** (-2.98)	0.0643*** (4.17)	0.0198*** (2.98)	0.0538*** (5.37)	0.0513*** (4.12)
MA^2	-0.0125*** (-3.66)	-0.0097*** (-3.28)	-0.0354*** (-4.56)	-0.0117*** (-3.28)	-0.0185*** (-4.56)	-0.0163*** (-3.42)
G	0.0992*** (5.66)	0.1504*** (14.90)	0.0224 (1.49)	0.0695*** (3.99)	0.0437* (1.62)	0.0326** (2.33)
G^2	-0.1584*** (-9.38)	-0.1932** (-13.17)	-0.0700*** (-6.96)	-0.0997*** (-11.81)	-0.0803*** (-3.24)	-0.0689*** (-2.98)
IS		0.0014** (2.06)		0.0138** (2.34)		0.0105*** (3.08)
FAI		-0.0056*** (-2.56)		-0.0032 (-0.90)		-0.0046** (-2.42)
HC		-0.0008 (-1.38)		-0.0034** (-2.50)		-0.0021*** (-2.96)
ST		-0.0034 (-0.48)		-0.0186 (-1.58)		-0.0137 (-0.78)
Constant	-0.1257*** (-9.54)	-0.0976*** (-4.71)	0.1010*** (7.09)	-0.1389*** (-4.41)	-0.1273*** (-7.35)	-0.0974*** (-3.93)
拐点值	—	—	0.91	0.85	1.45	1.57
AR（1）	0.2572	0.2648	0.2952	0.3040	0.2821	0.2219
AR（2）	0.6472	0.6432	0.0646	0.1157	0.4217	0.0527
Sargan检验	0.0786	0.1713	0.0886	0.0930	0.1033	0.1264

注：括号内为t统计量；*、**和***分别表示参数估计在10%、5%和1%的水平下显著。

在模型（1）和模型（2）中，制造业集聚一阶项和二阶项的系数都显著为负，说明随着劳动密集型制造业集聚的强度上升，对军民融合产业的抑制作用越来越大，这是由于劳动密集型制造业的技术水平相对较低，难以向军民融合产业提供资本、技术和人才，导致技术溢出效应下降，同时由于产业关联度不大，劳动密集型产业进入军民融合产业供应链的难度也加大，反而可能会因为自身规模的扩张而放大了对军民融合产业的抑制效应。根据模型（4）和模型（6），制造业集聚的一次项系数显著为正，二次项系数显著为负，即资本密集型和技术密集型对军民融合产业的影响依旧呈现出倒“U”形关系，拐点值分别为 0.85 和 1.57，说明军民融合产业发展对技术密集型制造业集聚的依赖度更大。

技术势差和溢出渠道是影响制造业集聚效益作用于其他产业重要因素（Liu & Buck，2007），但技术溢出渠道与地区经济环境、研发成果、信息化程度、技术中介和孵化基地等因素相关（邱斌等，2008），技术势差过大和溢出渠道过于狭窄可能将不利于制造业集聚效益对军民融合产业的释放，同样也会影响军民融合产业对传统制造业的反哺效应，所以本文从技术势差和溢出渠道两个方面来进行异质性检验，具体结果如表 4 所示。

表 4　按技术势差和技术溢出渠道进行分组的估计结果

变量	按技术势差（DP）分组			按技术溢出渠道（DC）分组		
	模型（1）	模型（2）	模型（3）	模型（4）	模型（5）	模型（6）
CMI（-1）	0.8883*** (73.69)	0.9025*** (105.84)	0.9170*** (127.90)	0.9373*** (79.99)	0.6693*** (23.90)	0.8240*** (22.16)
$MA \times DX_1$	-0.0488*** (-3.80)			0.0258*** (5.52)		
$(MA \times DX_1)^2$	0.0280 (0.87)			-0.0116*** (-2.61)		
$MA \times DX_2$		-0.0572*** (-5.48)			-0.2085*** (-6.57)	
$(MA \times DX_2)^2$		0.0691 (0.39)			0.1175 (0.74)	
$MA \times DX_3$			0.0159*** (7.51)			0.0176 (0.76)
$(MA \times DX_3)^2$			-0.0069*** (-2.64)			0.0277 (1.47)

续表

变量	按技术势差（DP）分组			按技术溢出渠道（DC）分组		
	模型（1）	模型（2）	模型（3）	模型（4）	模型（5）	模型（6）
G	0.0269*** （3.57）	0.0270*** （4.25）	0.0313*** （4.61）	0.0372*** （4.23）	0.0542*** （3.75）	0.0546*** （6.25）
G^2	-0.0277*** （-3.59）	-0.0256* （-1.90）	-0.0310*** （-5.53）	-0.0336*** （-4.65）	-0.0548*** （-3.48）	-0.0728*** （-8.45）
IS	0.2015*** （9.14）	0.2317*** （12.87）	0.2424*** （37.66）	0.2167*** （10.66）	0.0174 （0.33）	0.1117*** （4.15）
HC	-0.0070*** （-11.09）	-0.0068*** （-9.58）	-0.0084*** （-48.00）	-0.0083*** （-17.59）	-0.0020* （-1.93）	-0.0003 （-0.33）
ST	-0.0032 （-0.63）	-0.0021 （-0.41）	-0.0127*** （-3.71）	0.0001 （0.03）	-0.0026** （-2.47）	0.0312*** （2.85）
Constant	-0.1088*** （-5.80）	-0.1453** （-10.68）	-0.1461*** （-32.50）	-0.1290*** （-9.04）	0.0101 （1.10）	-0.1128*** （-5.48）
拐点值	—	—	1.15	1.11	—	—
AR（1）	0.2716	0.2748	0.2576	0.2651	0.3006	0.3018
AR（2）	0.7883	0.7936	0.7766	0.7809	0.7887	0.8521
Sargan 检验	0.0590	0.1276	0.1321	0.0512	0.5329	0.1058

注：①括号内为 t 统计量；*、** 和 *** 分别表示参数估计在 10%、5%和 1%的水平下显著。

②DX 是 DP 和 DC 的总称；本表中没有估计固定资产投资（FAI）的影响，是由于模型（3）和模型（4）中使用滞后三阶的工具变量，考虑到增加控制变量会导致过度工具变量情况出现，可能使 Sargan 值不稳定，同时 FAI 的值在模型中表现并不显著，所以去掉了该变量。

可以看出，模型（1）~模型（3）按技术势差从高到低进行虚拟变量分组，模型（4）~模型（6）则是以技术溢出渠道从多到寡进行分组。可以看出，在模型（3）和模型（4）中，制造业集聚与军民融合产业发展之间的倒“U”形关系仍存在，其拐点分别出现在 1.15 和 1.11 左右，与表 2 中所得到的拐点数值相差不大。但在模型（1）和模型（2）中，制造业集聚的一次项系数显著为负，二次项不显著，说明在样本地区内制造业集聚与军民融合产业发展之间呈现出单一负向关系，这可能是由于样本地区的技术势差过大，制造业集聚对军民融合产业的集聚效益难以被吸收，反而随着制造业集聚的增大而加剧了制造业对军民融合产业的竞争效应。模型（5）中仅有一次项系数显著，说明制造业集聚对军民融合产业产生了抑制作用；模型（6）中制造业集聚的一次项和二次项系数都不显著，意味着过小的技术溢出渠道导致制造业集聚对军民融合产业发展的影响变弱。

（三）传导机制分析

在前文的理论分析中，制造业集聚会通过军民融合产业基地、军转民行业、民参军行业以及高技术产业四个途径来影响军民融合产业发展，所以本文进一步通过实证来验证制造业集聚是否也与中介变量存在倒“U”形关系，结果如表 5 所示。在模型（1）中，制造业集聚的系数并不显著，说明现阶段制造业集聚对军民融合产业集聚区形成的助推作用并不显著，可能是由于目前的军民融合产业基地的建立主要是来自政策指导和规划，具有一定的强制性，可能仅与当地的高新技术开发区以及经济技术开发区等关联度较大。在模型（2）和模型（3）中，制造业集聚的一次项系数显著为正，二次项系数显著为负，说明制造业集聚对军转民和民参军两个子行业同样表现出倒“U”形关系，拐点分别为 0. 89 和 1. 26，说明制造业集聚与民参军行业倒“U”形的拐点更大，这可能是因为较大的制造业集聚强度会对军转民企业的产品形成较大的市场竞争，形成要素拥挤效应；而民参军企业在产品市场和要素市场上所遇到的竞争压力相对较小。在模型（4）中，制造业集聚的一次项系数显著为负，二次项系数不显著，说明制造业集聚对高技术产业存在抑制作用，制造业集聚的强度已经超过了目前高技术产业良好发展的最高界限。

表 5 传导机制的估计结果

中介变量	军民融合产业基地	军转民	民参军	高技术产业
	模型（1）	模型（2）	模型（3）	模型（4）
Int（-1）	0. 8610 *** （27. 25）	0. 8521 *** （20. 34）	0. 8419 *** （17. 49）	0. 9002 *** （65. 87）
MA	2. 5567 （1. 05）	0. 0575 *** （3. 31）	0. 6712 *** （3. 05）	-0. 0530 * （-1. 66）
MA^2	-1. 8247 * （-1. 73）	-0. 0324 *** （-2. 87）	-0. 2669 *** （-2. 70）	0. 0478 （0. 46）
G	1. 0230 ** （2. 48）	0. 5643 *** （3. 01）	-0. 1771 *** （-3. 79）	0. 0600 *** （4. 63）
G^2	-0. 9531 *** （-3. 01）	-0. 4563 *** （-4. 17）	0. 0573 （0. 96）	-0. 0753 *** （-6. 05）
IS	2. 0713 ** （2. 49）	-0. 5342 * （-1. 75）	-0. 4678 *** （-3. 27）	-0. 3000 *** （-7. 88）
FAI	-0. 3917 *** （-2. 84）	-0. 4721 ** （-2. 45）	0. 1515 *** （10. 66）	0. 0557 *** （12. 01）

续表

中介变量	军民融合产业基地	军转民	民参军	高技术产业
	模型（1）	模型（2）	模型（3）	模型（4）
HC	0.2571*** (4.38)	0.0326* (1.82)	-0.0296*** (-3.72)	-0.0129*** (-7.98)
ST	-0.3044 (-0.97)	-0.3241 (-1.03)	0.0435 (0.55)	0.0395*** (7.02)
Constant	-4.2790*** (-3.71)	0.0723 (0.03)	0.2997 (1.40)	0.1191*** (4.12)
拐点值	—	0.89	1.24	—
AR（1）	0.0007	0.0006	0.0002	0.0913
AR（2）	0.2094	0.4213	0.6304	0.1463
Sargan 检验	0.6552	0.2876	0.2139	0.3698

注：括号内为 t 统计量；*、** 和 *** 分别表示参数估计在10%、5%和1%的水平下显著。

五、结论与政策建议

在推进军民深度融合的背景下，利用制造业集聚来推动军民融合产业发展已经成为众多地方政府的重要战略选择，但由于各地区制造业集聚水平、集聚类型和集聚效益发挥路径都存在差异，导致对军民融合产业影响的效果不一。另外，制造业过度集聚会产生拥挤效应，放大对军民融合产业的竞争效应，所以从理论上讲，制造业集聚对军民融合产业的影响存在双重效应。鉴于此，本文利用2007～2014年的省际面板数据进行了实证分析，结果发现：整体上，制造业集聚与军民融合产业之间确实存在倒“U”形关系，即随着制造业集聚水平的加强，制造业集聚对军民融合产业的影响表现为先促进后抑制；从异质性的角度来看，制造业集聚与军民融合产业之间的倒“U”形关系会根据制造业集聚水平、集聚的技术要素密集程度、地区技术势差的大小以及技术溢出渠道的多寡而发生变化，制造业集聚水平越强、技术密度越大、地区技术势差越小和技术溢出渠道越多时，制造业集聚与军民融合产业之间的倒“U”形关系更显著；从传导路径的角度来看，制造业集聚对军转民和民参军行业的影响都表现为倒“U”形关系，且民参军行业倒“U”形的拐点值更大，另外制造业集聚并未通过推进军民融合产业基地建设和高技术产业成长来促进军民融合产业发展。

依托制造业基地和产业园区是各地方政府发展军民融合产业的基本思路，但目前军民融合产业发展的总体状况并不如预期，除了军民两大主体之间的政策壁垒、体制壁垒、资本壁垒和技术壁垒外，从制造业集聚的层面我们也可以给出解释：一是在制造业适度集聚时，所释放的集聚红利对于具备参军能力的民企而言是一种“诱惑”，出于企业利益最大化考虑，民营企业很可能不愿意承担风险去参与军工生产，而是利用产业基地在规模和交易成本上的优势保持原有的技术结构，从而导致民营企业参军积极性不高；二是从制造业集聚的技术密集程度来说，技术密集型制造业集聚与军民融合产业之间倒“U”形拐点更大，也就是说推动技术密集型制造业集聚是促进军民融合产业成长的重要方式，但显然目前大部分地区的技术密集型制造业集聚程度还不够，不足以支撑军民融合产业发展；三是部分地区所出现的劳动密集型制造业过度集聚的情况可能会抑制军民融合产业的空间扩张，妨碍军民融合产业基地的壮大。基于以上分析，本文从以下几个方面提出政策建议。

第一，协调制造业集聚与军民融合产业的发展关系，实现良性互动。制造业过度聚集和技术密集程度过小都可能对军民融合产业产生不利影响，所以需要积极协调制造业集聚与军民融合产业发展的关系。一是要规范制造业集聚的发展模式，控制劳动密集型制造业集聚的规模，发展高新技术产业，推进二者的良性互动。二是要完善制造业与军民融合产业的空间布局规划，充分利用集聚的规模经济来释放创新驱动力，促进技术转化，推动军民融合产业发展。三是要推进制造业融入军民融合产业的供应链和价值链中，共享地区资源，同时要发挥政府财政在制造业集聚与军民融合产业发展中的作用。

第二，发展军民通用技术，完善科技成果转化体系。技术势差和技术溢出渠道是影响制造业集聚向军民融合产业释放集聚红利的重要因素，也是推进军民协同创新发展的必要条件，所以要大力发展军民通用技术，并积极完善科技成果转化体系，来减少技术势差和增加技术溢出渠道。一方面，针对有潜力和有市场价值的军民通用技术，采取企业主导，政府引导，市场开发和创新平台孵化的模式，鼓励非公有制制造业企业参与军民技术研发过程，实现军民通用技术的兼容化、通用化和规模化，减少技术势差。另一方面，通过推动军民融合成果转化服务平台的建设，完善产学研体系，加速专利的市场化和商业化应用，增加技术溢出的渠道。

第三，发挥政府的引导作用，优化发展环境。本文发现制造业集聚并未通过促进军民融合产业基地的建设以及高技术产业的发展来全面推进军民融合，而制造业集聚对军转民的支持不如民参军。这就需要地方政府准确把握当地军民融合产业的发展动态，积极优化产业发展环境，发挥制造业集聚对军民融合产业基地建设以及相关高技术产业的作用。首先，以高新区和经开区等创新活跃的制造业集聚区为基础，政策引导园区内对口民营企业参与军工生产，积极释放集聚效益和技术红利，并通过补贴和减税等优惠条件鼓励高新技术企业加入军民融合产业基地。其次，以技术密集型产业为向导，为军民融合产业人才集聚、技术转化和产品研发和推广提供外部条件，通过展览会、宣传会以及参观军企等方式提升新产品的市场接受度。最后，通过建立军民研发基金、建设军民人才基地和创建军民技术转化中心等方式，增强制造业集聚与军民融合产业发展的内在契合度。

附录：

本文变量的描述性统计

变量	观测值	均值	标准差	最小值	最大值
CMI	240	0.0284	0.0388	0.0013	0.1932
MA	240	0.9169	0.2060	0.5680	1.4608
MAL	240	1.4988	0.8764	0.2505	3.5308
MAC	240	1.2122	0.4655	0.5448	2.3677
MAT	240	0.8148	0.6542	0.1798	2.0560
G	240	0.1973	0.1474	0.0263	0.9178
IS	240	0.8898	0.0555	0.7206	0.9937
FAI	240	0.6750	0.1891	0.2585	1.1532
HC	240	8.7750	0.9101	6.9020	11.8370
ST	240	0.1618	0.1803	0.0158	0.7666
CIA	240	0.5458	0.7529	0	3
MIC	240	0.0112	0.0126	0.0003	0.0437
CEM	176	0.0172	0.0235	0.0007	0.1490
HTI	240	0.1160	0.1197	0.0029	0.4554

参考文献

[1] 董晓辉、张伟超：《军民两用技术产业集群协同创新动力研究》，载《科学管理研究》2014年第1期。

[2] 付宏、毛蕴诗、宋来胜：《创新对产业结构高级化影响的实证研究——基于2000～2011年的省际面板数据》，载《中国工业经济》2013年第9期。

[3] 韩国高、高铁梅、王立国、齐鹰飞、王晓姝：《中国制造业产能过剩的测度、波动及成因研究》，载《经济研究》2011年第12期。

[4] 贺新闻、王艳、侯光明：《从军民融合的视角看国防科技工业的“三化”融合发展》，载《中国软科学》2010年第10期。

[5] 黄朝峰、鞠晓生、纪建强、孟斌斌：《军民融合何以能富国强军？——军民融合、分工演进与报酬递增》，载《经济研究》2017年第8期。

[6] 陆铭、陈钊、万广华：《因患寡，而患不均——中国的收入差距、投资、教育和增

长的相互影响》，载《经济研究》2005 年第 12 期。

［7］潘文卿、李子奈、刘强：《中国产业间的技术溢出效应：基于 35 个工业部门的经验研究》，载《经济研究》2011 年第 7 期。

［8］邱斌、杨帅、辛培江：《FDI 技术溢出渠道与中国制造业生产率增长研究：基于面板数据的分析》，载《世界经济》2008 年第 8 期。

［9］邵帅、杨莉莉：《自然资源丰裕、资源产业依赖与中国区域经济增长》，载《管理世界》2010 年第 9 期。

［10］沈能、李富有：《技术势差、进口贸易溢出与生产率空间差异——基于双门槛效应的检验》，载《国际贸易问题》2012 年第 9 期。

［11］沈能、赵增耀、周晶晶：《生产要素拥挤与最优集聚度识别——行业异质性的视角》，载《中国工业经济》2014 年第 5 期。

［12］王双喜：《我国军民融合跨界协同治理的策略》，载《经济学家》2018 年第 2 期。

［13］许庆明、胡晨光：《中国沿海发达地区的城市化与工业化进程研究——基于转型升级与国际比较的视角》，载《中国人口科学》2012 年第 5 期。

［14］叶宁华、包群、邵敏：《空间集聚、市场拥挤与我国出口企业的过度扩张》，载《管理世界》2014 年第 1 期。

［15］湛泳、赵纯凯：《资本市场发展、军民融合与产业结构优化升级》，载《南开经济研究》2016 年第 5 期。

［16］张军：《中国的工业改革与经济增长——问题与解释》，上海人民出版社 2003 年版。

［17］张于喆：《新时期推进军工行业加强军民融合发展的对策建议》，载《宏观经济研究》2017 年第 9 期。

［18］张兆垠：《基于 SWOT 分析的军民融合型国防战略设计》，载《管理评论》2011 年第 3 期。

［19］Accetturo，A.，2010：Agglomeration and Growth：The Effects of Commuting Costs，*Papers in Regional Science*，Vol. 89，No. 1.

［20］Audretsch，D.，1998：Agglomeration and the Location of Innovative Activity，*Oxford Review of Economic Policy*，Vol. 14，No. 2.

［21］Barro，R. J.，1999：Human Capital and Growth in Cross Country Regressions，*Swedish Economic Policy Review*，Vol. 6，No. 2.

［22］Bauer，P. W.，1990：Recent Developments in Econometric Estimation of Frontiers，*Journal of Econometrics*，Vol. 46，No. 1.

［23］Benoit，E.，1978：Growth and Defense in Developing Countries，*Economic Development & Cultural Change*，Vol. 26，No. 2.

［24］Brakman，S.，Garretsen，H.，Gigengack，R.，Marrewijk，C. V.，and Wagenvoort，R.，1996：Negative Feedbacks in the Economy and Industrial Location，*Journal of Regional Science*，Vol. 36，No. 4.

［25］Brandt，L.，2010：Defense Conversion and Dual－use Technology：The Push Toward Civil－Military Integration，*Policy Studies Journal*，Vol. 22，No. 2.

［26］Roersma，L. and Oosterhaven，J.，2009：Regional Labor Productivity in the Netherlands：Evidence of Agglomeration and Congestion Effects，*Journal of Regional Science*，Vol. 49，No. 3.

[27] Escribano, A., Fosfuri, A., and Tribó, J. A., 2009: Managing External Knowledge Flows: The Moderating Role of Absorptive Capacity, *Research Policy*, Vol. 38, No. 1.

[28] Fujita, M. and Mori, T., 2005: Transport Development and the Evolution of Economic Geography, *Portuguese Economic Journal*, Vol. 4, No. 2.

[29] Gopinath, M., Pick, D., and Li Y., 2006: An Empirical Analysis of Productivity Growth and Industrial Concentration in US Manufacturing, *Applied Economics*, Vol. 36, No. 1.

[30] Hensel, N., 2011: The Impact of Economic Austerity on U. S. and European Defense Industrial Bases, *Journal of the Society for Neuroscience*, Vol. 26, No. 39.

[31] Jaffe, A. B. and Trajtenberg, M., 1993: Henderson R. Geographic Localization of Knowledge Spillovers as Evidenced by Patent Citations, *Quarterly Journal of Economics*, Vol. 108, No. 3.

[32] James, A. D., 2009: Reevaluating the Role of Military Research in Innovation Systems: Introduction to the Symposium, *Journal of Technology Transfer*, Vol. 34, No. 5.

[33] Krugman, P. R., 1991: Increasing Returns and Economic Geography, *Journal of Political Economy*, Vol. 99, No. 3.

[34] Liu. X. and Buek, T., 2007: Innovation Performance and Channels for International Technology Spillovers: Evidence from Chinese High-tech Industries, *Research Policy*, Vol. 36, No. 3.

[35] Lynch, J. E., 1987: *Economic Adjustment and Conversion of Defense Industries*, Boulder: Westview Press.

[36] Nieto, M. J. and Santamaría, L., 2007: The Importance of Diverse Collaborative Networks for the Novelty of Product Innovation, *Technovation*, Vol. 27, No. 6.

[37] Park, S. O., 1995: Generalizing New Industrial Districts: A Theoretical Agenda and an Application from a Non – Western Economy, *Environment and Planning A*, Vol. 27, No. 1.

[38] Porter, M. E., 1998: Clusters and the New Economics of Competition, *Harvard Business Review*, Vol. 76, No. 6.

[39] Sedgley, N., 2001: Elmslie B. Agglomeration and Congestion in the Economics of Ideas and Technological Change, *American Journal of Economics & Sociology*, Vol. 60, No. 1.

[40] Stowsky, J., 2004: Secrets to Shield or Share? New Dilemmas for Military R&D Policy in the Digital Age, *Research Policy*, Vol. 33, No. 2.

[41] Vekstein, D., 1999: Defense Conversion, Technology Policy and R&D Networks in the Innovation System of Israel, *Technovation*, Vol. 19, No. 10.

[42] Zhang, J., Wang, L., and Wang, S., 2012: Financial Development and Economic Growth: Recent Evidence from China, *Journal of Comparative Economics*, Vol. 40, No. 3.

The Research of Double Effect of Manufacturing Agglomeration on the Development of Civil – Military Integration Industry

Yong Zhan　Chunkai Zhao　Jianhao Guo

Abstract: Civil-military integration is an important national strategy to guide China's economic development and national defense construction, and the development of civil-military integration industry is one of the important tasks for local governments at all levels. This paper constructs the theoretical framework of the influence of manufacturing agglomeration on the development of civil-military integration industry based on the dual effect of manufacturing agglomeration. Then we empirically tests whether manufacturing agglomeration promotes the development of civil-military integration industry by using the Chinese provincial panel data. The results show that there are inverted "U" – shape relationship between manufacturing industry agglomeration and civil-military integration industry. When the agglomeration degree of manufacturing industry is stronger, the concentration of technological factors is more intensive, the smaller the regional technical potential and the more channels of technology spillover, the more robust the inverted "U" – shape relationship is. Besides, it shows that the manufacturing industry agglomeration effect on the "military-into-civilian" and "civilian enterprises entering into military production" is a reversed "U" – shape relationship, but the impact of manufacturing agglomeration on "civilian enterprises entering into military production" industry's inverted u-shape inflection point is greater. The research of this paper is of great significance to clarify the mechanism of the agglomeration of the manufacturing industry impacting on civil-military integration and promote the rapid development of civil-military integration industry under the background of manufacturing agglomeration.

Keywords: Civil-military Integration Industry　Manufacturing Agglomeration　Double Effect

JEL classification: O14　L64

第 17 卷第 2 辑　　产业经济评论　　Vol. 17　No. 2
2018 年 6 月　　Review of Industrial Economics　　June 2018

加成率估算方法研究述评与展望

岳　文　韩　剑*

摘　要：产业组织理论中对如何估算加成率的研究由来已久，由于边际成本的数据难以获得且度量困难，早期实证产业组织中对加成率的估算主要依赖于会计法和需求法。不过，自从 Hall（1988）开创了使用生产法估算加成率的先河后，生产法迅速发展，当前已然成为估算加成率的主流方法。为此，本文从行业层面、企业层面和产品层面三个维度对如何使用生产法来估算加成率的相关文献进行了系统性的梳理，重点介绍了生产法中估算加成率的 Hall 模型、Klette 模型、Roeger 模型、DLW 模型和 De Locker et al. 模型五个主流模型，同时对这些模型的适用条件以及各自的优势与劣势进行了比较。通过总结已有相关文献，挖掘未来研究方向，本文为今后相关学者从事更进一步的研究提供了借鉴参考。

关键词：加成率　会计法　需求法　生产法

一、引　　言

产业组织理论中对测度加成率（markup）的研究由来已久。在反垄断和政府管制的实践中，对加成率进行直接有效、科学准确的测度不仅是进行福利损失判断的基础，更能为政府干预经济、制定适宜的产业政策提供相应的依据。然而，由于边际成本的数据难于获得且度量困难，这使得早期实证产业组织中对加成率的研究进展缓慢。已有文献中，测度加成率采用的方法主要包括以下三种。(1) 会计法：利用财务数据粗略估算价格和边际成本来计算加成率（Scherer & Ross，1990），比如 Domowitz et al.（1986），Siotis（2003），盛丹、王永进（2012），钱学锋等（2015），钱学锋等（2016），毛其淋、许家云（2016），高运胜等（2017），耿晔强、狄媛（2017），陈胜蓝、刘晓玲（2018）等就采用会计方法，运用企业的增加值、工资支出和中

---

* 本文受到“中央高校基本科研业务费专项资金资助”（JUSRP11762）资助。
感谢匿名审稿人的专业修改建议。
岳文：江南大学商学院；地址：江苏省无锡市蠡湖大道 1800 号，邮编 214122；Email：yuewen406406@163.com。
韩剑：南京大学经济学院；地址：南京大学鼓楼校区安中大楼 1717 室；邮编：210093；Email：hanj@nju.edu.cn。

间投入成本等来计算企业的加成率。（2）需求法：拥有一定市场势力的企业会通过制定价格使其边际收益等于边际成本来达到自身利润的最大化，即有 $P(1-1/\varepsilon)=MC$。因此通过估计需求系统得到消费者的需求价格弹性，用此就可以来测算企业的加成率（Bresnahan，1981），对该方法的详细介绍可参见 Bresnahan（1989）的综述。（3）生产法：基于生产函数，利用要素投入、产出等相关数据来完成对加成率的估算。为此做出开创性贡献的当属 Hall（1988）的研究，他利用索罗余值的性质，推导了不完全竞争市场条件下加成率的计算方法。

由于边际成本是理论上存在的关键变量，其难以通过工业统计或财务核算获得，同时也很难用其他指标来近似替代，因而运用会计法来对企业加成率进行测算可能会存在一定程度的偏差。而利用需求法的关键是要准确地估计消费者的需求价格弹性，然而基于不同的消费者效用函数和不同的价格竞争模型可能会得到不同的商品需求价格弹性，因而研究结果很依赖于所选择的特定模型；同时为了估计整个需求系统，需要获得诸如商品的价格、销量、特性和消费者特征等大量的数据，而且研究一般也只能限定在特定时间、特定区域的某种特定商品上。这些都在很大程度上束缚了需求法的运用（黄枫、吴纯杰，2013）。对于生产法，虽然 Hall（1988）的原模型也存在一些局限，如必须坚持假设"技术和规模报酬不变"、要素投入带来的内生性问题需要寻找合适的外生工具变量来矫正等，但后续的相关研究如 Klette（1999）、Roeger（1995）等分别对 Hall 模型进行了扩展，前者放松了原模型中技术和规模报酬不变的假定，后者有效地解决了原模型中存在的产出增长和要素投入增长的同步性偏差，因而不再需要寻找额外的工具变量。这些研究使运用生产法来测算加成率逐步趋于完善。

然而 Hall 模型（包括其后的一些扩展模型）本身还存在一个重要的内在缺陷：只能估算行业层面的加成率，即始终无法对各个企业的加成率进行测度。为了能够测度各个企业的加成率，De Loecker & Warzynski（2012）提出了一个新的更一般性的模型框架（简称 DLW 模型）：对于追求成本最小化的企业而言，某种可变投入要素的产出弹性比上该要素投入支出占企业总销售收入的比重可以用来衡量企业的加成率。当进一步考虑到多产品企业时，De Loecker et al.（2016）更是建立了一个可以估算产品层面加成率的模型框架。当前，随着企业微观数据的大量获得和计量方法的不断创新，运用生产法来估算加成率在前提假设、模型识别等方面取得了进一步的突破，这也使得生产法成为当前估算加成率的主流方法。

考虑到当前相关研究中主要都是运用生产法来估算加成率，本文试图对运用生产法来估算加成率的相关文献进行比较系统的梳理，以期为相关学者从事更进一步的研究提供相应的借鉴与参考。文章接下来的安排如下：第二部分主要介绍行业层面加成率的估算方法，即 Hall 模型、Klette 模型和

Roeger 模型；第三部分介绍企业层面加成率的估算方法，即 DLW 模型；第四部分介绍加成率估算的最新发展动向——产品层面的加成率估算方法（De Locker et al.，2016）；最后是总结与展望。

二、行业层面加成率的估算方法

Hall（1988）开创性的利用索罗余值的性质，推导了不完全竞争市场条件下行业加成率的计算方法，而 Klette（1999）、Roeger（1995）则分别对 Hall（1988）的模型进行了扩展，这一部分将详细介绍估算行业层面加成率的 Hall 模型、Klette 模型和 Roeger 模型。

（一）Hall 模型

根据 Hall（1988）的研究，假设行业内代表性企业的生产函数具有如下形式：$Q_{it}=A_{it}F(K_{it},L_{it})$，其中 Q_{it} 表示企业 i 在 t 期的产出，K_{it} 表示企业 i 在 t 期的资本投入，L_{it} 表示企业 i 在 t 期的劳动投入，A_{it} 表示企业 i 在 t 期的全要素生产率。对企业的生产函数取对数后微分，易得到：

$$dQ_{it}/Q_{it}=(F_K K_{it}/F(\cdots))dK_{it}/K_{it}+(F_L L_{it}/F(\cdots))dL_{it}/L_{it}+dA_{it}/A_{it} \quad (1)$$

其中 $F_L=\partial F(\cdots)/\partial L$，$F_K=\partial F(\cdots)/\partial K$。同时进一步假设企业生产的规模报酬不变，因而有 $AF_K K/Q+AF_L L/Q=1$，将 $AF_K K/Q=1-AF_L L/Q$ 代入到（1）式，经过适当变形可得：

$$d\ln(Q_{it}/K_{it})=(F_L L_{it}/F(\cdots))d\ln(L_{it}/K_{it})+dA_{it}/A_{it} \quad (2)$$

而利用企业的生产函数，可得企业的利润函数为：$\pi_{it}=P_{it}(Q_{it})\times A_{it}F(K_{it},L_{it})-r_{it}K_{it}-W_{it}L_{it}$，其中 $P_{it}(Q_{it})$ 为企业 i 在 t 期的产品销售价格，是企业产量 Q_{it} 的函数；r_{it} 和 W_{it} 分别表示资本投入和劳动投入的投入价格（由要素市场的均衡决定）。当企业追求利润最大化时，可得到企业的最优劳动投入为：

$$A_{it}F_L=\frac{W_{it}}{P_{it}}\left(\frac{1}{1-1/\varepsilon_{it}^{d}}\right) \quad (3)$$

其中 ε_{it}^{d} 是企业所面临的需求价格弹性。

将企业的加成率定义为价格与边际成本之比，即 $\mu_{it}=P_{it}/MC_{it}$。在企业追求利润最大化的过程中，其最优定价必然满足企业的边际收益等于其边际成本：$P_{it}(Q_{it})+Q_{it}P'_{it}(Q_{it})=MC_{it}(Q_{it})$，即有 $P_{it}/MC_{it}=\left(\frac{1}{1-1/\varepsilon_{it}^{d}}\right)=\mu_{it}$。将上式代入（3）式，可得：

$$\frac{L_{it}F_L}{F(\cdots)}=\mu_{it}\times\frac{L_{it}W_{it}}{P_{it}Q_{it}}=\mu_{it}\times s_{it}^{l} \quad (4)$$

其中 s_{it}^{l} 表示企业 i 在 t 期劳动投入占其总销售收入的比重。将（4）式代入

（2）式，可得：

$$dln(Q_{it}/K_{it}) = \mu_{it}s_{it}^{l}dln(L_{it}/K_{it}) + dlnA_{it} \tag{5}$$

基于（5）式，利用相应的要素投入与产出数据，就可以估计出加成率。值得注意的是使用（5）式估计加成率时，需要假定行业内所有企业都具有相同的加成率，也即 Hall（1988）的模型只能估算出行业层面的加成率①。进一步定义 $A_{it} = exp(\alpha_i + \alpha_t + \lambda_{it})$，最终的估算方程为：

$$dln(Q_{it}/K_{it}) = \mu s_{it}^{l}dln(L_{it}/K_{it}) + d\alpha_t + d\lambda_{it} \tag{6}$$

基于生产函数，Hall（1988）开创性的推导了不完全竞争市场条件下行业加成率的计算方法，为使用生产法来估算加成率的后续相关研究奠定了基础。Domowitz et al.（1988），Levinsohn（1993），Harrison（1994），Krishna & Mitra（1998），Warzynski（2001），刘啟仁、黄建忠（2015）等在其相关的研究中都使用了 Hall（1988）的方法来估算加成率。虽然 Hall（1988）的方法对于使用生产法来估算加成率具有开创性的贡献，但是该方法的缺陷也比较明显，十分依赖于一些假设条件：要求要素市场是完全竞争的；生产的规模报酬是不变的；需要寻找合适的价格指数对变量的名义值进行平减；考虑到要素投入与全要素生产率间会存在相关性，该方法还需要寻找额外的工具变量，否则估计结果会存在偏差②等。这些较强的假设条件在很大程度上限制了 Hall 模型的应用，正由于此，后续的相关学者从多个角度对 Hall 模型的假设条件进行了放松。

（二）Klette 模型

运用 Hall（1988）的来估算加成率时要求生产的规模报酬不变，这有时并不太符合现实，Klette（1999）的模型则对此假定进行了放松。

根据 Klette（1999）的研究，假定企业生产函数具有如下形式③：$Q_{it} = A_{it}F_t(L_{it}, K_{it})$，其中 Q_{it}、K_{it}、L_{it} 和 A_{it} 分别表示企业 i 在 t 期的产出、资本投入、劳动投入和全要素生产率，$F_t(\cdots)$ 表示 t 期的产出函数。定义 Q_t、K_t、L_t 和 A_t 分别表示代表性企业在 t 期的产出、资本投入、劳动投入和全要素生产率（即行业中所有企业在 t 期的产出、资本投入、劳动投入和全要素生产率的中位数），运用多元广义微分中值定理，可得到：

$$\hat{q}_{it} = \hat{a}_{it} + \bar{\alpha}_{it}^{l}\hat{l}_{it} + \bar{\alpha}_{it}^{k}\hat{k}_{it} \tag{7}$$

其中 $\hat{x}_{it} = ln(X_{it}/X_t)$，$\bar{\alpha}_{it}^{l}$ 和 $\bar{\alpha}_{it}^{k}$ 分别表示企业 i 在 t 期劳动要素投入和资本要

① 当然也可以使用行业层面的数据来对（5）式进行估算，此时估算出的就是一国整体的加成率水平。

② 通常在找不到合适的工具变量时，可以采用 GMM 估计，使用滞后 2 期及以上的产出和要素投入作为工具变量，参见 Arellano & Bond（1991）、Blundell & Bond（1998）的研究。

③ 为简便，这里只考虑了劳动和资本两种要素投入，但是很容易将其扩展到考虑多种要素投入的情形，具体可参见 Klette（1999）的原文。

素投入在内点（$\bar{L}_{it}$，$\bar{K}_{it}$）处的产出弹性①，即有 $\bar{\alpha}_{it}^{l}=\frac{L_{it}\partial F_t(L_{it},K_{it})}{F_t(L_{it},K_{it})\partial L_{it}}\bigg|_{L_{it}=\bar{L}_{it};K_{it}=\bar{K}_{it}}$，$\bar{\alpha}_{it}^{k}=\frac{K_{it}\partial F_t(L_{it},K_{it})}{F_t(L_{it},K_{it})\partial K_{it}}\bigg|_{L_{it}=\bar{L}_{it};K_{it}=\bar{K}_{it}}$。

另外，利用企业利润最大化的一阶条件，可得企业利润最大化时的最优劳动投入为：

$$A_{it}\frac{\partial F_t(L_{it},K_{it})}{\partial L_{it}}=\frac{W_{it}}{P_{it}}\frac{1}{1-1/\varepsilon_{it}^{d}} \tag{8}$$

其中 W_{it} 表示劳动的投入价格（即工资水平），P_{it} 表示产品的销售价格，ε_{it}^{d} 表示的产品的需求价格弹性。将企业的加成率（μ_{it}）定义为价格与边际成本之比，同时结合之前的分析易得 $\mu_{it}=P_{it}/MC_{it}=\left(\frac{1}{1-1/\varepsilon_{it}^{d}}\right)$。进一步利用（8）式，有：

$$\bar{\alpha}_{it}^{l}=\frac{L_{it}\partial F_t(L_{it},K_{it})}{F_t(L_{it},K_{it})\partial L_{it}}\bigg|_{L_{it}=\bar{L}_{it};K_{it}=\bar{K}_{it}}=\frac{1}{1-1/\varepsilon_{it}^{d}}\frac{\bar{W}_{it}\bar{L}_{it}}{\bar{P}_{it}\bar{Q}_{it}}=\mu_{it}\frac{\bar{W}_{it}\bar{L}_{it}}{\bar{P}_{it}\bar{Q}_{it}}=\mu_{it}\bar{s}_{it}^{l} \tag{9}$$

其中 $\bar{s}_{it}^{l}$ 表示劳动投入在总销售收入中所占的比重。

定义 $\bar{\eta}_{it}=\bar{\alpha}_{it}^{l}+\bar{\alpha}_{it}^{k}$ 为企业 i 在 t 期的总边际产出率（也即规模弹性），利用（9）式，可将资本的产出弹性表示为 $\bar{\alpha}_{it}^{k}=\bar{\eta}_{it}-\bar{\alpha}_{it}^{l}=\bar{\eta}_{it}-\mu_{it}\bar{s}_{it}^{l}$，将其代入（7）式，可得：

$$\hat{q}_{it}=\hat{a}_{it}+\mu_{it}\bar{s}_{it}^{l}(\hat{l}_{it}-\hat{k}_{it})+\bar{\eta}_{it}\hat{k}_{it} \tag{10}$$

设定行业内的平均加成率为 μ，平均规模弹性为 η，同时将企业的全要素生产率差异 $\hat{a}_{it}$ 改写成固定效应部分 a_i 和随机误差部分 u_{it} 之和，（10）式可变形为：

$$\hat{q}_{it}=\mu\hat{z}_{it}+(\mu_{it}-\mu)\hat{z}_{it}+(\bar{\eta}_{it}-\eta)\hat{k}_{it}+\eta\hat{k}_{it}+a_i+u_{it} \tag{11}$$

其中 $\hat{z}_{it}=\bar{s}_{it}^{l}(\hat{l}_{it}-\hat{k}_{it})$。对（11）式进行差分，可得最终的估计方程为：

$$\Delta\hat{q}_{it}=\mu\Delta\hat{z}_{it}+\eta\Delta\hat{k}_{it}+\Delta\nu_{it} \tag{12}$$

其中 $\nu_{it}=(\mu_{it}-\mu)\hat{z}_{it}+(\bar{\eta}_{it}-\eta)\hat{k}_{it}+u_{it}$。

从（12）式可知，Klette（1999）的模型允许同时估计加成率（μ）和规模报酬（η）。也是就说，Klette 模型并不需要生产规模报酬不变的假设。同时，对于代表性厂商的产出、要素投入等数据，Klette 模型选择的是行业中相应数据的中位数，并且允许每一期的数据随时间变动。这样，一方面可以允许生产技术状况随时间自由变动，另一方面可以不必对原始数据进行去通胀处理。陈甬军、周末（2009），周末、王璐（2012）等在其相关研究中都使用了 Klette（1999）的模型来估算加成率。Klette 模型放宽了 Hall 模型中生产规模报酬不变的假设，同时又不需要对数据进行去通胀处理，因而推

① 内点（$\bar{L}_{it}$，$\bar{K}_{it}$）介于（L_{it}，K_{it}）与（L_t，K_t）之间。

进了使用生产法测度加成率研究的新进展，但是该方法仍然存在一些缺陷：要求要素市场是完全竞争的；考虑到要素投入与全要素生产率间会存在相关性，跟 Hall 模型一样，该方法也需要寻找额外的工具变量或借助 GMM 估计方法来解决相应的内生性问题。内生性问题的存在使得该方法的应用在一定程度上也受到了限制。

（三）Roeger 模型

Roeger（1995）以 Hall 模型为基础，认为产品市场的不完全竞争是原始和对偶索罗残差存在明显差异的主要原因，为此，利用原始和对偶索罗残差之间的差异，构建了更为精确的、一致性的估计方法来测度加成率。该方法有效解决了 Hall 原模型中存在的产出增长和要素投入增长的同步性偏差，同时也消除了不可观测的生产率冲击对要素投入的影响。

根据 Roeger（1995）的研究，在生产规模报酬不变的情况下，考虑如下形式的成本函数：$C(W, r, Q, A)=G(W, r)\frac{Q}{A}$，其中 Q 表示产量，W 为劳动投入价格（即工资水平），r 为资本投入价格，A 表示全要素生产率。利用成本函数，可得边际成本（MC）为：$MC=\frac{G(W, r)}{A}$。将上式取对数后微分，可得：

$$\mathrm{dln}MC=\frac{W\partial G(\cdots)}{G(\cdots)\partial W}\mathrm{dln}W+\frac{r\partial G(\cdots)}{G(\cdots)\partial r}\mathrm{dln}r-\mathrm{dln}A \quad (13)$$

运用谢泼德引理，（13）式可以变形为：

$$\mathrm{dln}MC=\frac{WL}{C(\cdots)}\mathrm{dln}W+\frac{rK}{C(\cdots)}\mathrm{dln}r-\mathrm{dln}A \quad (14)$$

将加成率（μ）定义为价格与边际成本之比，即有 $\mu=P/MC$，假定 μ 为常数，并不随时间变化，则有 $\mathrm{dln}P=\mathrm{dln}MC$。而结合成本函数，可知 $MC=\frac{\partial C(\cdots)}{Q}=\frac{G(\cdots)}{A}=\frac{C(\cdots)}{Q}=\frac{P}{\mu}$，因此容易得到 $\mu C(\cdots)=PQ$，将上述几式代入到（14）式，同时利用生产规模报酬不变的性质①，经过适当变形可得：

$$s^l\mathrm{dln}W+(1-s^l)\mathrm{dln}r=\frac{1}{\mu}\mathrm{dln}P+\left(1-\frac{1}{\mu}\right)\mathrm{dln}r+\frac{1}{\mu}\mathrm{dln}A \quad (15)$$

---

① 假定生产函数具有如下形式：$Q=AH(L, K)$，生产规模报酬不变意味着生产函数是一次齐次的，因而容易得到 $\frac{\partial Q}{\partial L}\frac{L}{Q}+\frac{\partial Q}{\partial K}\frac{K}{Q}=1$。而由利润最大化的一阶条件，可知 $\frac{\partial Q}{\partial L}\frac{L}{Q}=\left[\frac{\partial P}{\partial Q}\frac{Q}{P}+1\right]^{-1}s^l=[1-1/\varepsilon^d]^{-1}s^l=\frac{P}{MC}s^l=\mu s^l$，$\frac{\partial Q}{\partial K}\frac{K}{Q}=\left[\frac{\partial P}{\partial Q}\frac{Q}{P}+1\right]^{-1}s^k=\mu s^k$。因此，在不变生产规模报酬下，有 $\mu s^l+\mu s^k=1$。

其中 s^l 表示劳动投入在总销售收入中所占的份额。（15）式也被称为对偶（以价格为基础的）索洛余值形式。

而根据之前的介绍，在 Hall（1988）的框架下，原始的索洛余值形式由（5）式给出。联合（5）式和（15）式，消去生产率的增长项，可得：

$$dln\left(\frac{QP}{Kr}\right) = \mu\left[s^l dln\left(\frac{LW}{Kr}\right)\right] \tag{16}$$

将（16）式的左边定义为 dY，右边第一项定义为 dX，同时加入随机干扰项，可得最终的估计方程为：

$$dY_{it} = \mu dX_{it} + \lambda_{it} \tag{17}$$

利用（17）式，只需要获得企业的销售值（$Q_{it}P_{it}$）、劳动力投入成本（$L_{it}W_{it}$）和资本投入成本（$W_{it}r_{it}$）就可以估算出加成率。正如钱学锋等（2015）所言，使用 Roeger 模型来估计加成率（行业层面）的优势是显而易见的：不仅可以直接使用名义的销售额和投入支出数据，而不需要寻找一个合适的价格指数对这些名义值进行平减；而且还解决了不可观测的生产率变动和投入要素间的内在相关性，不需要再寻找额外的工具变量。也正因为如此，Roeger（1995）的方法被广泛运用于已有的相关研究中，如 Oliveira Martins & Scarpeta（1999），Konings et al.（2005），Konings & Vandenbussche（2005），Warzynski & Görg（2006），陈甬军、杨振（2012），Christopoulou & Vermeulen（2012），盛丹（2013）等。然而应当看到，虽然 Roeger 模型较好地解决了生产率变动和投入要素间的内生性问题，但是该模型也存在一些限制：要求要素市场是完全竞争的；生产的规模报酬是不变的；更为重要的是，和 Hall（1988）和 Klette（1999）一样，要求行业内企业加成率都相同，即只能估算行业层面的加成率。当前随着更多微观企业数据的可获得，对企业层面加成率的估算已经成为十分迫切的需求，而 Roeger 模型由于只能估算出行业层面的加成率，已逐渐不能满足现实的需要。

三、企业层面加成率的估算方法：DLW 模型

Hall（1988）、Klette（1999）和 Roeger（1995）的模型的兴起与发展使得生产法成为了估算加成率的主流方法，然而一个比较大的遗憾是，它们都只能估算行业层面的加成率，并不能对企业层面的加成率进行测度。De Loecker & Warzynski（2012）则在很大程度上弥补了这个遗憾，建立了一个可以测度企业层面加成率的一般性框架。

接下来就来介绍测度企业层面加成率的 DLW 方法①，这里介绍的模型框架主要是基于 De Loecker & Warzynski（2012）的研究。假设企业 i 在时期 t 的生产函数为：

$$Q_{it}=Q_{it}(X_{it}^{1},\ \cdots,\ X_{it}^{V},\ K_{it},\ \omega_{it}) \tag{18}$$

其中 $X_{it}^{v}(v=1,\ \cdots,\ V)$ 表示企业 i 在时期 t 的各种可变要素投入②，如劳动、中间投入品、电力等。同时企业的生产还依赖于它的资本积累 K_{it}，资本作为一种动态投入进入到生产函数，这表明企业的生产无法在短时间内调整其资本投入，只能在短时间内改变其可变投入。为了得到企业加成率的表达式，进一步把生产函数 Q_{it} 限制为连续二阶可微函数。

假设企业在生产中追求成本最小化，因此可以得到相应的拉格朗日函数为：

$$L(X_{it}^{1},\ \cdots,\ X_{it}^{V},\ K_{it},\ \lambda_{it})=\sum_{v=1}^{V}P_{it}^{v}X_{it}^{v}+r_{it}K_{it}+\lambda_{it}(Q_{it}-Q_{it}(\cdots)) \tag{19}$$

其中 P_{it}^{v} 和 r_{it} 分别表示企业的第 v 种可变投入和资本投入 K 的投入价格。对任何一种无调整成本的可变投入求一阶条件，可得：

$$\frac{\partial L}{\partial X_{it}^{v}}=P_{it}^{v}-\lambda_{it}\frac{\partial Q_{it}(\cdots)}{\partial X_{it}^{v}}=0 \tag{20}$$

其中 λ_{it} 衡量了企业单位生产的边际成本，因为根据包络定理有 $\lambda_{it}=\frac{\partial L_{it}}{\partial Q_{it}}$。重新整理（20）式，并在两边同时乘以 $\frac{X_{it}^{v}}{Q_{it}}$，可以得到：

$$\frac{\partial Q_{it}(\cdots)}{\partial X_{it}^{v}}\frac{X_{it}^{v}}{Q_{it}}=\frac{1}{\lambda_{it}}\frac{P_{it}^{v}X_{it}^{v}}{Q_{it}} \tag{21}$$

成本最小化意味着企业最优的投入需求条件是使可变要素投入 X_{it}^{v} 的产出弹性 $\theta_{it}^{v}=\frac{\partial Q_{it}(\cdots)}{\partial X_{it}^{v}}\frac{X_{it}^{v}}{Q_{it}}$ 等于它在成本中所占的份额 $\frac{1}{\lambda_{it}}\frac{P_{it}^{v}X_{it}^{v}}{Q_{it}}$（因为 λ_{it} 衡量了单位生产的边际成本）。

最后根据企业加成率 μ_{it}（即 markup）的定义：价格与边际成本的比例，

---

① 还存在其他估算企业层面加成率的方法，比如在 Atkeson & Burstein（2008）模型框架下，Edmond et al.（2015）以科布—道格拉斯生产函数为基础，利用厂商利润最大化条件，推导出了企业加成率与劳动所占收入份额的关系式：$\frac{W_{t}l_{it}}{p_{it}y_{it}}=\frac{1-\alpha^{l}}{\mu_{it}}$，其中 W_t 为 t 期的工资水平，l_{it} 为企业 i 在 t 期所雇佣的劳动数量，p_{it} 是企业生产的产品价格，y_{it} 为企业的产出水平，α^{l} 为劳动的产出弹性，μ_{it} 为企业的加成率。但是该方法是在特定模型下（寡头垄断竞争模型）推导出来的，可能并不具有一般性，因而本文这里并没有对 Edmond et al.（2015）的方法进行详细介绍。

② 理论上，运用生产法来测度加成率要假设企业至少有一种可变投入无调整成本（adjustment cost），短期内生产者通过调整该投入以追求利润最大化。在此本文遵循了以往文献的做法，假设至少存在一种可变投入没有调整成本。

容易得到 $\mu_{it}=\frac{P_{it}}{\lambda_{it}}$。进一步结合（21）式，可以得到企业加成率的表达式：

$$\mu_{it}=\theta_{it}^{v}\frac{P_{it}Q_{it}}{P_{it}^{v}X_{it}^{v}}=\theta_{it}^{v}(\alpha_{it}^{v})^{-1} \tag{22}$$

其中 α_{it}^{v} 是可变投入 v 的总支出在企业总销售收入中所占的比重。一般从企业的生产数据中可以直接计算得到 α_{it}^{v}，因此为了测度企业层面的加成率，只需要估计企业生产中一种（或多种）可变投入的产出弹性 θ_{it}^{v}。

为简便起见，假设企业的生产函数是超越对数形式的①，技术进步为希克斯（Hicks）中性，用总产值来衡量产出：

$$\begin{aligned} y_{it} = {} & \beta_l l_{it}+\beta_k k_{it}+\beta_m m_{it}+\beta_{ll} l_{it}^2+\beta_{kk} k_{it}^2+\beta_{mm} m_{it}^2+\beta_{lk} l_{it} k_{it} \\ & +\beta_{lm} l_{it} m_{it}+\beta_{km} k_{it} m_{it}+\beta_{lkm} l_{it} k_{it} m_{it}+\omega_{it}+\varepsilon_{it} \end{aligned} \tag{23}$$

其中 y_{it} 是企业 i 在 t 时期总产出的对数，l_{it} 是其劳动投入的对数，m_{it} 是其中间投入品的对数，k_{it} 则是其资本存量的对数，ω_{it} 表示企业的全要素生产率，ε_{it} 是随机误差项。根据 Lu & Yu（2015）的研究，劳动在中国企业中并不是可变投入，对于国有企业尤为如此。而资本则是动态投入，因此需要通过估计中间投入品（m_{it}）的产出弹性 θ_{it}^{m} 来计算企业的加成率。从（23）式很容易得到中间投入品的产出弹性：

$$\theta_{it}^{m}=\beta_m+2\beta_{mm} m_{it}+\beta_{lm} l_{it}+\beta_{km} k_{it}+\beta_{lkm} l_{it} k_{it} \tag{24}$$

可知在超越对数生产函数下，中间投入品的投入产出弹性不仅取决于 β_m，还与企业本身的要素投入 l_{it}、m_{it}、k_{it} 有关，因而即使两个企业具有相同的生产函数，但是由于生产中所使用的 l_{it}、m_{it}、k_{it} 不相同，其 θ_{it}^{m} 也会不相同。

要得到中间投入品的投入产出弹性，必须先估计出（23）式所示的生产函数。然而在对生产函数的估计过程中，要素投入与 TFP 间的内生性问题会使得传统的 OLS 失效，当前文献中主要有两种方法来解决生产函数估计过程中的内生性问题：第一种方法是使用动态面板模型（Arellano & Bond，1991；Blundell & Bond，1998、2000 等）；另一种方法是使用由 Olley & Pakes（1996）、Levinsohn & Petrin（2003）、Ackerberg et al.（2015）基于结构模型发展起来的半参数估计方法，利用可以观察到的企业的投入决策（如投资、中间投入品等）来控制不可观测的生产率②。使用动态面板模型（如差分 GMM、系统 GMM）或结构模型方法（OP、LP、ACF）对（23）式所示的生产函数进行估计后，可得到中间投入品的产出弹性，再结合（22）式就可以测度出企业层面的加成率。

---

① 之所以不用更为简单的 CD 生产函数，主要是因为 CD 生产函数假设要素的产出弹性是不变的，即具有相同生产函数的企业，其要素的投入—产出弹性相同，这显然不太符合现实，同时也不利于利用要素的产出弹性来测算企业的加成率。

② 这两种解决生产函数估计过程中内生性问题的方法具有各自的优劣势，对这两种方法的详细介绍与比较可参见岳文、陈飞翔（2015）的综述。

可以看出，DLW模型不仅可以测度出企业层面的加成率，同时也不需要对企业所面临的市场结构和需求状况做出任何假设，只依赖于企业成本最小化时的最优投入需求条件和对一种可变投入要素的产出弹性的识别，因而相比于Hall模型、Klette模型和Roeger模型，具有明显的优势，这也使得DLW方法成为近年来相关研究中（特别是国内相关研究中）测算企业加成率的主流方法，黄枫、吴纯杰（2013），任曙明、张静（2013），祝树金、张鹏辉（2015），李卓、赵军（2015），盖庆恩等（2015），Lu & Yu（2015），Liu & Ma（2015），许家云、毛其淋（2016），许家云、田朔（2016），黄先海等（2016），李胜旗、佟家栋（2016），许明、邓敏（2016），余淼杰、袁东（2016），诸竹君等（2016），毛其淋、许家云（2016），Zhang & Zhu（2016），Meinen（2016），岳文（2017a，2017b），陈晓华等（2017a，2017b），诸竹君（2017），徐保昌等（2017），盛斌、陈帅（2017），彭冬冬、刘景卿（2017），宋华盛、朱小明（2017），沈鸿、向训勇（2017），盛丹、刘竹青（2017），盛丹、张国峰（2017），诸竹君等（2017a，2017b），刘竹青、盛丹（2017），毛其淋、许家云（2017），李思慧、徐保昌（2018），岳文（2018）等在其相关研究中都使用了DLW方法来计算企业层面的加成率。

表1汇报了利用1999～2007年间中国工业数据库中的相关数据，通过使用DLW方法，中国各行业中所有企业在样本期内的平均加成率及其各分位数的估算结果。考虑到不同行业之间的生产技术可能存在较大差别（Pavcnik，2002），本文先根据工业企业数据库里的行业代码，同时借鉴鲁晓东、连玉君（2012）的类似做法，把所有企业分成了16个大的行业，然后分行业利用ACF方法对（23）式进行了估计以此来得到企业各要素的投入产出弹性。利用中间投入品的产出弹性，结合（22）式，可以得到各企业的加成率。从表1中可以看出，所有行业的平均加成率都处在1到2之间，这表明平均来看，中国各行业的企业都具有一定的市场势力。

表1 各行业的平均加成率及分位数

行业名称	p5	p25	p50	p75	p95	均值	标准差
食品饮料烟草	1.047	1.253	1.398	1.554	1.812	1.409	0.224
纺织业	1.049	1.210	1.318	1.435	1.654	1.330	0.181
服装	1.123	1.319	1.441	1.571	1.810	1.449	0.201
木材加工	1.155	1.382	1.510	1.636	1.835	1.506	0.199
造纸印刷	1.035	1.206	1.326	1.459	1.706	1.342	0.199
石油炼焦	1.047	1.251	1.397	1.535	1.772	1.399	0.213
化学医药	1.049	1.249	1.383	1.522	1.763	1.391	0.210
非金属矿物	1.061	1.239	1.361	1.495	1.729	1.374	0.198

续表

行业名称	p5	p25	p50	p75	p95	均值	标准差
金属冶炼	1.048	1.255	1.385	1.511	1.725	1.385	0.199
金属制品业	1.025	1.186	1.294	1.412	1.647	1.309	0.186
机械设备	1.050	1.230	1.354	1.497	1.752	1.372	0.207
交通运输设备	1.046	1.232	1.360	1.500	1.758	1.374	0.209
武器弹药	1.110	1.321	1.457	1.599	1.835	1.462	0.212
电气机械	1.034	1.209	1.334	1.485	1.766	1.357	0.214
电子通信	1.046	1.238	1.380	1.543	1.826	1.400	0.228
仪器仪表	1.042	1.214	1.334	1.471	1.729	1.352	0.202

四、产品层面加成率的估算方法

DLW 方法基于较少的假设条件提供了一个可以测度出企业层面加成率的一般性框架，无疑为进一步推进生产法在估算加成率上的发展做出了重大贡献。然而，DLW 方法其背后还有一个隐含假定，即该方法只适合于估算单产品企业的加成率。当企业同时生产多种产品时，企业在不同产品上的加成率并不会完全一样，使用 DLW 方法估算出来的企业层面的加成率就无法捕捉到企业在不同产品上加成率的差异。因此当考虑多产品企业时，DLW 方法就会有所限制，只能估算出企业在不同产品上的平均加成率水平。而现实生活中，多产品企业又大量存在，为了解决 DLW 方法在处理多产品企业时的不足，De Loecker et al.（2016）对 DLW 模型进行了扩展，建立了一个可以估算产品层面加成率的框架。

接下来就来介绍产品层面加成率的估算方法，这里介绍的模型框架主要是基于 De Loecker et al.（2016）的研究①。考虑企业 i 在时期 t 生产产品 h 的生产函数具有如下形式：

$$Q_{iht} = F_t(X_{iht})\exp(\varphi_{it}) \tag{25}$$

其中 Q_{iht} 表示企业 i 的产品 h 在时期 t 的产量，X_{iht} 为相应的投入要素向量。对生产率 φ_{it} 做出如下假定：首先，φ_{it} 是希克斯中性的且以对数可加的形式进入到生产函数当中；其次，借鉴已有研究多产品企业生产率文献的类似做法（如 Bernard et al.，2011），假定 φ_{it} 为企业层面特有的生产率冲击，即多产品企业在生产不同产品时具有相同的生产率 φ_{it}。

---

① 为了将关注重点聚焦到建模思路上，同时也为了简便，这里建立的估算产品层面加成率的框架中，所有要素投入和产出都是采用实际数量来衡量，不包含价格因素。然而实际中，我们往往更多观测到的是要素投入支出、产值（包含价格因素的影响），De Loecker et al.（2016）原模型中考虑到了这个问题，引入了价格因素。感兴趣的读者可参见原文。

让 V_{iht} 表示企业 i 在时期 t 生产产品 h 的可变要素投入（无调整成本，如中间投入品等）向量，K_{iht} 为相应的动态要素投入（无法短时间内进行调整，如资本）向量，假设企业在生产中追求成本最小化，可以得到相应的拉格朗日函数为：

$$L(V_{iht}, K_{iht}, \lambda_{iht}) = \sum_{v=1}^{V} P_{iht}^{v} V_{iht}^{v} + \sum_{d=1}^{D} r_{iht}^{d} K_{iht}^{d} + \lambda_{iht} [Q_{iht} - Q_{iht}(V_{iht}, K_{iht}, \varphi_{it})] \tag{26}$$

其中 P_{iht}^{v} 和 r_{iht}^{d} 分别表示企业的第 v 种可变投入和第 d 种动态投入的投入价格。对任何一种无调整成本的可变投入 V_{iht} 求一阶条件，可得：

$$\frac{\partial L_{iht}}{\partial V_{iht}} = P_{iht}^{v} - \lambda_{iht} \frac{\partial Q_{iht}(\cdots)}{\partial V_{iht}} = 0 \tag{27}$$

根据包络定理有 $\partial L_{iht}/\partial Q_{iht} = \lambda_{iht}$，因此 λ_{iht} 实际上衡量了企业 i 在时期 t 生产产品 h 的边际成本，重新整理（27）式，并在两边同时乘以 V_{iht}/Q_{iht}，可以得到：

$$\frac{\partial Q_{iht}(\cdots)}{\partial V_{iht}} \frac{V_{iht}}{Q_{iht}} = \frac{1}{\lambda_{iht}} \frac{P_{iht}^{v} V_{iht}}{Q_{iht}} \tag{28}$$

定义产品 h 的加成率（μ_{iht}）为 $\mu_{iht} = P_{iht}/\lambda_{iht}$，其中 P_{iht} 为产品 h 的市场价格。利用（28）式，可得企业 i 的产品 h 在时期 t 的加成率为：

$$\mu_{iht} = \frac{V_{iht} \partial Q_{iht}(\cdots)}{Q_{iht} \partial V_{iht}} \frac{P_{iht}^{v} V_{iht}}{P_{iht} Q_{iht}} = \theta_{iht}^{v} (\alpha_{iht}^{v})^{-1} \tag{29}$$

其中 θ_{iht}^{v} 表示可变要素投入 V_{iht} 的产出弹性，$\alpha_{iht}^{v} = \frac{P_{iht}^{v} V_{iht}}{P_{iht} Q_{iht}}$ 为企业 i 在时期 t 生产产品 h 时可变要素投入 V_{iht} 的总支出在产品 h 的总销售收入中所占的比重。因此为了测度产品层面的加成率，只需要得到某种产品生产过程中一种可变要素投入的产出弹性 θ_{iht}^{v} 和该可变要素投入支出在产品总销售收入中所占的份额 α_{iht}^{v}。

对（25）式取对数，可得到如下对数版本的生产函数形式：

$$q_{iht} = f(x_{iht}; \beta) + \varphi_{it} + \varepsilon_{iht} \tag{30}$$

其中小写字母均表示相应变量的对数值（下同），ε_{iht} 表示随机误差项。

对于多产品企业而言，由于缺乏相应的数据，因此很难确定特定产品要素投入占企业整体要素投入的份额，即我们只能观察到企业整体的要素投入情况，很难确定某种要素在多种产品生产过程中的分配情况。假定企业 i 在时期 t 生产产品 h 时，投入的 X 要素的份额为 ρ_{iht}^{X}（对数形式），即有 $\rho_{iht}^{X} = x_{iht} - x_{it}$。我们一般只能观测到企业层面的要素投入 X_{it}，并不知道其在多种产品间究竟是如何分配的。将 $x_{iht} = \rho_{iht}^{X} + x_{it}$ 代入（30）式，可得：

$$q_{iht} = f(x_{it}; \beta) + \varphi_{it} + A_{iht}(\rho_{iht}^{X}; x_{it}; \beta) + \varepsilon_{iht} \tag{31}$$

其中 x_{it} 是要素投入 X_{it} 的对数形式。对多产品企业而言，其生产函数误差项

中额外包含一项 $A_{iht}(\cdots)$。$A_{iht}(\cdots)$ 通常是无法观测到的要素投入份额(ρ_{iht}^{X})、企业层面的要素投入向量(x_{it})和生产函数系数(β)的函数。当考虑只有劳动、中间投入品和资本三种要素投入的超越对数形式生产函数时，要素投入向量 x_{it} 由劳动、资本、中间投入品的一次项、二次项及其相应的交叉项组成，此时 $\beta=(\beta_l, \beta_k, \beta_m, \beta_{ll}, \beta_{mm}, \beta_{kk}, \beta_{lk}, \beta_{lm}, \beta_{mk})$。

进一步假定对不同种类要素投入而言，企业 i 在时期 t 生产产品 h 时，投入的各要素的份额 ρ_{iht}（对数形式）都相同，比如在超越对数生产函数下，企业生产某种产品使用的资本、劳动和中间投入品占企业总资本投入、总劳动投入、总中间投入品投入的比重都一样。

为了消除测量误差或不可观测的随机冲击对产出造成的影响，首先可以用非参回归方法得到企业 i 的产品 h 在时期 t 的期望产出 $\hat{q}_{iht}=E(q_{iht} \mid x_{it}, \cdots)$，此时企业产品层面的生产率异质性 $\hat{\varphi}_{iht}$ 可表示为：$\hat{\varphi}_{iht}=\hat{q}_{iht}-f(x_{it}, \hat{\beta})$。结合(31)式，可得：

$$\hat{\varphi}_{iht}=\varphi_{it}+A_{iht}(\rho_{iht}; x_{iht}; \hat{\beta}) \tag{32}$$

当考虑只有劳动、中间投入品和资本投入的超越对数生产函数时，(32)式可进一步变为

$$\hat{\varphi}_{iht}=\varphi_{it}+\hat{a}_{it}\rho_{iht}+\hat{b}_{it}\rho_{iht}^{2} \tag{33}$$

其中 $\hat{a}_{it}$ 和 $\hat{b}_{it}$ 都是生产函数系数 β 的函数，具体来看有：

$$\hat{a}_{it}=\hat{\beta}_l+\hat{\beta}_m+\hat{\beta}_k+2(\hat{\beta}_{ll}l_{it}+\hat{\beta}_{mm}m_{it}+\hat{\beta}_{kk}k_{it})+\hat{\beta}_{lm}(l_{it}+m_{it})+\hat{\beta}_{lk}(l_{it}+k_{it})+\hat{\beta}_{mk}(m_{it}+k_{it})$$

$$\hat{b}_{it}=\hat{\beta}_{ll}+\hat{\beta}_{mm}+\hat{\beta}_{kk}+\hat{\beta}_{lm}+\hat{\beta}_{mk}+\hat{\beta}_{lk}$$

对于每个多产品企业 i 在时期 t，企业的生产率 φ_{it} 和产品间的要素投入份额 $\{\rho_{ijt}\}_{j=1}^{J_{it}}$ 都是未知的（其中 J_{it} 为企业 i 在时期 t 生产的产品种类数），因而存在 $J_{it}+1$ 个未知的参数（φ_{it}，ρ_{i1t}，…，$\rho_{iJ_{it}t}$）需要进行估计。在每个时期 t，通过对每个多产品企业 i 构造 J_{it} 个形如（33）式的方程，再结合 $\sum_{j=1}^{J_{it}}\rho_{ijt}=1$（即对每个多产品企业而言，同一种要素在所有产品间的投入份额之和为 1），就可以完成对（φ_{it}，ρ_{i1t}，…，$\rho_{iJ_{it}t}$）的求解。

$$\begin{aligned} \hat{\varphi}_{i1t} &= \varphi_{it}+a_{it}\rho_{i1t}+b_{it}\rho_{i1t}^{2} \\ &\cdots\cdots \\ \hat{\varphi}_{iJ_{it}t} &= \varphi_{it}+a_{it}\rho_{iJ_{it}t}+b_{it}\rho_{iJ_{it}t}^{2} \\ \sum_{j=1}^{J_{it}}\rho_{ijt} &= 1 \end{aligned} \tag{34}$$

对每个企业在每个时期，通过求解（34）式所示的方程组就可以得到企业的生产率 φ_{it} 和产品间的要素投入份额 $\{\rho_{ijt}\}_{j=1}^{J_{it}}$。结合（29）式，就可以得到企业产品层面的加成率

$$\mu_{iht} = \hat{\theta}^{v}_{iht} \frac{P_{iht} Q_{iht}}{\exp(\hat{\rho}_{iht}) P^{v}_{it} Q^{v}_{it}} \tag{35}$$

其中可变要素投入 V_{iht}的产出弹性 θ^{v}_{iht}是生产函数系数 β 的函数；$P_{iht}Q_{iht}$为企业 i 的产品 h 在时期 t 的销售收入，一般可以直接从企业生产数据中得到；$\exp(\hat{\rho}_{iht})P^{v}_{it}Q^{v}_{it}$为企业 i 在时期 t 生产产品 h 时对可变投入要素 V_{iht}的总支出。

当考虑只有劳动、中间投入品和资本三种要素投入的超越对数形式生产函数时，容易得到中间投入品的产出弹性为：

$$\hat{\theta}^{m}_{iht} = \hat{\beta}_{m} + 2\hat{\beta}_{mm}(\hat{\rho}_{iht} + m_{it}) + \hat{\beta}_{lm}(\hat{\rho}_{iht} + l_{it}) + \hat{\beta}_{mk}(\hat{\rho}_{iht} + k_{it}) \tag{36}$$

此时，(35) 式就变为：

$$\mu_{iht} = \hat{\theta}^{m}_{iht} \frac{P_{iht} Q_{iht}}{\exp(\hat{\rho}_{iht}) P^{m}_{it} Q^{m}_{it}} \tag{37}$$

针对多产品企业，De Locker et al.（2016）通过扩展 DLW 模型为测度产品层面的加成率提供了一个较完整的框架，将使用生产法估算加成率推进到了一个新的高度。Fan et al.（2015）、黄先海等（2016）、毛日昇等（2017）等在其相关研究中都使用了 De Locker et al.（2016）模型来估算加成率。值得指出的是，De Locker et al.（2016）模型虽然可以在更微观的层面（即产品层面）上估算加成率，但是该方法当前并没有得到广泛的使用，当前有关加成率估算的主流模型还是 DLW 模型。一个最主要的原因可能就在于 De Locker et al.（2016）模型对数据的要求比较高，必须使用产品层面高度细化的数据，而当前只有少数国家才拥有这么微观的数据集。产品层面微观数据的不可获得性无疑限制了 De Locker et al.（2016）模型的运用。不过，随着将来更多微观数据的可获得，可以预计 De Locker et al.（2016）模型将逐渐取代 DLW 模型的主流位置，成为引领加成率估算方法的新标杆。

五、总结与展望

产业组织理论中对如何估算加成率的研究由来已久，而在加成率估算过程中最大的困难莫过于边际成本的数据难以获得且度量困难。早期实证产业组织中对加成率的估算主要依赖于会计法和需求法，然而这两种方法在实际运用中都存在较大的局限性。不过得益于 Hall（1988）的研究，一种估算加成率的新方法（即生产法）应运而生。Hall（1988）基于生产函数利用索洛余值的性质，推导了不完全竞争市场条件下加成率的计算方法，从而开创了使用生产法估算加成率的先例。随着大量微观层面数据的可获得、计量方法的不断创新以及相关学者对生产法的不断完善，生产法已然成为当前估算加成率的主流方法。为此，本文从行业层面加成率的估算、企业层面加成率的估算和产品层面加成率的估算三个层次对如何使用生产法来估算加成率的相关文献进行了系统性的回顾，重点介绍了使用生产法估算加成率的 Hall 模型、Klette 模型、Roeger 模型、DLW 模型和 De Locker et al. （2016） 模型等几个主流模型，同时对这些模型的适用条件以及各自具有的优势与劣势进行了详细的比较，以期为今后相关学者从事更进一步的研究提供有益的借鉴与参考。

值得注意的是，国内相关研究中对加成率的估算直到近年来才引起广泛的关注。表 2 总结了近年来国内相关研究中在估算加成率时所采用的方法，可以看出使用会计法来估算加成率的研究相对较少，基本没有使用需求法来估算加成率的研究，大量研究都是采用生产法来估算加成率。生产法已经成为国内相关研究中估算加成率的主流方法，而生产法中 DLW 模型是被最常使用的，这也在一定程度上佐证了 DLW 模型在估算加成率时具有其特定的优势（不仅可以测度出企业层面的加成率，同时也不需要对企业所面临的市场结构和需求状况做出任何假设）。

表 2　　国内相关文献中加成率估算方法的使用情况

加成率估算方法		国内相关文献
会计法		盛丹、王永进（2012），钱学锋等（2015），钱学锋等（2016），毛其淋、许家云（2016），高运胜等（2017），耿晔强、狄媛（2017），陈胜蓝、刘晓玲（2018）
需求法		—
生产法	Hall（1988）模型	刘啟仁、黄建忠（2015）
	Klette（1999）模型	陈甬军、周末（2009），周末、王璐（2012）
	Roeger（1995）模型	陈甬军、杨振（2012），盛丹（2013）
	DLW 模型	黄枫、吴纯杰（2013），任曙明、张静（2013），祝树金、张鹏辉（2015），李卓、赵军（2015），盖庆恩等（2015），Lu & Yu（2015），Liu & Ma（2015），许家云、毛其淋（2016），许家云、田朔（2016），黄先海等（2016），李胜旗、佟家栋（2016），许明、邓敏（2016），余淼杰、袁东（2016），诸竹君等（2016），毛其淋、许家云（2016），Zhang & Zhu（2016），Meinen（2016），岳文（2017a，2017b），陈晓华等（2017a，2017b），诸竹君（2017），徐保昌等（2017），盛斌、陈帅（2017），彭冬冬、刘景卿（2017），宋华盛、朱小明（2017），沈鸿、向训勇（2017），盛丹、刘竹青（2017），盛丹、张国峰（2017），诸竹君等（2017a，2017b），刘竹青、盛丹（2017），毛其淋、许家云（2017），李思慧、徐保昌（2018），岳文（2018）
	De Locker et al.（2016）模型	黄先海等（2016），毛日昇等（2017）

虽然国内对加成率估算方法的关注比较晚，但是近年来对加成率估算方法的使用却发展很快。展望未来，本文认为国内相关研究在利用生产法估算加成率时有两个方面值得重点关注：首先就是在利用中国相关数据来估算加成率时，可能并不能直接套用国外的相关模型，必须要基于中国的实际情况对其进行修正。比如 Lu & Yu（2015）、黄先海等（2016）等指出中国企业的劳动力还未能实现充分流动（对国有企业尤其如此），因此不应将劳动力视为企业可以充分调整的投入要素，因而也不应使用劳动投入的产出弹性来计算加成率，否则会造成高估，一般建议使用中间投入品的产出弹性来计算加成率。其次，随着中国大量微观数据的可获得，使用 DLW 模型估算企业层面的加成率已经不成问题且被广泛用于相关研究中（见表 2），但是运用 De Locker et al.（2016）模型来估算产品层面加成率的研究还很少，黄先海等（2016）首先进行了尝试，但是考虑到他们数据的代表性，这可能还远远不够。因此如何利用中国更微观的数据集实现对产品层面上加成率的估算将是今后相关领域一个最重要的发展动向。

参考文献

[1] 陈晓华、金泽成、余林徽：《技术复杂度革新、要素价格扭曲和企业价格加成——基于高中低技术复杂度企业视角的实证分析》，载《财经论丛（浙江财经大学学报）》2017 年第 7 期。

[2] 陈晓华、金泽成、余林徽：《外需疲软会降低中国出口型企业的价格加成吗——来自 2000~2007 年持续出口企业的经验证据》，载《国际贸易问题》2017 年第 4 期。

[3] 陈胜蓝、刘晓玲：《公司投资如何响应“一带一路”倡议？——基于准自然实验的经验研究》，载《财经研究》2018 年第 4 期。

[4] 陈甬军、周末：《市场势力与规模效应的直接测度——运用新产业组织实证方法对中国钢铁产业的研究》，载《中国工业经济》2009 年第 11 期。

[5] 陈甬军、杨振：《制造业外资进入与市场势力波动：竞争还是垄断》，载《中国工业经济》2012 年第 10 期。

[6] 毛日昇、余林徽、武岩：《人民币实际汇率变动对资源配置效率的影响研究》，载《世界经济》2017 年第 4 期。

[7] 盖庆恩、朱喜、程名望、史清华：《要素市场扭曲、垄断势力与全要素生产率》，载《经济研究》2015 年第 5 期。

[8] 高运胜、郑乐凯、杨张娇：《异质性产品质量与出口加成率》，载《统计研究》2017 年第 9 期。

[9] 耿晔强、狄媛：《中间品贸易自由化、制度环境与企业加成率——基于中国制造业企业的实证研究》，载《国际经贸探索》2017 年第 5 期。

[10] 黄枫、吴纯杰：《市场势力测度与影响因素分析——基于我国化学药品制造业研究》，载《经济学（季刊）》2013 年第 1 期。

[11] 黄先海、诸竹君、宋学印：《中国出口企业阶段性低加成率陷阱》，载《世界经济》

2016年第3期。

[12] 李思慧、徐保昌:《金融市场化、融资约束与企业成本加成: 来自中国制造业企业的证据》, 载《国际贸易问题》2018年第2期。

[13] 李卓、赵军:《价格加成、生产率与企业进出口状态》, 载《经济评论》2015年第3期。

[14] 李胜旗、佟家栋:《产品质量、出口目的地市场与企业加成定价》, 载《国际经贸探索》2016年第1期。

[15] 刘啟仁、黄建忠:《异质出口倾向、学习效应与"低加成率陷阱"》, 载《经济研究》2015年第12期。

[16] 刘竹青、盛丹:《人民币汇率、成本加成率分布与我国制造业的资源配置》, 载《金融研究》2017年第7期。

[17] 鲁晓东、连玉君:《中国工业企业全要素生产率估计: 1999~2007》, 载《经济学(季刊)》2012年第2期。

[18] 毛其淋、许家云:《中国对外直接投资如何影响了企业加成率: 事实与机制》, 载《世界经济》2016年第6期。

[19] 毛其淋、许家云:《中间品贸易自由化提高了企业加成率吗? ——来自中国的证据》, 载《经济学 (季刊)》2017年第1期。

[20] 彭冬冬、刘景卿:《中间品贸易自由化与中国制造业企业的成本加成》, 载《产业经济研究》2017年第1期。

[21] 钱学锋、潘莹:《毛海涛. 出口退税、企业成本加成与资源误置》, 载《世界经济》2015年第8期。

[22] 钱学锋、范冬梅、黄汉民:《进口竞争与中国制造业企业的成本加成》, 载《世界经济》2016第3期。

[23] 任曙明、张静:《补贴、寻租成本与加成率——基于中国装备制造企业的实证研究》, 载《管理世界》2013年第10期。

[24] 沈鸿、向训勇:《专业化、相关多样化与企业成本加成——检验产业集聚外部性的一个新视角》, 载《经济学动态》2017年第10期。

[25] 盛斌、陈帅:《全球价值链、企业异质性与企业的成本加成》, 载《产业经济研究》2017年第4期。

[26] 盛丹、王永进:《中国企业低价出口之谜——基于企业加成率的视角》, 载《管理世界》2012年第5期。

[27] 盛丹:《国有企业改制、竞争程度与社会福利——基于企业成本加成率的考察》, 载《经济学 (季刊)》2013年第4期。

[28] 盛丹、张国峰:《开发区与企业成本加成率分布》, 载《经济学 (季刊)》2017年第1期。

[29] 盛丹、刘竹青:《汇率变动、加工贸易与中国企业的成本加成率》, 载《世界经济》2017年第1期。

[30] 宋华盛、朱小明:《中国对外反倾销与制造业企业成本加成》, 载《国际贸易问题》2017年第12期。

[31] 徐保昌、周升起、张然:《进口关税与企业成本加成——来自中国制造业的证据》, 载《世界经济与政治论坛》2017年第5期。

[32] 许家云、毛其淋:《人民币汇率水平与出口企业加成率——以中国制造业企业为例》,载《财经研究》2016 年第 1 期。

[33] 许家云、田朔:《人民币汇率与中国出口企业加成率:基于倍差法的实证分析》,载《国际贸易问题》2016 年第 2 期。

[34] 许明、邓敏:《产品质量与中国出口企业加成率——来自中国制造业企业的证据》,载《国际贸易问题》2016 年第 10 期。

[35] 余淼杰、袁东:《贸易自由化、加工贸易与成本加成——来自我国制造业企业的证据》,载《管理世界》2016 年第 9 期。

[36] 岳文、陈飞翔:《如何解决企业生产函数估计中的内生性问题?——一个文献综述的视角》,载《经济评论》2015 年第 2 期。

[37] 岳文:《贸易自由化、进口竞争与企业成本加成》,载《中国经济问题》2017 年第 1 期。

[38] 岳文:《中国制造业企业进入退出与总体加成率的动态演化》,载《产业经济研究》2017 年第 6 期。

[39] 岳文:《企业加成率与出口国内附加值》,载《中南财经政法大学学报》2018 年第 2 期。

[40] 周末、王璐:《产品异质条件下市场势力估计与垄断损失测度——运用新实证产业组织方法对白酒制造业的研究》,载《中国工业经济》2012 年第 6 期。

[41] 祝树金、张鹏辉:《出口企业是否有更高的价格加成:中国制造业的证据》,载《世界经济》2015 年第 4 期。

[42] 诸竹君、黄先海、宋学印:《中国企业对外直接投资促进了加成率提升吗?》,载《数量经济技术经济研究》2016 年第 6 期。

[43] 诸竹君:《进口中间品能否提升中国工业企业加成率》,载《中南财经政法大学学报》2017 年第 2 期。

[44] 诸竹君、黄先海、宋学印、胡馨月、王煌:《劳动力成本上升、倒逼式创新与中国企业加成率动态》,载《世界经济》2017 年第 8 期。

[45] 诸竹君、黄先海、王煌:《产品创新提升了出口企业加成率吗》,载《国际贸易问题》2017 年第 7 期。

[46] Ackerberg, D. A., Caves, K., and Frazer, G., 2015: Identification Properties of Recent Production Function Estimators, *Econometrica*, Vol. 83, No. 6.

[47] Arellano, M. and Bond, S., 1991: Some Tests of Specification for Panel Data: Monte Carlo Evidence and an Application to Employment Equations, *The Review of Economic Studies*, Vol. 58, No. 2.

[48] Bernard, A. B., Redding, S. J., and Schott, P. K., 2011: Multiproduct Firms and Trade Liberalization, *The Quarterly Journal of Economics*, Vol. 126, No. 3.

[49] Bresnahan, T. F., 1981: Departures from Marginal-cost Pricing in the American Automobile Industry: Estimates for 1977 – 1978, *Journal of Econometrics*, Vol. 17, No. 2.

[50] Bresnahan, T., 1989: Empirical Studies of Industries with Market Power, In R. Schmalensee and R. Willig (eds.), *Handbook of Industrial Organization*, Amsterdam: Elsevier.

[51] Blundell, R. and Bond, S., 1998: Initial Conditions and Moment Restrictions in Dy-

namic Panel Data Models, *Journal of Econometrics*, Vol. 87, No. 1.

[52] Blundell, R. and Bond, S., 2000: GMM Estimation with Persistent Panel Data: An Application to Production Functions, *Econometric Reviews*, Vol. 19, No. 3.

[53] Christopoulou, R. and Vermeulen, P., 2012: Markups in the Euro Area and the US over the Period 1981 - 2004: A Comparison of 50 Sectors, *Empirical Economics*, Vol. 42, No. 1.

[54] De Loecker, J. and Warzynski, F., 2012: Markups and Firm-level Export Status, *The American Economic Review*, Vol. 102, No. 6.

[55] De Loecker, J., Goldberg, P. K., Khandelwal, A. K., and Pavcnik, N., 2016: Prices, Markups, and Trade Reform, *Econometrica*, Vol. 84, No. 2.

[56] Domowitz, I., Hubbard, R. G., and Petersen, B. C., 1986: Business Cycles and the Relationship between Concentration and Price-cost Margins, *The RAND Journal of Economics*, Vol. 17, No. 1.

[57] Domowitz, I., Hubbard, R. G., and Petersen, B. C., 1988: Market Structure and Cyclical Fluctuations in US Manufacturing, *The Review of Economics and Statistics*, Vol. 70, No. 1.

[58] Fan, H., Li, Y. A., and Luong, T. A., 2015: Trade Liberalization and Markups: Micro Evidence from China, Available at: http://www.freit.org/WorkingPapers/Papers/FirmLevelTrade/FREIT976.pdf.

[59] Hall, R. E., 1988: The Relation between Price and Marginal Cost in US Industry, *Journal of Political Economy*, Vol. 96, No. 5.

[60] Harrison, A. E., 1994: Productivity, Imperfect Competition and Trade Reform: Theory and Evidence, *Journal of International Economics*, Vol. 36, No. 1 - 2.

[61] Klette, T. J., 1999: Market Power, Scale Economies and Productivity: Estimates from a Panel of Establishment Data, *The Journal of Industrial Economics*, Vol. 47, No. 4.

[62] Konings, J., Van Cayseele, P., and Warzynski, F., 2005: The Effects of Privatization and Competitive Pressure on Firms' Price-cost Margins: Micro Evidence from Emerging Economies, *Review of Economics and Statistics*, Vol. 87, No. 1.

[63] Konings, J. and Vandenbussche, H., 2005: Antidumping Protection and Markups of Domestic Firms, *Journal of International Economics*, Vol. 65, No. 1.

[64] Levinsohn, J., 1993: Testing the Imports-as-market-discipline Hypothesis, *Journal of International Economics*, Vol. 35, No. 1.

[65] Levinsohn, J. and Petrin, A., 2003: Estimating Production Functions Using Inputs to Control for Unobservables, *The Review of Economic Studies*, Vol. 70, No. 2.

[66] Liu, Z. and Ma, H., 2015: Trade Liberalization, Market Structure, and Firm Markup: Evidence from China, Available at: https://www.nottingham.ac.uk/gep/documents/conferences/2015 - 16/china/ma.pdf.

[67] Lu, Y. and Yu, L., 2015: Trade Liberalization and Markup Dispersion: Evidence from China's WTO Accession, *American Economic Journal: Applied Economics*, Vol. 7, No. 4.

[68] Krishna, P. and Mitra, D. 1998: Trade Liberalization, Market Discipline and Productivity Growth: New Evidence from India, *Journal of Development Economics*, Vol. 56,

No. 2.

[69] Meinen, P. , 2016: Markup Responses to Chinese Imports, *Economics Letters*, Vol. 141.

[70] Olley, S. and Pakes, A. , 1996: The Dynamics of Productivity in the Telecommunications Equipment Industry, *Econometrica*, Vol. 64, No. 6.

[71] Oliveira Martins, J. and Scarpeta, S. , 1999: The Levels and Cyclical Behaviour of Mark-ups across Countries and Market structures, OECD, Economic Department Working Paper No. 213.

[72] Pavcnik, N. , 2002: Trade Liberalization, Exit, and Productivity Improvements: Evidence from Chilean Plants, *The Review of Economic Studies*, Vol. 69, No. 1.

[73] Roeger, W. , 1995: Can Imperfect Competition Explain the Difference between Primal and Dual Productivity Measures? Estimates for U. S. Manufacturing, *Journal of Political Economy*, Vol. 103, No. 2.

[74] Scherer, F. M. and Ross, D. , 1990: *Industrial Market Structure and Economic Performance*, 3rd ed. Boston: Houghton Mifflin.

[75] Siotis, G. , 2003: Competitive Pressure and Economic Integration: An Illustration for Spain, 1983 – 1996, *International Journal of Industrial Organization*, Vol. 21, No. 10.

[76] Warzynski, F. , 2001: Did Tough Antitrust Policy Lead to Lower Mark-ups in the US Manufacturing Industry? *Economics Letters*, Vol. 70, No. 1.

[77] Warzynski, F. and Görg, H. , 2006: The Dynamics of Price Cost Margins in UK Manufacturing: 1989 – 1996, Observatoire Francais des Conjonctures Economiques. Revue.

[78] Zhang, H. and Zhu, L. , 2016: Markups and Exporting Behavior of Foreign Affiliates, *Journal of Comparative Economics*, forthcoming, doi: 10. 1016/j. jce. 2016. 11. 001.

Review and Prospect of Markup Estimating Methods

Wen Yue　Jian Han

Abstract: In industrial organization, how to estimate markup has been studied for a long time. As it is difficult to quantify marginal cost, estimating markup mainly depends on the accounting method and the demand method in the early empirical industry organization. However, since Hall (1988) founds the beginning of estimating markup with the production method, the production method has been developing rapidly and becomes the main method of estimating markup currently. Therefore, from the perspectives of industry-level, firm-level and product-level, this paper systematically reviews the literature on how to estimate markup with the production method, and introduces five major models in the production method, such as Hall model, Klette model, Roeger model, DLW model and De Locker et al. Model. At the same time, this paper compares these models' applicable conditions, advantages and disadvantages respectively. By summarizing the relevant literature and exploring the future research direction, this paper provides reference for scholars engaged in further research.

Keywords: Markup　Accounting Method　Demand Method　Production Method

JEL Classification: C13　C33　L11

中国对“一带一路”沿线国家海外投资的决定因素：多维度差异视角

裴　瑱　彭　飞　郑思琪*

摘　要：“一带一路”倡议实施是推动中国与沿线国家之间投资往来的重要途径。经过测算，中国与沿线国家之间的经济水平、营商环境、文化习俗和政治治理上的差异，并通过计量检验，发现这 4 个方面的差异是中国与沿线国家的海外投资的重要决定因素。根据因子分析得到中国与沿线国家之间的综合差异得分，可以将沿线国家分为 4 个圈层。比较不同圈层的特点，我们建议，在尊重各国之间的经济、文化和政治制度差异的前提下，按圈层综合差异的远近和缩小不同差异的难度，依次推动海外投资。

关键词：“一带一路”　经济水平差异　营商环境差异　文化习俗差异　政治治理差异　圈层理论

一、引言与文献综述

自 2013 年习近平主席提出“一带一路”倡议以来，互利共赢的理念得到了沿线 100 多个国家和国际组织积极响应。我国于 2017 年发布了《推动共建丝绸之路经济带和 21 世纪海上丝绸之路的愿景与行动》，设计了框架思路，提出以政策沟通、设施联通、贸易畅通、资金融通、民心相通为主要内容，加强合作，把投资和贸易有机结合起来，以投资带动贸易发展。

十九大报告提出，建设现代化经济体系，要推动形成全面开放新格局，这就亟须中国企业走出去，从全球视角配置资源和市场，充分利用“一带一路”国家丰富的资源禀赋，把价值链放到全球范围内进行更合理的配置和调整，形成全球范围内的产业、服务、资本、人才布局。经过改革开放 40 年的发展，我国已经从一个低收入国家变成了一个中等偏上收入国家，通过跨

---

* 裴瑱：上海对外经贸大学国际经贸学院；地址：上海市松江区文翔路 1900 号，邮编 201620；Email：jennypz2001@163.com。

彭飞：上海立信会计金融学院国际经贸学院；地址：上海市松江区文翔路 2800 号，邮编 201620；Email：pengfei@lixin.edu.cn。

郑思琪：上海对外经贸大学国际经贸学院；地址：上海市松江区文翔路 1900 号，邮编 201620；Email：17621602966@163.com。

感谢匿名审稿人的宝贵建议！

国公司在全球进行资源配置实现要素优化组合，一些资本密集型产业如汽车、装备制造、炼钢、炼铝等产业已经具备比较优势，具有较强的国际竞争力和走出去的实力。“一带一路”沿线国家经济发展水平差异巨大，地缘政治复杂，缺乏多边自贸安排和有效投资合作机制，制约了区域内合作的深度和广度。

“一带一路”倡议致力于促进要素自由流动、资源高效配置和市场深度融合，实现沿线国家的投资和贸易便利化。针对目前逆全球化思潮以及我国所面临的国内产业经济形势，开展国内外产能合作，进行“一带一路”沿线国家的投资仍处于大有可为的重要战略机遇期，意义更为重要和深远。2016 年，中国对外直接投资额达到 1961.5 亿美元，[①] 对外投资流量蝉联全球第二，在全球占比达到 13.5%。对外直接投资快速增长的同时，中国的投资区域分布也更加广泛。截至 2015 年底，中国在 188 个国家和地区进行了对外直接投资，中国对“一带一路”沿线的 50 个国家进行了直接投资，投资流量达 189.3 亿美元，同比增长 38.6%，投资流量快速增长，是对全球投资增幅的 2 倍。截至 2015 年末，中国对“一带一路”沿线国家的直接投资存量为 1156.8 亿美元，占中国对外直接投资存量的 10.5%。[②]

一般认为，Dunning（1977，1993）发展了关于海外投资决定因素的主要理论模型。他分析了海外投资在所有权、区位和内部化的三个优势，同时指出了海外投资的三种主要的动机：寻求市场、寻求效率和寻求资源（包括需求战略性资产和技术，Buckley et al.，2007）。这三种动机的分析也被广泛地运用到对中国的海外投资决定因素的研究当中（Cheung et al.，2008）。

但是，在充分地比较国际研究的经验和中国的实际情况后，大多数研究者认为寻求效率的动机由于是在谋求投资东道国在劳动力成本上的比较优势，被认为对于人力资源丰富、人力成本比较低的中国环境中不适用（Buckley et al.，2007）。传统的研究大多数认为，中国的海外投资主要是为了寻求国内匮乏的自然资源（包括矿产、石油、木材、农林牧副渔资源等）、战略性资产和技术（Ye et al.，1992）。但是，更近期的研究，尤其是对一带一路沿线国家的研究，发现中国更多地把这些国家当作是市场伙伴而不是自然资源、战略性资产和技术的提供者（Liu et al.，2017）。

目前围绕“一带一路”沿线国家投资的研究中：崔日明等（2016）研究了“一带一路”沿线国家贸易投资便利化的现状，构建了评价指标体系；马述忠等（2016）基于空间计量方法进行了探讨。研究发现，中国在“一带一路”沿线国家的对外直接投资（OFDI）存在显著的第三国效应，且具体

---

① 中华人民共和国商务部、中华人民共和国国家统计局、中华人民共和国国家外汇管理局：《2016 年度中国对外直接投资统计公报》。

② 中华人民共和国商务部：《中国对外投资合作发展报告 2016》。

表现为挤出效应。杨亚平等（2017）从制度距离，海外华人网络的角度实证研究了“一带一路”沿线国家的投资选址问题。认为，企业 OFDI 倾向于负向制度距离接近的“一带一路”沿线国家，我国企业对“一带一路”沿线国家的 OFDI 选址表现出对制度距离的“异质性偏好”；同时，活跃的海外华人网络能促进我国企业 OFDI。张亚斌（2016）的研究表明，“一带一路”沿线各国投资便利化水平差异非常显著，国内生产总值、劳动力规模、自然资源禀赋、双边投资协定和投资便利化对中国对外直接投资有显著促进作用；税负水平、距离成本呈现出显著的负向效应；商业投资环境对促进投资增长贡献最大。李文宇等（2016）发现空间、经济、文化和制度距离均与中国与沿线国家的贸易往来明显相关，将沿线国家分为四个圈层，并分析了不同因素对于各圈层的影响。隋广军等（2017）分析了中国向“一带一路”沿线国家直接投资、沿线国家基础设施建设与沿线国家人均实际 GDP 的关系。Du 等（2016）的研究发现，“一带一路”倡议后，中国的海外直接投资在沿线国家明显增加。相对而言，国有企业在基础设施领域发挥主导作用，而非国有企业在非基础设施领域特别活跃。中亚和西南亚、西欧和俄罗斯是中国对外直接投资的有利地区。黄亮雄等（2016）用“一带一路”沿线 55 个国家 2003 ~ 2013 年的面板数据，验证了中国向沿线国家的直接投资与沿线国家经济增长的互动关系。赵明亮（2017）的研究发现：汇率波动、共同语言、政治动荡、反华情绪与中国主权摩擦会影响 OFDI，政府治理质量提高不能促进 OFDI，经济自由度的提高会显著促进 OFDI。

“走出去”进行对外直接投资是中国积极参与全球经济治理的重要途径，“一带一路”沿线国家是中国对外直接投资的重要区域；在逆全球化时代，中国需借助于共建“一带一路”平台，鼓励企业到沿线国家投资。而“一带一路”沿线国家发展中国家居多，历史、文化、经济开放度差异较大，政府治理水平参差不齐，法律不够健全，东道国内部利益纠纷导致的政治动荡、宗教冲突和内乱给投资带来了不确定性。我国企业在对“一带一路”沿线国家进行直接投资时，需要综合研究评估沿线国家的经济水平、营商环境、文化习俗和政治治理上的差异对投资的影响，有计划、有选择地分批对这些国家进行投资，尽量规避风险。因此，本文拟从多维差异的视角思考中国企业在“一带一路”沿线国家投资的影响因素，对“一带一路”沿线国家投资网络进行圈层划分，并进行检验，提出投资“一带一路”的圈层发展构想。厘清这些问题，一方面有助于我们探明“一带一路”沿线国家的投资格局及圈层特征，另一方面有助于明确影响投资圈层的因素，为国家推进“一带一路”倡议及中国企业走出去提供决策参考。

在前述研究的基础上，本文所关心的问题是：哪些因素影响了中国与“一带一路”国家间的投资关系？这些因素对不同“一带一路”国家的影响差异如何？在中国海外投资的传统三大动机中，本文更关注寻求市场的动机。在控制了寻求资源和寻求效率动机的前提下，我们利用 Buckley et al.(2007) 的研究框架把主要研究方向放在营商环境、政治治理差异和文化差异等因素对中国海外投资的影响上，采用近期的面板数据，针对中国对“一带一路”沿线国家的投资情况进行实证分析。

二、研究数据与方法

(一) 数据来源

“一带一路”沿线包括了东南亚、东盟、西亚、中东、独联体、中东欧等几大板块。我们采用的样本范围包括除巴勒斯坦以外的 67 个沿线国家，详见表 1。相关数据主要来自于世界银行、商务部、外交部和联合国工业发展组织网站，详细说明见随后的内容，由于“一带一路”倡议的提出时间为 2013 年，所以我们研究的样本的时间跨度为 2010～2015 年。

表 1　“一带一路”沿线国家一览表

板块	国家
东南亚（12）	蒙古、日本、韩国、印度、巴基斯坦、孟加拉、阿富汗、斯里兰卡、马尔代夫、尼泊尔、不丹、东帝汶
东盟（10）	新加坡、马来西亚、印度尼西亚、缅甸、泰国、老挝、柬埔寨、越南、文莱、菲律宾
西亚（18）	伊朗、伊拉克、土耳其、叙利亚、约旦、黎巴嫩、以色列、巴勒斯坦、沙特阿拉伯、也门、阿曼、阿联酋、卡塔尔、科威特、巴林、希腊、塞浦路斯、埃及
中亚（5）	哈萨克斯坦、乌兹别克斯坦、土库曼斯坦、塔吉克斯坦、吉尔吉斯斯坦
独联体（7）	俄罗斯、乌克兰、白俄罗斯、格鲁吉亚、阿塞拜疆、亚美尼亚、摩尔多瓦
中东欧（16）	波兰、立陶宛、波黑、黑山、爱沙尼亚、保加利亚、拉脱维亚、捷克、匈牙利、斯洛文尼亚、克罗地亚、塞尔维亚、罗马尼亚、马其顿、阿尔巴尼亚、斯洛伐克

注：□表示实证研究环节剔除的国家。

(二) 研究方法

1. 变量定义

(1) 被解释变量。

被解释变量为我国对 67 个国家 2010～2015 年的海外投资净值 OFDI（当年的 OFDI 流出 - 不超过 10% 的反向投资）。从表 2 中我们可以看到，我国对“一带一路”沿线国家的平均投资已经达到每年约 2 亿美元，而最高的已经达到每年约105亿美元。

表2 主要变量的统计描述

变量名	含义	平均值	方差	最小值	最大值	数据来源
1. 被解释变量:						
ofdi	ofdi的净额（当年的ofdi流出——不超过10%的反向投资，单位万美元）	20051.83	67222	-251027	1045248	中国商务部
2. 主要解释变量:						
(1) 经济水平差异（D_e）		-0.80	8.18	-64.50	36.72126	世界银行
gdppc	人均GDP	12306.47	14997.3	553.3003	88564.82	世界银行
gdp	GDP总量（单位现价美元）	2.90E+11	7.40E+11	9.43E+08	6.20E+12	世界银行
(2) 营商环境差异（D_b）		2.84	10.51	-21.49	34.04	世界银行
dbi	doing business index	61.91	10.62	37.53	91.24	世界银行
(3) 文化习俗差异（D_c）		3.76	0.95	2.05	5.95	Hofstede-insights
pdi	权力距离指数	73.37	16.90	13	100	Hofstede-insights
idv	个人集体指数	32.67	14.05	14	80	Hofstede-insights
mas	男权女权指数	48.09	16.20	9	100	Hofstede-insights
uai	不确定性规避指数	67.09	20.50	8	100	Hofstede-insights
ltowvs	长短期指数	52.15	19.78	7	100	Hofstede-insights
ivr	放任约束指数	31.70	13.39	0	70	Hofstede-insights
dipyear	中国与沿线国家间的建交年数	37.64	18.37	0	66	中国外交部
(4) 政治治理差异（D_p）		0.22	0.10	0.07	0.54	世界银行
corrup	腐败监管指数	-0.24	0.81	-1.67	2.18	世界银行
goveff	政府效能指数	0.00	0.82	-1.63	2.24	世界银行
polistab	政治稳定指数	-0.28	0.99	-2.97	1.38	世界银行
governan	监管治理指数	-0.01	0.87	-2.24	2.26	世界银行
law	法律制度	-0.14	0.81	-1.90	1.82	世界银行
demo	话语权与问责制指数	-0.36	0.90	-2.26	1.19	世界银行
3. 控制变量:						
lab	劳动力占总人口比重	0.46	0.10	0.22	0.75	世界银行
indserv	工业比重与服务业比重之比	0.69	0.48	0.12	2.86	世界银行
airpass	航空运输量	1.28E+07	2.33E+07	0	1.14E+08	世界银行
railway	铺设铁路总公里数/国土面积	0.02	0.02	0.00	0.12	世界银行

续表

变量名	含义	平均值	方差	最小值	最大值	数据来源
internetuser	每百人中互联网用户数量	45.50	25.31	0.25	93.48	世界银行
mobile	每百人中手机用户数量	112.90	35.25	1.14	218.43	世界银行
landline	每百人中固定电话数量	19.33	14.29	0.05	61.57	世界银行

（2）主要解释变量。

①经济水平差异（D_e）。我们从经济水平差异的角度来对中国海外投资的寻求市场动机进行相关估计。经济水平差异主要表现为收入差距，这种经济上的差异会给国家之间的交往带来影响，但是，这种差异对交往产生何种影响，目前存在不同的看法。有的认为国家间收入差距加大，会由于两国的需求存在差异，从而扩大两国经济和市场的互补性，推动两国交往和投资，存在正面的影响。有的认为由于收入差距加大，限制了需求的增加，从而制约了两国的交往和投资，存在负面的影响。对于经济差异的影响，我们会在随后的计量检验中加以验证。这里，我们使用国家人均收入的差距来定义经济水平差异，同时将两者的经济规模考虑进计算公式里，我们改造了常用的重力模型公式（巴腾、博伊斯，2001）以包含不同方向的经济水平差异，计算公式如下：

$$D_e = \frac{\overline{GDP_A} - \overline{GDP_C}}{GDP_A \times GDP_C} \tag{1}$$

这里使用 D_e 来表示“一带一路”沿线国家 A 和中国 C 之间的经济水平差异，其中 GDP 表示经济总量，$\overline{GDP}$表示人均 GDP。表 2 显示，“一带一路”沿线国家的平均经济水平略低于我国（D_e 均值约 -0.79），但是国家之间的经济水平差异非常大，既包括相对中国非常贫困的国家（D_e 最小值 -64.5），也包括相对中国非常富裕的国家（D_e 最大值 36.7）。由于我们公式的设置，经济水平比中国低且经济总量规模小的沿线国家，如东帝汶（D_e 均值约为 -50）、不丹（D_e 均值约为 -25）、吉尔吉斯斯坦（D_e 均值约为 -10）和塔吉克斯坦（D_e 均值约为 -9）等与中国之间的经济水平差异值最小。经济水平比中国高且经济总量规模小的沿线国家，如文莱（D_e 均值约为 25）、塞浦路斯（D_e 均值约为 11）、巴林（D_e 均值约为 7）和爱沙尼亚（D_e 均值约为 6）等与中国之间的经济水平差异值最大。

②营商环境差异（D_e）。中国对于“一带一路”沿线国家的海外投资会受到东道国营商环境的影响，从而受制于投资便利化的程度（沈铭辉，2009）。中国—东盟《投资协议》以及各国已签署和正在谈判的双边投资协定（BITs）等均明确提出了透明性与开放性、可预测性与连续性、效率与有效性、构建利益攸关者等投资便利化和自由化原则。与投资自由化最终理想

状态相比，投资便利化作为其发展过程而显得更为细化和务实，后者强调东道国与投资国通过优化营商环境、降低投资壁垒、保护投资者利益以及提升金融便利性等可操作性规则，最终实现双边资本交易成本最低化和投资者效益最大化，因此其存在的巨大投资创造效应和经济增长效应同样不容小觑。我们使用世界银行提供的 doing business index（dbi）来计算“一带一路”沿线国家和中国的营商环境的差异。dbi 值越高，表示该国在开办企业、取得建筑许可、获取电力、资产注册、取得授信、保护中小投资者、纳税、跨境贸易、合同执行、破产清算等方面给予投资者更多的便利和保护，也就是有更好的营商环境。“一带一路”沿线国家和中国的营商环境的差异（D_b）是用东道国的营商环境指数减去中国的营商环境指数，计算公式如下：

$$D_b = dbi_A - dbi_C \tag{2}$$

表 2 显示“一带一路”沿线国家的营商环境平均水平比较中国略好（D_b 均值为 2.84）。国家之间的营商环境差异巨大，既包括营商环境比较中国低很多的国家如阿富汗（D_b 均值约为 -19）、缅甸（D_b 均值约为 -18）和东帝汶（D_b 均值约为 -16）等，也包括相对中国营商环境更好的国家如新加坡（D_b 均值约为 31）、韩国（D_b 均值约为 24）和日本（D_b 均值约为 20）等。

③文化距离（D_c）。母国和东道国的文化距离是跨国公司在东道国获得社会合法性的主要障碍（Yiu & Makino，2002）。李阳等（2013）；蒋冠宏（2015）的研究也表明文化对我国企业 OFDI 区位决策有着显著影响；綦建红等（2012）认为文化距离与中国的对外直接投资呈现 U 形关系。吴先明、黄春桃（2016）认为文化距离在顺向投资中对市场寻求型投资具有显著的正向影响，在逆向投资中有利于吸引战略资产寻求型投资。郭烨、许陈生（2016）认为“一带一路”沿线双边高层会晤对中国对外直接投资具有显著的积极作用。范兆斌、杨俊（2015）认为海外移民网络有助于促进移民来源国外向型直接投资发展。Hofstede（2005）在 Kogut & Singh（1988）的文化理论模型基础上，建立综合权力距离（pdi）、个人主义与集体主义（idv）、男性化与女性化（mas）、不确定性规避（uai）、长短期（ltowvs）和放任约束（ivr）六个维度，提出了得到广泛应用的文化距离测算指数（KSI）。考虑到我国与某个国家的建交能够缩短彼此之间的文化距离，本文在 KSI 测算公式上考虑了我国与“一带一路”沿线国家建交时间，来测算文化距离变量（D_c）。在借鉴 Kogut & Singh（1988）和綦建红等（2012）等人构造文化距离的方法基础上，将上述六个单维文化指数合成如下反映中国与沿线国家文化交融程度的综合性指标，其计算公式为：

$$D_c = \sqrt{\sum_{j=1}^{6}[(C_{ij} - C_{cj})^2/V_j] + \frac{1}{T_{ic}}} \tag{3}$$

文化维度数据来自霍夫斯泰德个人网站（Hofstede，2005）。D_c 表示中国与沿线国家间的文化习俗差异指标，下标 i、c 和 j 各表示沿线国家、中国以及沿线国家第 j 个维度的文化指数，V 表示中国与沿线国家间某一维度文化指数差值的方差，T 表示中国与任一沿线国家间的建交年数。以往的研究文献大多假定跨国间的文化差异不随时间变化，显然这不尽合理，随着全球经济一体化步伐的加速，国家和地区之间的交往更加频繁，联系也日益紧密，我们所观察到的事实是国家和地区之间的文化距离随着时间的推移呈现缩小的整体趋势，且这一变化趋势满足边际效应递减规律，即在初期文化距离缩小的速度较快，但随着时间的推移缩小的速度有所放缓。作为对既有研究的改进，我们在（3）式中引入了中国与沿线国家间建交年数的倒数项 1/T，这样处理可以较好地刻画跨国（地区）之间文化差异的边际递减特征，从而使文化交融指标的构建与跨国或跨地区之间文化差异的动态演变事实更加吻合，除此还可以弥补以往文献存在假设与实际不符的缺陷。

表 2 显示“一带一路”沿线国家与中国的平均文化差异较大（D_c 均值约为 3.76）。文化习俗差异最小的国家，基本上都是和中国接壤或者距离较近，历史上文化交流频繁的国家如蒙古（D_c 均值约为 2.05）、吉尔吉斯斯坦（D_c 均值约为 2.07）和缅甸（D_c 均值约为 2.22）等。而与中国文化习俗差异最大的国家，主要是距离较远的宗教信仰特色鲜明的西亚和中东欧国家，包括以色列（D_c 均值约为 5.95）、拉脱维亚（D_c 均值约为 5.81）和匈牙利（D_c 均值约为 5.75）等。

④政治治理差异（D_p）。向与本国政治治理体制距离较大的国家和地区进行直接投资将面临较高的制度风险，政治治理体制距离可能会阻碍我国企业对这些地区进行 OFDI。Kang & Jiang（2012）认为中国倾向于投资制度完善及经济自由度高的国家和地区。而 Ramasamy et al.（2012）认为中国国有企业 OFDI 有制度风险偏好，Buckley et al.（2007）、Ramamurti（2009）、Darby et al.（2010）、Kolstad & Wiig（2012）等认为中国投资于制度环境差的国家有优势。薛求知、韩冰洁（2008）认为东道国国家和产业层面的感知腐败会使跨国公司选择以持股比例较低的合资模式进入。綦建红等（2012）认为东道国制度质量会影响中国的对外直接投资，但不是简单的正负向关系。蒋冠宏、蒋殿春（2012）认为中国 OFDI 的“制度风险规避”和“制度接近”不明显。邓明（2012）、冀相豹（2014）认为政治和法治制度差异对吸收 OFDI 有负影响，经济制度差异对发达国家则不显著。王永钦等（2014）研究认为中国的对外直接投资不太关心对方国家的政治制度和政治稳定性，而更关心政府效率、监管质量和腐败控制。吴先明、黄春桃（2016）认为东道国的制度品质在逆向投资中对市场寻求型投资具有较强的吸引力。Kostova（1996）在 Scott（1995）提出的“制度三支柱”基础上，认为制度距离是母国和东道国在管制、规范和认知三个制度层面上的制度环境差异或相似程度。本文采用得到了学者们（Slangen & Beugelsdijk,

2010；Pogrebnyakov & Maitland，2011；Hernandez & Nieto，2015）广泛应用的“全球治理指数”（WGI）[①] 来衡量东道国的制度质量。WGI 包括腐败控制（Control of Corruption）、政府效率（Government Effectiveness）、政治稳定性（Political Stability）、监管质量（Regulatory Quality）、法制规则（Rule of Law），以及话语权与问责制（Voice and Accountability），依次反映了东道国政府的清廉与对腐败的控制、公共服务效率和政策有效性、对企业监管的强度和公正性以及公民的政治话语权和公共事务参与度，涉及政治、法律和经济制度的管制和规范等。万伦来、高翔（2014）使用世界银行发布的全球治理指数，在使用 32 个国家和地区的数据进行实证后发现，制度距离与中国进出口贸易呈现负相关。

我们参考万伦来、高翔（2014）的计算方法，使用世界银行发布的全球治理指数，取其六个维度的指标，并同时使用绝对值与相对数处理，具体公式如下：

$$D_p = \frac{1}{6}\sum_j \left| \frac{I_{ij} - I_{cj}}{\max I_{ij} - \min I_{ij}} \right| \tag{4}$$

其中，D_p 表示中国与沿线国家间的制度距离指标，下标 i、c 和 j 各表示沿线国家、中国以及沿线国家各维度的制度指数，还采取指数中报告的最大值和最小值的偏差来衡量其相对差异，最终得到中国与沿线国家之间的制度距离。从我们的计算结果来看，与中国制度差异较大的国家主要包括新加坡（D_p 均值约为 0.52）、日本（D_p 均值约为 0.48）和爱沙尼亚（D_p 均值约为 0.43）等发达国家。制度差异较小的国家主要包括越南（D_p 均值约为 0.07）、沙特阿拉伯（D_p 均值约为 0.08）和哈萨克斯坦（D_p 均值约为 0.09）等国。

（3）控制变量。

①劳动禀赋（lab）：以东道国劳动力占总人口比重来衡量该国的资源禀赋。该变量用来考察中国海外投资的寻求效率降低劳动成本的动机。

②产业基础（indserv）：目前，中国正以东道国和投资国的双重身份在国际分工中扮演重要的角色，东道国的产业基础是吸引中国进行 FDI 的重要因素，同时，中国向沿线国家的直接投资与沿线国家的经济增长、产业结构等情况相互影响，存在互动关系。本文以东道国工业比重与服务业比重之比来衡量该国的产业基础。这个比重值越高，意味着东道国工业化程度越高，对中国提供战略性资产和新技术的可能性就越大。这个变量用来考察中国海外投资寻求资源的动机。

③基础设施：东道国的基础设施也是吸引中国进行 FDI 的重要因素。

---

① WGI 指数的六个指标的赋值区间为 -2.5～2.5，正值得分越高，说明政府治理水平越好，制度质量越高；而负值则意味着较差的制度质量。

以东道国航空客运量（airpass）、铁路相对面积的总公里（railway）、互联网使用人数（internetuser）、移动电话使用量（mobile）和固定电话使用量（landline）来衡量该国的基础设施。这些变量用来考察海外投资的基础建设导向是和东道国的基础建设部门互补还是相互竞争排斥。

（4）模型构建和回归方法

利用以上数据，我们构建了基于经济水平、营商环境、文化习俗和政治治理的多维差异分析框架。这里针对中国和沿线国家的投资来进行实证，来验证多维差异与国家间投资的相关关系，从而获得了解多维差异对中国的海外投资产生正向还是反向的效应。我们设立计量方程如下：

$$OFDI_{it} = \alpha_0 + \alpha_1 D_e + \alpha_2 D_b + \alpha_3 D_c + \alpha_4 D_p + \sum \beta X_{it} + Y_t + \varepsilon_{it} \qquad (5)$$

其中，下标 i 和 t 分别表示“一带一路”沿线国家以及对应年份，$OFDI_{it}$ 表示第 t 年中国与沿线国家 i 间的海外投资净值；α_0 为常数项；其中 D_e，D_b，D_c 和 D_p 为本文的主要解释变量，分别表示中国与沿线国家 i 之间的经济水平、营商环境、文化习俗和政治治理的多维差异；X_{it} 表示除多维差异因素外影响海外投资的一组控制变量，包括劳动禀赋、产业基础和基础设施等等；Y_t 是年份亚元变量代表影响海外投资的世界经济周期因素；ε_{it} 为随机扰动项。

三、实证结果

（一）基本结果

根据计量模型（5），将经济水平、营商环境、文化习俗和政治治理的多维差异变量逐步加入进行运算估计，具体结果见表3。从计量结果来看，我们选择的四个差异变量中只有文化习俗差异（D_c）是显著地阻碍我国对“一带一路”沿线国家的海外投资的。这就说明从文化来看，差异扩大都会缩小中国与沿线国家的海外投资。所以，要促进中国与沿线国家之间的投资往来，应当着力于文化先行缩短国家之间的文化差异，投资才能有效地融入当地的经济当中去。而从经济水平上来说，经济水平差异整体上对中国海外投资并没有显著关系。中国海外投资的寻求市场的动机在“一带一路”沿线国家中并不强烈。这就说明我国进行海外投资时，并不会特定地选择与中国的经济差距大或者小的沿线国家投资，从而体现了中国对“一带一路”沿线国家海外投资的政府主导和投向高度管制的特点。这一点和贸易行为更注重经济利益是有很大不同的（李文宇、刘洪铎，2016）。

表 3 海外投资和多维度差异的计量估计结果

被解释变量：海外投资（OFDI）	(1)	(2)	(3)	(4)
经济水平差异（D_e）	-85.394 (444.707)	-104.415 (437.484)	242.381 (436.078)	279.325 (427.679)
营商环境差异（D_b）		1848.155*** (494.410)	2025.644*** (485.822)	1539.312*** (491.179)
文化习俗差异（D_c）			-1.73e+04*** (4098.006)	-1.83e+04*** (4025.972)
政治治理差异（D_p）				1.46e+05*** (35907.656)
劳动力占总人口比重（lab）	1.21e+05*** (38711.196)	92373.902** (38860.503)	40626.381 (39967.933)	36530.569 (39202.207)
工业与服务业之比（indserv）	-1.24e+04 (7635.102)	-6369.288 (7681.149)	-1503.155 (7607.239)	-4754.153 (7501.860)
航空客运（airpass）	0.001*** (0.000)	0.001*** (0.000)	0.001*** (0.000)	0.001*** (0.000)
铁路运输（railway）	-4.71e+05*** (1.61e+05)	-4.59e+05*** (1.58e+05)	-3.64e+05** (1.57e+05)	-4.89e+05*** (1.57e+05)
互联网使用人数（internetuser）	-399.011* (226.802)	-815.563*** (249.384)	-645.736*** (247.425)	-753.325*** (244.047)
移动电话使用（mobile）	108.789 (119.830)	24.420 (120.017)	58.812 (117.772)	210.924* (121.400)
固定电话使用（landline）	562.591* (322.382)	457.397 (318.370)	716.299** (317.642)	594.631* (312.891)
年份亚元	有	有	有	有
R-squared	0.150	0.180	0.216	0.248
N	402	402	402	402

注：*，**，*** 分别表示10%，5%和1%的显著性水平。系数下面的括号斜体加粗的数字是估算的系数的标准方差。

营商环境和政治治理差异对中国海外投资均有非常显著的正面影响，差异扩大都会提高中国与沿线国家的海外投资。我们发现，与我国的营商环境和政治治理差异比较大的国家，主要是新加坡、日本、韩国、爱沙尼亚、立陶宛、拉脱维亚和马来西亚等较为发达的国家。而对于在营商环境和政治治理方面并不优越，甚至相对中国较不规范的国家，如越南、阿富汗、缅甸、东帝汶、吐库曼斯坦、塔吉克斯坦、乌兹别克斯坦、阿塞拜疆等国家，其实是我国海外投资需要尽量避免的国家。所以，中国与“一带一路”沿线国家之间的海外投资是有营商环境和政治治理制度偏好的。而“一带一路”沿线国家的营商环境和政治治理是制约我们海外投资的巨大障碍。

在控制变量中，除了产业结构（工业与服务业比例）没有良好的显著度以外，其他控制变量都有良好的显著度，说明我们有效地控制了多维差异以外的其他影响因素。首先，沿线国家的劳动力资源（lab）丰富似乎能吸引更多的中国投资。但是这种正向效应在我们控制了文化习俗差异后就消失了，这说明文化习俗差异阻碍了中国海外投资利用当地的劳动力市场。同时，也说明中国海外投资的寻求效率和低劳动力成本的动机在“一带一路”沿线国家中并不强烈。这和以往的研究结果是吻合的（Buckley et al.，2007）。其次，我国对“一带一路”沿线国家进行海外投资时，似乎并不受限于东道国的产业结构（indser）。这和上文中经济水平差异整体和海外投资无关是相一致的。这也说明中国海外投资的寻求战略性资源和新技术的动机在“一带一路”沿线国家中并不强烈。同时，不出我们意料之外的是，东道国的航空客运（airpass）、移动电话（mobile）和固定电话（landline）的便利程度始终对吸引我国的海外投资有利，从而产生正向的互补作用。但是，东道国的铁路相对里程数（raiway）和互联网的普及程度（internetuser）却对我国的海外投资有反方向的替代作用。这可能是和我国海外投资的铁路建设和信息通信产业建设与东道国的相关产业存在竞争关系所致。所以，一旦东道国本身的铁路系统和信息通讯产业也存在较强的投资和生产能力，必然对我国的海外投资产生排斥和竞争，从而阻碍我国对东道国的投资。中国海外投资的基础设施导向可能会引发本地相关竞争行业的反弹。

（二）稳健性检验

为了检验我们结果的稳健性，我们根据“一带一路”国家的地理位置将其分为两组：33个亚非国家（包括中东）和34个泛欧洲国家（包括俄罗斯和中亚各国）。同时，我们根据世界银行的标准，将“一带一路”国家分为中高收入国家（40）和低收入国家（27），并且根据方程（5）对这4组国家进行运算估计，具体结果见表4。从计量结果来看，经济水平差异仍然对中国海外投资没有显著关系。营商环境只对亚非国家和中高收入国家有显著的正面效应，而对泛欧洲国家和低收入国家都没有显著效果。同样的，文化差距的阻碍作用也是更显著地体现在亚非国家和中高收入国家，而不是泛欧洲/低收入国家。因此，“一带一路”沿线东道国的不便利的营商环境和扩大的文化差距都会显著地阻碍我国对其进行投资。这些因素在亚非/中高收入国家尤其突出。

表4　　估计结果的稳健性检验

被解释变量：海外投资（OFDI）	亚非国家（33）	泛欧洲国家（34）	中高收入国家（40）	低收入国家（27）
经济水平差异（D_e）	287.976 (536.209)	-952.790 (1113.132)	-1733.825 (1350.533)	134.151 (201.413)
营商环境差异（D_b）	1996.666** (939.810)	-337.149 (449.079)	1932.375* (1000.074)	-67.217 (287.643)
文化习俗差异（D_c）	-1.73e+04** (8144.975)	1199.227 (3996.590)	-2.65e+04*** (6256.399)	-2813.520 (2977.620)
政治治理差异（D_p）	3.06e+05*** (72934.579)	-6.14e+04* (35207.592)	2.31e+05*** (67788.795)	-8.63e+04* (44277.475)
劳动力占总人口比重（lab）	42862.630 (56136.836)	1.28e+05* (65310.091)	79110.122 (78600.223)	70323.429*** (24651.969)
工业与服务业之比（indserv）	-1.73e+04 (11377.687)	10262.659 (16396.609)	2244.160 (11073.203)	-853.686 (8381.452)
航空客运（airpass）	0.0006** (0.000)	0.0007*** (0.000)	0.0004* (0.000)	0.0007*** (0.000)
铁路运输（railway）	-1.11e+06 (1.12e+06)	-6.55e+04 (1.38e+05)	-5.69e+05** (2.22e+05)	-9.13e+05*** (2.93e+05)
互联网使用人数（internetuser）	-1469.840*** (399.238)	135.739 (286.176)	-1299.772*** (436.384)	-729.211*** (235.889)
移动电话使用（mobile）	336.429 (210.087)	338.230*** (128.012)	211.291 (201.544)	-33.184 (78.909)
固定电话使用（landline）	2955.362*** (766.122)	-10.670 (250.506)	686.099 (454.793)	987.190*** (346.377)
年份亚元	有	有	有	有
R-squared	0.426	0.239	0.283	0.512
N	198	204	240	162

注：*，**，***分别表示10%，5%和1%的显著性水平。系数下面的括号斜体加粗的数字是估算的系数的标准方差。

政治治理差异对中国海外投资还有非常显著的影响，但是在国家分组后出现了更显著的异质性的分化。政治治理差异扩大都会提高中国对亚非国家和中高收入国家的海外投资。然而，政治治理差异扩大却会减少中国对泛欧洲国家和低收入国家（虽然显著性明显较低）。这就说明中国与亚非/高收入国家的政治治理差异可能是互补性的政治制度差异，从而对中国的海外投资有利。中国与泛欧洲/低收入国家的政治治理差异可能是替代性甚至是排斥性的政治制度差异，从而对中国的海外投资有显著的排斥作用。这和我们对营商环境效应的异质性其实是一致的。这就加强了我们在表3的结论，在亚非国家和发达国家的营商环境、政治治理差异和文化差距对中国海外投资更为重要。因此，我们可以认为表3的基本结果总体上是稳健的。但是，“一带一路”沿线东道国的分圈层分析所体现出来的异质性，需要我们在政策设计上要更加细化。尤其是在针对亚非国家和高收入国家，政策的细化设计尤为重要。

四、多维视角下的投资圈层分析

李文宇、刘洪铎（2016）将城市经济学的圈层分析应用到“一带一路”国家的贸易研究中，使用因子分析的方式，对空间距离、经济距离、文化距离和制度距离进行降维，使用回归法得到相应的因子得分，在此基础上构造得到综合距离指标。本文参考 Habib & Zurawicki（2002）、Xu et al.（2004）的做法，对沿线67个国家的多维差异进行因子分析和主成分分析，获得东道国与中国的综合差异指标。KMO（Kaiser - Meyer - Olkin）检验统计量约为0.7，符合因子分析的基本要求。因子提取初始特征值累积结果中经济水平差异提取了44.6%，营商环境差异提取了58.2%，文化习俗差异提取了72.2%，政治治理差异提取了53.4%，检验结果反映了多维差异。文化习俗差异提取的比例最大，这也同计量的结果相印证，文化习俗差异与其他差异的相关性较低。但总的来看，综合距离指标提取具有一定的有效性。我们根据计算结果对沿线国家进行排列，考虑到需要对较近时间的情况进行分析，此处仅使用2015年的数据。并按照数值的大小将因子得分细化为平均分布的4个区间（$-\infty$，-0.6209191）、（-0.6209191，-0.0750619）、（-0.0750619，0.599684）、（0.599684，∞），也就是根据综合差异因子的25^{th}分位数，中位数和75^{th}分位数，据此将67个国家划分为四类（详见表5）。

表5　“一带一路”沿线国家投资圈层分类

分类	国家
第一圈层（18）	波黑、阿富汗、孟加拉、不丹、柬埔寨、东帝汶、印度、印度尼西亚、吉尔吉斯斯坦、老挝、蒙古、缅甸、尼泊尔、叙利亚、塔吉克斯坦、土库曼斯坦、乌兹别克斯坦、越南
第二圈层（16）	阿尔巴尼亚、阿塞拜疆、伊朗、伊拉克、约旦、哈萨克斯坦、科威特、黎巴嫩、马尔代夫、摩尔多瓦、黑山、巴基斯坦、菲律宾、塞尔维亚、斯里兰卡、也门

续表

分类	国家
第三圈层（18）	希腊、亚美尼亚、巴林、白俄罗斯、文莱、保加利亚、克罗地亚、埃及、马其顿、阿曼、卡塔尔、罗马尼亚、俄罗斯、沙特阿拉伯、斯洛伐克、泰国、土耳其、乌克兰
第四圈层（15）	塞浦路斯、阿拉伯联合酋长国、捷克、爱沙尼亚、格鲁吉亚、匈牙利、以色列、日本、拉脱维亚、立陶宛、马来西亚、波兰、新加坡、斯洛文尼亚、韩国

注：表中数字表示该圈层包含的国家数量。

根据表 5，我们将“一带一路”沿线 67 个国家投资圈层划分为第一到第四圈层。其中，第一圈层主要包括中亚、东南亚、东盟的部分国家以及个别中东欧国家，第二圈层主要包括西亚和东南亚的部分国家，第三圈层主要包括西亚、独联体和中东欧的部分国家，第四圈层以中东欧和东南亚部分国家为主。可以看出，由于多维差异涵盖了经济水平差异、营商环境差异、文化习俗差异和政治治理差异，第一圈层国家主要是经济水平非常低，营商环境较差，文化习俗和政治治理与我国的差异较小的国家，典型国家如越南；第二圈层国家主要是经济水平较低，营商环境一般，文化习俗和政治治理与我国的差异较小的国家，典型国家如菲律宾；第三圈层国家主要是经济水平略高于我国，营商环境较好，文化习俗和政治治理与我国的差异较大的国家，典型国家如罗马尼亚；第四圈层国家主要是经济水平高，营商环境较好，文化习俗和政治治理与我国的差异较大的国家，典型国家如塞浦路斯。基于四个圈层的国家的样本数据，我们仍然利用第三部分的计量模型进行分组稳健性检验。具体的回归估计结果如表 6 所示。

表 6 分圈层估计结果

被解释变量：海外投资	圈层一	圈层二	圈层三	圈层四
经济水平差异（D_e）	464.258* (251.475)	494.281 (1734.317)	314.612 (609.673)	-921.310 (4197.970)
营商环境差异（D_b）	50.440 (461.181)	-1243.167 (1458.004)	509.319 (599.307)	3201.347 (2385.542)
文化习俗差异（D_c）	-1.69e+04*** (5973.431)	1499.316 (8221.161)	1763.558 (7646.054)	-4.08e+04** (16956.665)
政治治理差异（D_p）	-1.78e+05*** (59310.197)	-9.44e+04 (1.16e+05)	-1.62e+05*** (53729.849)	3.55e+05** (1.51e+05)

续表

被解释变量：海外投资	圈层一	圈层二	圈层三	圈层四
年份亚元	无	无	无	无
R-squared	0.247	0.013	0.105	0.323
N	108	96	108	90

注：*，**，*** 分别表示10%，5%和1%的显著性水平。系数下面的括号斜体加粗的数字是估算的系数的标准方差。

由于四个圈层的国家数量都比较少，为了满足自由度的要求我们剔除了控制变量和时间亚元变量。可以看到，即使在分圈层进行计算的情况下，多维差异仍对中国海外投资产生了显著的影响。比较表 6 不同圈层的结果和表 3 中的整体的结果，我们有以下结论：我国对“一带一路”沿线国家的海外投资一般来说和经济水平差异没有关系，但是第一圈层国家经济水平的提高会吸引我国的海外投资；沿线国家营商环境的提高总体上可以促进我国海外投资，这主要表现在圈层间而不是圈层内国家的差异。所以当我们用营商环境区分了圈层，圈层内部国家的营商环境好坏对于吸引我国海外投资并没有什么差异；文化习俗差异较为明显地阻碍了我国的海外投资，在第一圈层和第四圈层国家反向效应尤为明显；政治治理差异总体上会促进我国海外投资，正向效应主要是第四圈层国家所带来的，在其他圈层国家则不显著甚至有反向效应。这也证明了我国海外投资是有政治治理偏好的。据此建议，在尊重各国之间的经济、文化和政治制度差异的前提下，按圈层综合差异的远近和缩小不同差异的难度，依次推动海外投资。

五、政策建议

我们的研究发现传统的寻求市场、寻求效率和寻求资源的三大动机并不能充分地解释我国对“一带一路”沿线国家海外投资的变化趋势。我们认为营商环境差异、文化差距和政治治理差异对我国在“一带一路”沿线国家的海外投资影响更大。相应的，我们提出以下政策建议。

（一）加大对外文化交流

文化习俗差异显著地阻碍我国对“一带一路”沿线国家的海外投资，因此，缩小文化差异对促进我国对“一带一路”沿线国家的海外投资具有积极的意义。根据实证结果，针对第一、第四圈层的国家，尤其是亚非/中高收入国家，实施文化先行政策非常必要。从政府层面，我们可通过加大教育交流，设立孔子学院等多种方式进行文化和信息交流，借助大众传媒等多种手段和途径加强文化交流与传播，充分发挥文化传递、沟通、共享的强大功能；加大力度建立友好城市，主动推动中国文化走向世界，做传播中华文化的使者，增强中华文化国际影响力，让世界真正了解中华文化，推动人心相通。从企业层面，努力拉近投资企业与东道国的心理距离。如定期到各国考察，了解当地的文化风俗习惯；多雇用当地的工人，实施本土化管理，适应东道国文化环境。

（二）实施差异化的“走出去”政策

根据实证结果，营商环境和政治治理只对亚非国家和中高收入国家有显著的正面效应。因此，我们在实施“走出去”战略时，要针对四个圈层各自的特点，区别化对待，有序地推动与“一带一路”国家的投资活动。对于第一、第二圈层，充分发挥亚投行的作用，着重推动政府间的立体化基础设施共建，企业则要更多地注重风险控制，审慎地进入这些国家；对于第三、第四圈层，尤其是第四圈层，在尊重彼此之间的政治治理差异，加大文化交流的前提下，充分利用这些国家较好的营商环境，加强政策沟通，追求双方的核心利益，实现双方互信互赢，鼓励企业加大对这些国家的投资。

（三）构建合作共赢机制，推动各圈层内的可持续合作

在全球化新的背景下，中国作为“一带一路”的倡议国，要探索新的国际交往和国际合作的机制，充分发挥倡议国的作用，深化双边和多边协作，加强与沿线国家的经济合作，共同打造开放、均衡、互利的区域经济合作架构，通过互学互鉴，合作发展，共同打造新技术、新产业、新业态、新模式，促进各圈层内共赢发展。

参考文献

[1] 巴滕·戴维·F、博伊斯·戴维·E：《空间相互作用、运输和区域间商品流动模型》，彼得·尼茨坎普：《区域和城市经济学手册》（第1卷），经济科学出版社2001年版。

[2] 崔日明、黄英婉：《“一带一路”沿线国家贸易投资便利化评价指标体系研究》，载《国际贸易问题》2016 年第 9 期。

[3] 邓明：《制度距离、“示范效应”与中国 OFDI 的区位分布》，载《国际贸易问题》2012 年第 12 期。

[4] 范兆斌、杨俊：《海外移民网络、交易成本与外向型直接投资》，载《财贸经济》2015 年第 4 期。

[5] 郭烨、许陈生：《双边高层会晤与中国在“一带一路”沿线国家的直接投资》，载《国际贸易问题》2016 年第 2 期。

[6] 黄亮雄、钱馨蓓：《中国投资推动“一带一路”沿线国家发展——基于面板 VAR 模型的分析》，载《国际经贸探索》2016 年第 8 期。

[7] 冀相豹：《中国对外直接投资影响因素分析——基于制度的视角》，载《国际贸易问题》2014 年第 9 期。
[8] 蒋冠宏、蒋殿春：《中国对发展中国家的投资——东道国制度重要吗?》，载《管理世界》2012 年第 12 期。
[9] 蒋冠宏：《制度差异、文化距离与中国企业对外直接投资风险》，载《世界经济研究》2015 年第 8 期。
[10] 李文宇、刘洪铎：《多维距离视角下的“一带一路”构建——空间、经济、文化与制度》，载《国际经贸探索》2016 年第 6 期。
[11] 李阳、臧新、薛漫天：《经济资源、文化制度与对外直接投资的区位选择——基于江苏省面板数据的实证研究》，载《国际贸易问题》2013 年第 4 期。
[12] 马述忠、刘梦恒：《中国在“一带一路”沿线国家 OFDI 的第三国效应研究：基于空间计量方法》，载《国际贸易问题》2016 年第 7 期。
[13] 綦建红、李丽、杨丽：《中国 OFDI 的区位选择：基于文化距离的门槛效应与检验》，载《国际贸易问题》2012 年第 12 期。
[14] 綦建红、杨丽：《中国 OFDI 的区位决定因素——基于地理距离与文化距离的检验》，载《经济地理》2012 年第 12 期。
[15] 沈铭辉：《APEC 投资便利化进程：基于投资便利化行动计划》，载《国际经济合作》2009 年第 4 期。
[16] 隋广军、黄亮雄、黄兴：《中国对外直接投资、基础设施建设与“一带一路”沿线国家经济增长》，载《广东财经大学学报》2017 年第 1 期。
[17] 万伦来、高翔：《文化、地理与制度三重距离对中国进出口贸易的影响——来自 32 个国家和地区进出口贸易的经验数据》，载《国际经贸探索》2014 年第 5 期。
[18] 王永钦、杜巨澜、王凯：《中国对外直接投资区位选择的决定因素：制度、税负和资源禀赋》，载《经济研究》2014 年第 12 期。
[19] 吴先明、黄春桃：《中国企业对外直接投资的动因：逆向投资与顺向投资的比较研究》，载《中国工业经济》2016 年第 1 期。
[20] 薛求知、韩冰洁：《东道国腐败对跨国公司进入模式的影响研究》，载《经济研究》2008 年第 4 期。
[21] 杨亚平、高玥：《“一带一路”沿线国家的投资选址——制度距离与海外华人网络的视角》，载《经济学动态》2017 年第 4 期。
[22] 张亚斌：《“一带一路”投资便利化与中国对外直接投资选择——基于跨国面板数据及投资引力模型的实证研究》，载《国际贸易问题》2016 年第 9 期。
[23] 赵明亮：《国际投资风险因素是否影响中国在“一带一路”国家的 OFDI——基于扩展投资引力模型的实证检验》，载《国际经贸探索》2017 年第 2 期。
[24] 中华人民共和国商务部、中华人民共和国国家统计局、中华人民共和国国家外汇管理局：《2016 年度中国对外直接投资统计公报》。
[25] 中华人民共和国商务部：《中国对外投资合作发展报告 2016》。
[26] Amighini, A., Rabellotti, R. and Sanfilippo, M., 2011: China's outward FDI: An industry-level analysis of host country determinants, *Frontiers of Economics in China*, Vol. 8, No. 3.
[27] Buckley, P. J., Clegg, L. J., Cross, A. R., Liu, X., Voss, H. and Zheng, P.,

2007: The Determinants of Chinese outward foreign direct investment, *Journal of International Business Studies*, Vol. 38, No. 4.

[28] Cai, K. G., 1999: Outward foreign direct investment: a novel dimension of China's integration into the regional and global economy, *China Quarterly*, Vol. 160, No. December.

[29] Cheung, Y. W. and Qian, X. W., 2008: The empirics of China's outward direct investment, *Pacific Economic Review*, Vol. 14, No. 3.

[30] Dunning, J. H., 1977: Trade, location of economic activity and the MNE: A Search for an eclectic approach, in: B. Ohlin, P. O. Hesselborn and P. M. Wijkman (eds.), *The International Allocation of Economic Activity.*

[31] Dunning, J. H., 1993: *Multinational Enterprises and the Global Economy*, Wokingham: Addison – Wesley.

[32] Habib, M. and Zurawicki, L., 2002: Corruption and Foreign Direct Investment, *Journal of International Business Studies*, Vol. 33, No. 2.

[33] Hofstede, A., 1993: Cultural constraints in management theories, *Academy of Management Executive*, Vol. 7, No. 1.

[34] Julan, D. and Zhang, Y., 2017: Does One Belt One Road initiative promote Chinese overseas direct investment?, *China Economic Review*, Vol. 2017, No. 45.

[35] Kogut, B. and Singh, H., 1988: The effect of national culture on the choice of entry mode, *Journal of international businessstudies*, Vol. 19, No. 3.

[36] Kolstad, I. and Wiig, A., 2012: What determines Chinese outward FDI?, *Journal of World Business*, Vol. 47, No. 1.

[37] Liu, H. Y., Tang, Y. K., Chen, X. L. and Poznanska, J., 2017: The determinants of Chinese outward FDI in countries along "one belt one road", *Emerging Markets Finance & Trade*, Vol. 53, No. 6.

[38] Ramasamy, B., Yeung, M. and Laforet, S., 2012: China's outward foreign direct investment: Location choice and firm ownership, *Journal of World Business*, Vol. 47, No. 1.

[39] Wu, F. and Sia, Y. H., 2002: China's rising investment in Southeast Asia: trends and outlook, *Journal of Asian Business*, Vol. 18, No. 2.

[40] Ye, G., 1992: Chinese transnational corporations, *Transnational Corporations*, Vol. 1, No. 2.

[41] Yiu, D. and Makino, S., 2002: The choice between Joint venture and wholly owned subsidiary: An institutional perspective, *Organization Science*, Vol. 13, No. 6.

[42] Zhan, J. X., 1995: Transnationalization and outward investment: the case of Chinese firms, *Transnational Corporations*, Vol. 4, No. 3.

[43] Zhang, X. and Daly, K., 2011: The determinants of China's outward foreign direct investment, *Emerging Markets Review*, Vol. 12, No. 4.

Determinants of Chinese OFDI in the "Belt and Road" Countries: Multidimensional Difference Perspective

Zhen Pei　Fei Peng　Siqi Zheng

Abstract: The implementation of the "Belt and Road" initiative is an important way to promote investment between China and the "Belt and Road" countries. We find that the differences of economic level, businesss environment, coutural customs and political governance between Chinese and the host countries are important determinants of Chinese OFDI. According to the factor analysis on the comprehensive differences between China and the host countries, those host countries can be categorized into four circles. Comparing the characteristics of different circles, we suggest that, on the premise of respecting the differences in economic, cultural, and political systems among countries, we should promote foreign investment in order, in light of the comprehensiveness of circle-level differences and the difficulty of narrowing the differences.

Keywords: "Belt and Road"　Business Environment　Cultural Distance　Political Governance

JEL Classification: F21　C33

供给侧改革背景下劳动力再配置与经济增长研究

——以山东省为例

李中翘　杨　柳　刘　刚*

摘　要： 我国经济发展面临的矛盾，表象上是速度问题，实质上是结构性失衡。本文以“偏离份额法”为基础，将经济增长细分为劳动数量效应、结构变迁效应和产业内技术进步效应，实证分析改革开放以来山东省劳动力再配置与经济增长关系。分析表明：（1）从总体看，经济增长主要动力来源于第二产业，对经济增长的贡献为 64.20%。（2）从三种效应角度分析，经济增长动力主要来源于技术进步，对经济增长的贡献为 64.55%。（3）对结构变迁效应的分析得出，第一、第二产业总体上存在“结构红利”，对经济增长贡献分别达到 8.96%、9.07%；第三产业为 -1.00%，1995 年前第三产业劳动力份额的提升促进总体经济增长，而 1995 年之后表现为“结构负利”，符合鲍莫尔成本病假说。研究结论为合理配置劳动力资源、推进供给侧结构性改革，优化经济结构提供了重要理论依据。

关键词： 劳动力再配置　结构红利　偏离份额法　成本病

一、引　　言

2015 年习近平总书记提出“供给侧结构性改革”，指出要适度扩大总需求，不断调整经济结构，使要素实现最优配置，提升经济增长的质量和数量，提高供给体系质量、效率和生产率，持续增强经济增长动力。在供给侧改革背景下，“十三五”时期，经济形态向更高级阶段演化的过程中，经济结构不断优化，同时面临增速换挡、结构调整等一系列问题，适应和引领经济发展的新常态，不能仅仅关注需求侧，关键要正确认识产业间要素再配置

---

* 本文受国家社科基金一般项目“马克思地租理论视野下‘中国制造’新优势研究”（13BJL004）资助。

感谢匿名审稿人的工作！

李中翘：曲阜师范大学经济学院；地址：山东省日照市烟台北路 80 号，邮编 276826；Email：lizhongqiao1991@126.com。

杨柳：曲阜师范大学经济学院；地址：山东省日照市烟台北路 80 号，邮编 276826；Email：yangliu930726@163.com。

刘刚：曲阜师范大学经济学院；地址：山东省日照市烟台北路 80 号，邮编 276826；Email：lgksn@126.com。

与经济增长的关系，从劳动力等供给要素方面优化资源再配置，实现经济持续增长。

改革开放以来，山东省经济取得了突飞猛进的发展，GDP 从 1978 年的 225.45 亿元增长到 2016 年的 13493.24 亿元①，位居全国第三，年均增长率高达 11.58%。然而 2009 年以来，山东经济增速一直在下降，从表象上看，经济发展面临的矛盾是速度问题，实质上却是结构失衡，如何提高劳动力再配置效率成为制约经济发展的“瓶颈”。从 1978 年到 2016 年，山东省产业结构发生了显著的变化，产业结构从 33.3∶52.9∶13.8 演变为 7.3∶45.4∶47.3，由“二、一、三”向“三、二、一”演进，产业结构变迁的原因主要在于各产业的技术进步速度和要素的吸收能力的差异，主要表现为农业、工业和服务产值比重的变化，但其对经济增长的内在影响则主要通过资源要素在产业之间的再分配实现。在技术进步推动产业结构变迁的过程中，不同产业生产率水平存在巨大差异，劳动力由生产率较低的部门流向生产率较高的部门，提高整个社会生产率水平，带来的“结构红利”有利于经济的持续增长；反之，则会导致整个社会生产率水平的下降，由此带来的“成本病”阻碍经济的持续增长。山东作为一个劳动力大省，面临的“稳增长、转方式、调结构”等问题在全国具有代表性。如何加快转变经济发展方式、推动产业结构优化升级、优化要素配置成为关系发展全局的重大战略任务。

因此，在供给侧改革背景下，本文试图以山东省作为研究对象，考察改革开放以来山东产业结构的演进历程，实证分析劳动力再配置与经济增长的关系，以期得出山东省完成“十三五”规划目标的政策与对策所在，为“供给侧结构性改革”提供理论依据和可行路径，为全国提供借鉴和指导。

二、文献综述

经济结构变化和经济增长互动的内在机制能够发挥作用在于要素充分流动，劳动力再配置与经济增长一直是现代经济研究的重点。配第—克拉克定理首次揭示了产业结构演进的基本趋势，学者认为不同国家在不同发展阶段的产业结构特征是不同的，产业间生产率的不同会引起财富和劳动力份额的转移，从而引起经济增长的速度发生不同程度的变化（西蒙·库兹涅茨，1985；钱纳里，1989）。随着更多劳动投入到具有更高生产率增长的现代部门中，使现代部门生产效率进一步增长，使总体经济生产率水平不断提升（Lewis，1954）。这些学者的研究奠定了劳动力要素流动影响生产率增长进而引起经济增长速度发生变化的基调。

① 数据来源于《山东统计年鉴（2017）》中地区生产总值，再平减换算成以 1978 年为基期的可比价生产总产值。

劳动力再配置与经济增长之间的关系，存在两个相互矛盾的著名假说。一个是“成本病”假说，第三产业的劳动生产率相对于其他产业较滞后，经济总量以及劳动占比逐年增长，导致经济增长速度下降（Baumol，1967）。基于服务业和制造业两个部门，学者认为服务业比制造业就业增长率增长迅速是导致经济增长速度下降的原因（Dowie，1970）。国内学者认为，第三产业劳动力份额上升及劳动生产率相对较低是经济下降的主要原因（程大中，2008；王耀中、陈洁，2012）；我国经济增长速度的下降，主要是由于生产要素流动受阻导致，应从供给端进行经济减速治理（张军，2012）；我国东部地区经济增长已经出现结构性减速，对经济增长速度影响最大的因素是劳动生产率增速（吕健，2012）；李翔等（2016）认为第三产业经历了由结构红利向成本病转变的过程。另一个是“结构红利假说”，不同的部门具有不同的生产率水平，资源从低生产率部门向高生产率部门流动，使产业结构发生变化，促进了总体经济增长（Peneder，2003）。Timmer & Szirmai（2000）用“结构红利假说”研究印度尼西亚、韩国和中国台湾时，认为“结构红利假说”并不成立。国内学者对中国经济发展中的结构红利进行研究后，得出了不同的结论：曾先峰、李国平（2011）研究要素在产业间的流动对我国生产率增长的影响，认为劳动力资源重新再配置将会促进经济增长，产业结构变迁过程中“结构红利”发挥了一定的作用；李小平、陈勇（2007）运用“偏离份额法”研究中国省际工业间的劳动力和资本转移，发现“结构红利假说”并不显著，认为中国工业生产率增长的绝大部分是由产业内部增长效应推动的；刘伟、张辉（2008）研究中国经济增长中的结构变迁与技术进步，认为产业结构调整存在“结构红利”；王蒙、刘刚（2016）认为我国农业和工业劳动份额的变动一直表现为提高增长速度的“结构红利”。

山东省劳动力再配置与经济增长研究中，基于 1996 ~ 2006 年统计数据，利用“偏离份额法”研究山东三个经济区产业结构变动与区域经济发展之间的关系（于雪原，2010）。山东产业结构还存在第三产业发展滞后、产业总体层次不高、区域之间产业发展差距较大、产业结构未能与就业结构协调发展等问题（张文玺，2011）。山军勇、山秀林（2012）运用“雁行形态理论”和投入产出技术，分析产业部门雁行结构分布，归纳山东产业结构演进特征。

本文与目前已有研究的不同之处在于：一是根据“偏离份额法”，产业内只要存在劳动力的流入就会促进经济增长，产生结构红利；但按照“结构红利假说”，劳动力只有从生产率低的产业流向生产率高的产业才会产出“结构红利”。因此，本文在公式中引入总体生产率，分别测算三次产业对经济增长的贡献，使改善方法后的测算结果与结构红利假说保持一致。二是国内学者利用偏离份额法实证分析时，往往忽视各部门的劳动生产率增长，而各部门的劳动生产率增长是总体劳动生产率增长率重要的一部分，为了更加全面地对经济增长进行细化，我们用劳动数量效应反映劳动力增长对经济增长贡献。三是目前山东省经济结构研究中，通过山东省三次产业 GDP、劳动力归纳总结山东产业结构演进，因研究时间跨度较短，难以反映变化趋势。本文利用改革开放以来山东省 38 年的数据，通过实证分析的结果探究背后真正原因，并结合当前供给侧结构性改革提出合理政策建议。

综上所述，本文采用“偏离份额法（Shift - Share Method）”，利用山东省 1978 ~2016 年的时间序列数据，将经济主体分为第一产业、第二产业、第三产业，测度改革开放以来山东省三次产业的劳动数量效应、结构变迁效应和产业内技术进步效应，第三产业是否存在鲍莫尔“成本病”，评估改革开放以来劳动力再配置与经济增长的关系。

三、基于“偏离份额法”的经济增长速度分解公式

劳动生产率计算公式可以表示为 $LP = \frac{Y}{L}$，Y 为产出，L 为劳动力数量，LP 为劳动生产率。因此，有：

$$\frac{\dot{Y}}{Y} = \frac{\dot{LP}}{LP} + \frac{\dot{L}}{L} \tag{1}$$

其中，$\dot{x} = \frac{dx}{dt} = \Delta x$，表示变量 x 在一定时期内的变化量。在劳动力作为唯一投入要素的前提下，（1）式表明，经济增长包括劳动生产率增长和劳动力增长。按照偏离份额法，劳动生产率增长又可以分为产业内技术进步和结构变迁两部分（Fabricant，1942）。因此经济增长可分解为劳动力要素的增长率、结构变迁和产业内技术进步。

0 时期和 t 时期总体劳动生产率可以表示为：

$$LP^0 = \frac{Y^0}{L^0} = \sum_{i=1}^{n} \frac{Y_i^0 L_i^0}{L_i^0 L^0} = \sum_{i=1}^{n} LP_i^0 S_i^0,\ LP^t = \frac{Y^t}{L^t} = \sum_{i=1}^{n} \frac{Y_i^t L_i^t}{L_i^t L^t} = \sum_{i=1}^{n} LP_i^t S_i^t \tag{2}$$

LP^0、LP^t 分别代表 0 时期和 t 时期总体经济的劳动生产率，LP_i^0、LP_i^t 表示 i 产业在 0 时期和 t 时期劳动生产率，S_i^0、S_i^t 表示 i 产业在 0 时期和 t 时期的劳动力所占份额。Y^0、Y^t 表示 0 时期和 t 时期的实际产出，i = 1，2，3，分别代表第一、第二、第三产业。

利用（2）式，可计算 0 时期到 t 时期的总体劳动生产率增长率：

$$\frac{LP^t - LP^0}{LP^0} = \frac{\sum_{i=1}^{n} (S_i^t - S_i^0) LP_i^0 + \sum_{i=1}^{n} (LP_i^t - LP_i^0)(S_i^t - S_i^0) + \sum_{i=1}^{n} (LP_i^t - LP_i^0) S_i^0}{LP^0} \tag{3}$$

（3）式右边第一项为静态结构变迁效应。度量在劳动生产率水平不变的情况下，劳动力在不同产业间的流动所引起总体生产率的变动。如果最初时期高生产率的产业吸收了更多的劳动力份额，或者初期低的生产率的产业转移出更多的劳动力份额，则静态结构效应为正，称为结构红利，反之，静态结构效应为负，阻碍经济增长。

（3）式右边第二项为动态结构变迁效应。度量产业内劳动力份额和劳动生产率同时变化对总体劳动生产率的影响。如果劳动生产率下降的产业出现劳动力份额的减少，或者劳动生产率上升的产业出现劳动力份额的增加，动态结构效应为正；反之，则该项为负。

（3）式右边第三项为产业内技术进步效应。如果劳动力份额不变，各个产业内技术进步和技术制度等内部因素引起的各产业内劳动力生产率的增长，则产业内技术进步效应为正；反之，则该项为负。

静态结构变迁效应与动态结构变迁效应之和称为结构变迁效应，度量劳动力再配置对经济增长的影响。所以，劳动生产率增长率可以分为结构变迁效应和产业内技术进步效应两个部分。

我们将前两项合并可得：

$$\frac{LP^t - LP^0}{LP^0} = \frac{\sum_{i=1}^{n}(S_i^t - S_i^0)LP_i^t}{LP^0} + \frac{\sum_{i=1}^{n}(LP_i^t - LP_i^0)S_i^0}{LP^0} \tag{4}$$

（4）式将劳动生产率增长率细分为结构变迁效应和产业内技术进步效应。若结构变迁为正，意味着 0 - t 时间段内，劳动力流向了生产率较高的产业，存在“结构红利”。若产业内技术进步效应为正，说明在三次产业劳动力份额不变的前提下，产业内技术进步使产业内劳动生产率提高，从而提高总体劳动生产率，促进经济增长。

根据（4）式，为了能测算三次产业分别对经济增长的贡献，以及使所测算结果与“结构红利假说”保持一致。我们引入 t 时期总体劳动生产率 LP^t，由于 $\frac{\sum_{i=1}^{n}LP^t(S_i^t - S_i^0)}{LP^0} = 0$，将其引入到（4）式可得

$$\frac{LP^t - LP^0}{LP^0} = \frac{\sum_{i=1}^{n}(LP_i^t - LP^t)(S_i^t - S_i^0)}{LP^0} + \frac{\sum_{i=1}^{n}(LP_i^t - LP_i^0)S_i^0}{LP^0} \tag{5}$$

由于（1）式表明经济增长还包括劳动力要素生产率，因此在（5）式的基础上还需要考虑三次产业劳动力增长率，t 时期的相对于 0 时期的劳动数量增长率等于三次产业劳动力要素增长率与初期三次产业劳动力份额乘积之和。

$$\frac{L^t - L^0}{L^0} = \sum_{i=1}^{n}\frac{(L_i^t - L_i^0)}{L_i^0}S_i^0 \tag{6}$$

综上所述，t 期相对于 0 期的经济的增长率可表示为：

$$\frac{Y^t - Y^0}{Y^0} = \sum_{i=1}^{n} \frac{(L_i^t - L_i^0)}{L_i^0} S_i^0 + \frac{\sum_{i=1}^{n} (LP_i^t - LP^t)(S_i^t - S_i^0)}{LP^0} + \frac{\sum_{i=1}^{n} (LP_i^t - LP_i^0) S_i^0}{LP^0} \tag{7}$$

（7）式将经济增长细分为劳动数量效应、结构变迁效应和产业内技术进步效应。分别核算三次产业中的三个效应，得到经济发展中三次产业中三个效应分别对经济增长的贡献；分析山东省第一、第二产业劳动力转移是否存在结构红利，第三产业劳动力的流入是否符合鲍莫尔“成本病”假说。

四、实证分析

（一）数据说明

1. 经济总体和三次产业的产出数据

本文用山东省统计年鉴 1978 ~2016 年三次产业的生产总值，根据三次产业的价格指数，折算成以 1978 年为不变价格的生产总值，并将其作为衡量产出及经济增长的基本指标。

2. 经济总体和各产业劳动存量

本文借鉴现有研究成果的经验（张健华、王鹏，2012），采用山东省统计年鉴 2017 的“按三次产业分的年底就业人员数”作为各产业劳动投入指标。

（二）对经济增长贡献的影响分析

根据（7）式，逐年计算山东省 1978 ~2016 年第一产业、第二产业和第三产业（即 i =1，2，3 时）的劳动数量效应、结构变迁效应和产业内技术进步效应，然后将逐年的效应加权平均得到表 1 中的数据。

表 1　　　　结构效应矩阵

1978 ~2016 年	列加总		劳动数量效应	结构变迁效应	产业内技术进步效应
行加总	12. 02	=	2. 21	2. 05	7. 76
			=	=	=
第一产业	2. 14		－0. 008	1. 08	1. 07
第二产业	7. 72		1. 11	1. 09	5. 52
第三产业	2. 16		1. 11	－0. 12	1. 17

改革开放以来，山东省总体和三次产业的劳动数量效应、结构变迁效应和产业内技术进步效应如表 1 所示，而这只具有相对意义，将表 1 变为百分比形式，即各个效应占总效应的比重，各个效应对经济增长的贡献率如表 2 所示。

表 2 结构效应矩阵（百分比形式%）

1978 ~2016 年	列加总		劳动数量效应	结构变迁效应	产业内技术进步效应
行加总	100	=	18.43	17.03	64.55
			=	=	=
第一产业	17.84		-0.06	8.96	8.94
第二产业	64.20		9.23	9.07	45.90
第三产业	17.96		9.26	-1.00	9.70

改革开放以来，山东省经济增长中，第二产业对经济增长的贡献最大，达到 64.20%；从效应中可以看出，产业内技术进步效应对经济增长贡献最大，达到 64.55%。细分经济主体可以发现：第一产业的经济增长来源于结构变迁效应和产业内技术进步效应，劳动数量效应对经济增长贡献为 -0.06%；第二产业的经济增长主要来源于产业内技术进步效应，达到 45.90%，其次是劳动数量效应和结构变迁效应；第三产业的经济增长来源于劳动数量效应和产业内技术进步效应。值得我们关注的是，第三产业结构变迁效应为负值，对经济增长的贡献为 -1.00%，表现为“结构负利”，符合“鲍莫尔成本病”假说。

上述分析可以得出，第一产业和第二产业的结构变迁效应对经济增长的贡献起到拉动作用，而第三产业的结构变迁效应表现为负值，阻碍了总体经济的增长。为了详细分析三次产业份额的变化对经济增长的影响，需要进一步探究结构变迁的趋势，分阶段计算三次产业对经济增长的贡献。

1. 第一产业对经济增长贡献的分解

1978 ~2016 年，第一产业平均每年使得经济增长 2.14%。其中劳动数量效应平均每年促进经济增长 -0.008%，对经济增长的贡献为 -0.06%。产业内技术进步效应平均每年使得经济增长为 1.07%，对经济增长贡献为 8.94%。产业内技术进步表现为劳动力生产率的提高，第一产业劳动力生产率除了在 1983 年、1986 年、1988 年、1989 年、1995 年、1997 年有所下降，其他年份都有所上升。技术进步对第一产业增长的贡献与国家政策大力支持密不可分，1994 年 8 月，经国务院批准，从“九五”开始我国实施引进国际先进农业科学技术计划，对国内农业技术发展方向的引领作用更加显著，缩小了我国农业科技与世界先进水平的差距。山东省作为农业大省，不断破解关键技术难题，创建科研体系，培养技术型人才，有力促进了农业科技整体水平的快速提升。技术进步一方面能够提高劳动生产率，另一方面能降低劳动力需求量，促进劳动力的转移，产生“结构红利”（见图1）。

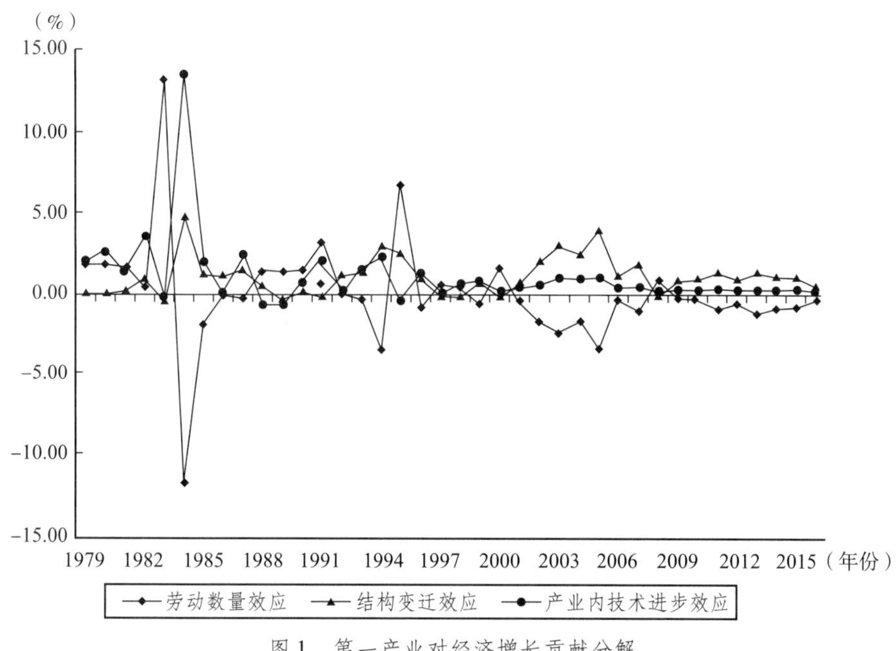

图1　第一产业对经济增长贡献分解

结构变迁效应平均每年使得经济增长为1.08%，对经济增长的贡献为8.96%，第一产业总体出现结构红利。新中国成立初期，我国存在二元经济结构，传统农业部门长期落后。山东农业生产规模、技术水平、农业收入相对较低。但从1979年我国进行发展战略调整及经济体制改革，市场对资源配置的作用不断增强，不断推动二元经济结构的转变。图2显示山东省劳动力占比从1978年的79%下降到2016的30%，劳动力份额除了在1983年、1989年、1991年、1997年、1998年、2000年、2008年上升阻碍经济发展，其他年份劳动力份额的下降表现为结构红利，促进经济增长。在改革开放初期（1978～1980年），由于第一产业劳动力过剩，资源在产业间的配置不合理，第一产业的结构变迁对经济增长的贡献仅仅为3%。随着农村经济体制改革的政策效果显现和产业内技术进步的提高，压抑多年的农业生产力得以释放，劳动力份额出现负增长，劳动力流向了生产率相对较高的第二产业和第三产业，从而结构变迁效应为正，促进经济增长。尤其在2002～2016年这个阶段连续15年出现结构红利，平均每年使得经济增长1.46%，对经济增长的贡献达到12.1%。由上述分析可知，第一产业对经济增长的贡献是由结构变迁效应和产业内技术进步效应共同推动。

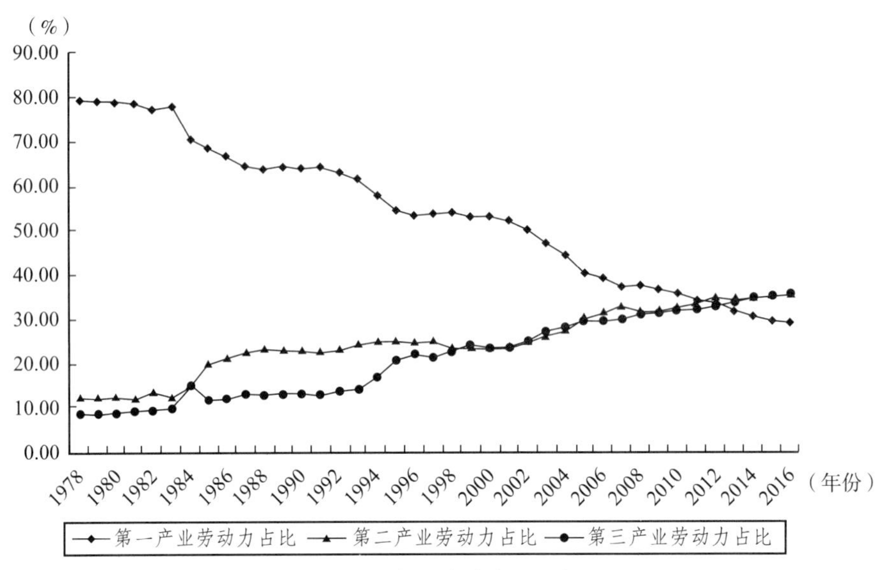

图 2 三次产业劳动力份额变化

数据来源：根据《山东统计年鉴 2017》整理所得。

2. 第二产业对经济增长贡献的分解

1978～2016 年，第二产业平均每年使得经济增长 7.72%，对经济增长的贡献达到 64.20%。其中劳动数量从 1978 年的 366.6 万增加到 2016 年的 2354 万，劳动数量效应平均每年使得经济增长 1.11%，对经济增长的贡献为 9.23%。产业内技术进步效应平均每年使得经济增长 5.52%，对经济增长的贡献为 45.90%，劳动生产率在 1982 年、1985 年、1995 年下降，其他年份均有所上升，促进经济增长。尤其是 1991～2008 年平均每年使得经济增长高达 7.8%，归因于改革开放以来，我国重视工业发展，为工业技术进步创造了有利的环境和条件，山东省抓住机遇大力振兴装备制造业，提高设计和制造水平，提高技术创新能力，加快发展高科技产业，形成工业发展的新增长点。

劳动数量效应和结构变迁效应波动趋势一致，说明第二产业劳动力的流出出现结构负利，劳动力流入第二产业产生结构红利（见图 3）。在农业部门剩余劳动力向外转移时，第二产业吸纳了剩余劳动力，使其劳动力份额由 1978 年的 12.3% 增长到 2016 年的 35.4%（见图 2），第一产业的劳动力流向第二产业，提高了第二产业劳动份额，并且由于第二产业的劳动生产率大于总体劳动生产率，结构变迁效应为正，促进经济增长。

结构变迁效应平均每年使得经济增长 1.19%，对经济增长的贡献为 9.07%。分阶段来看，1978～1983 年改革开放初期，第二产业劳动力占比逐年下降，导致第二产业结构变迁效应为负值，平均每年使得经济增长为 -0.18%，对经济的阻碍不明显。1984～1995 年的结构变迁效应为正，主要

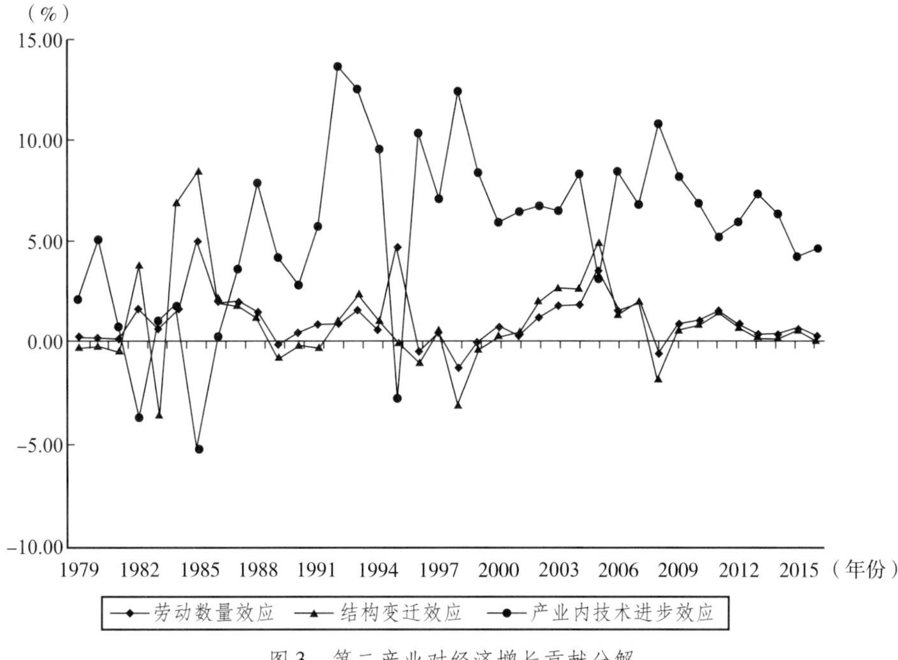

图3　第二产业对经济增长贡献分解

由于从1984年开始，我国经济体制重心向城市转移，乡镇企业迅速发展，以及中央陆续出台国有企业、财税、经贸、社会保障和住房等一系列改革，促进了工业的发展，山东省适应了新经济体制，工业中资本积累的增加与技术的进步，使要素配置效率得以优化与提升，使结构变迁效应贡献率提升，从而推动第二产业的经济增长。1997年受到亚洲金融危机影响，除了结构变迁出现两年的负值外，2000年以后的年份都保持着结构红利，源于山东省压缩第二产业部分行业过剩的生产能力。一方面重视发展劳动密集型产业，另一方面提高劳动生产率，使得劳动力再分配所带来的结构红利更加稳定，结构变迁效应折线图可以说明2000年之后劳动力流动对第二产业经济增长的贡献（结构红利）是稳定的①。由上述分析可知，第二产业对经济增长的贡献主要是由产业内技术进步效应所推动，并且结构变迁效应也发挥了不容忽视的作用。

3. 第三产业对经济增长贡献的分解

改革开放以来，山东省对第三产业经济发展战略不断调整，第三产业劳动力，经济增长率呈现逐年增加的趋势，第三产业实际GDP平均每年增长近13%。山东省“十二五”规划中指出要实施高质高效产业的战略，促进产业结构调整，以及加快体制创新，促进服务业拓宽领域、扩大规模、优化结构，区域中心城市要尽快形成以服务经济为主的产业结构，进一步提高第

① 受2008年金融危机的影响，第二产业的劳动份额出现下降，导致产业结构变迁出现负值。

三产业劳动力占比和服务业增加值占比①，政策的大力支持使得第三产业对经济增长的贡献越来越明显。1978 ~2016 年，第三产业平均每年使得经济增长 2. 16%，对经济增长贡献为 17. 96%。其中劳动力数量从 1978 年的 232. 3 万增加到 2016 年的 2360. 6 万，劳动数量效应平均每年使得经济增长 1. 11%，对经济增长的贡献为 9. 26%。人们对于服务业需求不断提高同时，产业内劳动生产率不断提高，我国 1986 年后坚持把建设重点转移到现有企业的技术改造和改建扩建上来，坚持把提高经济效益特别是提高产品质量放到重要位置上来，正确处理好效益和速度、质量和数量的关系，带动山东省服务业技术水平的提高，技术水平除 1979 年、1984 年、1990 年、1995 年出现下降，其他年份一直促进经济增长，第三产业产业内技术进步效应平均每年使得经济增长 1. 17%，对经济增长的贡献为 9. 70%，与劳动数量效应持平。在 2000 年之后，劳动数量效应、产业内技术进步效应波动幅度很小，保持稳定。

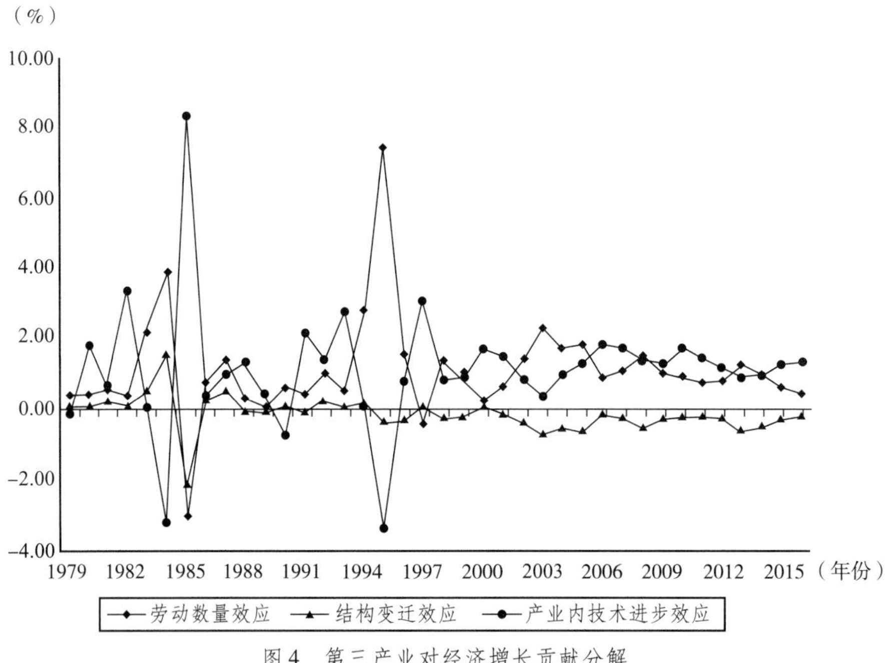

图 4 第三产业对经济增长贡献分解

值得关注的是，结构变迁效应平均每年使得经济增长 -0. 12%，对经济增长的贡献为 -1. 00%，第三产业的结构变迁效应不但没有像第一、第二产业促进经济增长，反而阻碍经济增长。一方面原因在于随着山东不断推动二元经济结构的转变，居民生活水平提高，农业过剩劳动力不断满足服务业的需求，第三产业吸收了农村剩余劳动力，图 2 显示第三产业的就业份额由

---

① http：//sdgb. shandong. gov. cn/art/2011/5/23/art_4563_871. html。

1978年的8.5%上升至2016年的35.5%，农业劳动力转移不断提高农业劳动生产率提高和总体劳动生产率。另一方面，国务院1992年颁布《关于加快发展第三产业的决定》，山东省制定若干关于加快第三产业发展的产业导向和区域配置政策，居民用于服务支出增加，服务价格上升，这种价格上升并不是人均收入上升的结果，以及服务业需求普遍缺乏价格弹性，导致第三产业劳动生产率低于总体劳动生产率。具体来看，第三产业的劳动生产率分为两个阶段；1978～1994年第三产业劳动生产率大于总体劳动生产率（见表3），劳动份额的提高，将促进经济增长，产生结构红利；1995～2016年第三产业劳动生产率小于总体劳动生产率（见表3），劳动力份额的提高将阻碍经济增长，出现“成本病”①。

可见，第三产业对经济增长的贡献大部分是由劳动数量效应和产业内部的技术进步引起的经济生产率增长；并且在1995年之后，劳动力份额的提高表现为“结构负利”，符合鲍莫尔成本病假说。

表3　第三产业劳动生产率和总体劳动生产率计算

年份	LP3	LP	年份	LP3	LP	年份	LP3	LP
1978	0.12	0.08	1991	0.27	0.19	2004	0.49	0.8
1979	0.12	0.08	1992	0.29	0.23	2005	0.53	0.91
1980	0.14	0.09	1993	0.34	0.28	2006	0.59	1.02
1981	0.15	0.09	1994	0.34	0.32	2007	0.65	1.15
1982	0.18	0.10	1995	0.28	0.31	2008	0.70	1.27
1983	0.18	0.09	1996	0.29	0.34	2009	0.75	1.41
1984	0.15	0.12	1997	0.34	0.38	2010	0.83	1.56
1985	0.21	0.13	1998	0.35	0.42	2011	0.91	1.71
1986	0.22	0.14	1999	0.37	0.46	2012	0.97	1.86
1987	0.23	0.15	2000	0.40	0.50	2013	1.02	2.04
1988	0.25	0.17	2001	0.44	0.55	2014	1.08	2.22
1989	0.25	0.17	2002	0.46	0.61	2015	1.16	2.38
1990	0.24	0.18	2003	0.46	0.69	2016	1.25	2.54

① 1978～1994年，第三产业劳动力份额在1985年、1988年、1989年、1991年出现下降，结构变迁效应出现负值。1995～2016年第三产业劳动力份额在1997年、2000年出现下降，结构变迁效应为正。总体来说1995年之前，表现为结构红利；1995年之后，表现为结构负利，符合“成本病”假说。

五、结论与启示

本文在“偏离份额法”基础之上，将经济增长细分为劳动数量效应、结构变迁效应和产业内技术进步效应，逐年计算山东省 1978 ~ 2016 年三种效应对经济增长的贡献，并计算劳动数量效应、结构变迁效应与产业内技术进步效应对经济增长率的贡献率。通过上述实证分析，得出以下结论：

第一，从总体上看，山东省经济增长主要依赖于第二产业，第二产业对经济增长的贡献率达到 64.20%。从效应上看，经济增长主要依赖于产业内技术进步效应，其对经济增长的贡献率达到 64.55%。结构变迁效应对经济贡献率为 17.03%，表明劳动力再配置促进经济增长。

第二，从三次产业的结构变迁效应分析，1978 ~ 2016 年山东省劳动力在产业间再配置趋势明显，产业间生产率的差异较大，结构变迁效应对经济增长贡献率为 17.03%。具体来看，第一产业的劳动生产率低于第二、第三产业，随着农业过剩的劳动力的转移，促进了总体劳动生产率的提高，对经济增长的贡献达到 8.96%，存在“结构红利”；第二产业技术水平的提高引起劳动生产率提高，不断扩大吸引第一产业过剩的劳动力，对经济增长的贡献达到 9.07%，同样出现“结构红利”；第三产业劳动力的转入阻碍经济的增长，对经济增长的贡献为 -1.00%，1995 年之前第三产业份额的提升表现为“结构红利”，促进经济增长，1995 年之后表现为“结构负利”，阻碍经济增长，存在“鲍莫尔成本病”。由此可以看出，劳动力再配置对经济增长影响显著，但第三产业出现“成本病”与经济下滑密切相关。

基于上述研究结论，根据供给侧结构性改革及山东省“十三五”规划的任务和要求，可以得到以下启示。

第一，供给侧结构性改革是中国经济发展进入新常态后的不二选择。随着居民生活水平的提高，对服务业的需求会不断上升，服务业劳动力占比的提升使得山东省结构性失衡会越来越明显。因此在经济发展进入新常态后，“转方式调结构”的根本出路就是以供给侧结构性改革为主线，优化劳动力再配置，改善劳动力供给质量和效率，完善市场在劳动力配置中起决定性作用的体制和机制，加快劳动力要素合理自由流动，提高结构变迁效应，实现供求关系新的动态均衡，推动经济持续健康增长。

第二，实施创新驱动发展战略，加快产业转型升级。我国经济经过 30 多年的快速发展之后，旧有的增长模式难以为继，必须依靠新技术、新产业、新业态和新模式提高产业内技术水平，实现要素驱动到创新驱动的转变。加快发展现代服务业和高端制造业，降低服务业成本，提高服务业、制造业劳动生产率，加快产业间劳动力合理配置，赋予经济提质增效、转型升级的内生动力。

附录：

部分原始数据

山东省1978～2016年三次产业实际产值及就业人数

年份	第一产业实际产值（亿元）	第二产业实际产值（亿元）	第三产业实际产值（亿元）	第一产业就业（万人）	第二产业就业（万人）	第三产业就业（万人）
1978	75.06	119.35	31.04	2350.9	366.6	252.3
1979	81.21	126.87	32.31	2404.5	374.55	264.6
1980	89.17	142.09	38.42	2458.1	382.5	276.9
1981	94.97	146.64	42.91	2508.2	389.0	295.2
1982	105.23	154.85	54.59	2520.8	442.2	307.0
1983	122.06	166.62	67.52	2950.8	465.8	378.5
1984	144.40	196.11	77.86	2509.1	528.8	525.8
1985	147.58	232.39	89.46	2438.6	705.3	417.2
1986	146.69	257.26	97.24	2431.1	776.0	444.1
1987	157.55	301.25	113.77	2422.6	848.2	494.9
1988	157.23	369.64	124.69	2474.5	905.1	507.5
1989	156.29	395.88	128.18	2527.6	902.6	510.1
1990	164.73	424.38	129.08	2585.7	922.5	535.0
1991	188.12	483.80	149.73	2708.0	958.7	552.6
1992	188.50	622.16	174.14	2705.1	1000.8	596.7
1993	199.99	796.99	208.97	2689.9	1070.4	619.0
1994	214.59	935.67	252.23	2541.6	1098.0	742.5
1995	233.69	1067.59	295.10	2832.3	1305.5	1069.6
1996	249.12	1214.92	331.99	2788.0	1286.1	1153.3
1997	250.36	1369.22	380.13	2812.5	1311.9	1131.6
1998	264.63	1534.89	422.70	2837.3	1245.8	1204.5
1999	277.07	1720.62	462.02	2811.7	1245.7	1257.3
2000	287.60	1927.09	510.07	2887.7	1286.0	1268.1
2001	299.68	2139.07	567.19	2863.6	1308.6	1303.1
2002	307.17	2459.93	629.02	2769.6	1375.1	1382.3

续表

年份	第一产业实际产值（亿元）	第二产业实际产值（亿元）	第三产业实际产值（亿元）	第一产业就业（万人）	第二产业就业（万人）	第三产业就业（万人）
2003	324.37	2873.20	700.73	2638.3	1474.3	1508.0
2004	346.75	3427.72	786.91	2542.1	1581.0	1605.0
2005	363.40	4024.15	900.23	2350.3	1781.4	1709.0
2006	382.30	4692.16	1030.76	2328.0	1870.3	1761.7
2007	397.59	5433.52	1181.26	2265.2	1989.9	1826.3
2008	417.86	6085.54	1345.45	2313.5	1955.5	1918.6
2009	435.41	6931.43	1496.14	2297.4	2014.1	1982.7
2010	451.09	7818.65	1698.12	2273.1	2086.7	2042.1
2011	469.13	8733.44	1890.01	2211.6	2185.6	2088.4
2012	491.18	9650.45	2075.23	2168.0	2245.2	2141.1
2013	508.86	10663.74	2272.37	2086.0	2270.2	2224.2
2014	528.20	11644.81	2474.61	2023.2	2294.2	2289.1
2015	550.39	12506.53	2709.70	1963.2	2338.0	2331.3
2016	571.64	13324.67	2961.51	1935.1	2354.0	2360.6

参考文献

[1] 程大中：《中国服务业存在“成本病”问题吗》，载《财贸经济》2008 年第 12 期。

[2] 李翔、刘刚、王蒙：《第三产业份额提升是结构红利还是成本病》，载《统计研究》2016 年第 7 期。

[3] 李小平、陈勇：《劳动力流动、资本转移和生产率增长——对中国工业“结构红利假说”的实证检验》，载《统计研究》2007 年第 7 期。

[4] 刘伟、张辉：《中国经济增长中的产业结构变迁和技术进步》，载《经济研究》2008 年第 11 期。

[5] 吕健：《产业结构调整、结构性减速与经济增长分化》，载《中国工业经济》2012 年第 9 期。

[6] 钱纳里：《工业化和经济增长的比较研究》，上海三联出版社 1989 年版。

[7] 山军勇、山秀林：《山东省产业结构演变趋势及调整战略研究》，载《经济与管理评论》2012 年第 5 期。

[8] 王蒙、刘刚：《中国产业结构与经济增长研究：一个经济增长分解框架》，载《社会科学辑刊》2017 年第 4 期。

[9] 王耀中、陈洁：《鲍莫尔—富克斯假说研究新进展》，载《经济学动态》2012 年第 6 期。

[10] 西蒙·库兹涅茨：《各国的经济增长：总产值和生产结构》，商务印书馆 1985 年版。

[11] 于雪原：《山东省产业结构演进与经济增长关系研究》，载《国土与自然资源研究》2010年第1期。

[12] 曾先峰、李国平：《资源再配置与中国工业增长：1985～2007年》，载《数量经济技术经济研究》2011年第9期。

[13] 张健华、王鹏：《中国全要素生产率：基于分省份资本折旧率的再估计》，载《管理世界》2012年第10期。

[14] 张军：《中国经济减速与治理》，青岛：英国《金融时报》国际经济高峰论坛，2012。

[15] 张文玺：《山东产业结构与就业结构的非均衡发展研究》，载《山东大学学报（哲学社会科学版）》2011年第6期。

[16] Baumol, W. J., 1967: Macroeconomics of Unbalanced Growth: The Anatomy of Urban Crisis, *American Economic Review*, Vol. 57, No. 3.

[17] Dowie, J. A., 1970: Valuing The Benefits of Health Improvement, *Australian Economic Papers*, Vol. 9, No. 14.

[18] Fabricant, S., 1942: *Employment in Manufacturing*, 1899 - 1939: *An Analysis of Its Relation to the Volume of Production*, NBER Books.

[19] Lewis, W. A., 1954: Economic development with unlimited supplies of labor, *Manchester School of Economics and Social Studies*, Vol. 22, No. 2.

[20] Peneder, M., 2003: Industrial structure and aggregate growth, *Structural Change and Economic Dynamics*, vol. 14, No. 4.

[21] Timmer, M. P. and Szirmai, A., 2000: Productivity growth in Asian manufacturing: the structural bonus hypothesis examined, *Structural Change and Economic Dynamics*, Vol. 11, No. 4.

Research on Labor Redistribution and Economic Growth under the Background of Supply - side Reform

—A Case Study of Shandong Province

Zhongqiao Li　Liu Yang　Gang Liu

Abstract: The contradiction faced by China's economic development is apparently a speed issue, and it is essentially a structural imbalance problem. Based on the "Shift Share Method", this article subdivides economic growth into labor volume effects, structural change effects, and intra-industry technological advancement effects. It empirically analyzes the relationship between labor redistribution and economic growth in Shandong Province since the reform and opening up. The analysis shows that: (1) Overall, the main driving force for economic growth comes from the secondary industry, which contributes 64.20% to economic growth. (2) From the perspective of three kinds of effects, the main driving force for economic growth comes from technological progress, and its contribution to economic growth is 64. 55%. (3) The analysis of the effects of structural change shows that the first and second industries generally have "structural dividends", which contribute 8. 96% and 9. 07% to the economic growth respectively; the third industry is - 1. 00%, and they are numbered before 1995. The increase in the share of the labor force in the tertiary industry promoted overall economic growth, and after 1995 it represented a "negative structure" and was in line with the Bowmore cost sickness hypothesis. The conclusions of the study provide an important theoretical basis for the current rational allocation of labor resources in our province, promotion of structural reforms on the supply side, and optimization of economic structure.

Keywords: Labor Redistribution Structure Bonus Shift Share Method Cost disease

JEL Classification: L16 L52 L88

《产业经济评论》投稿体例

《产业经济评论》是由山东大学经济学院、山东大学产业经济研究所主办，由经济科学出版社出版的开放性产业经济专业学术文集。它以推进中国产业经济科学领域的学术研究、进一步推动中国产业经济理论的发展，加强产业经济领域中海内外学者之间的学术交流与合作为宗旨。《产业经济评论》为中文社会科学引文索引（CSSCI）来源集刊。

《产业经济评论》是一个中国经济理论与实践研究者的理论、思想交流平台，倡导规范、严谨的研究方法，鼓励理论和经验研究相结合的研究路线。《产业经济评论》欢迎原创性的理论、经验和评论性研究论文，特别欢迎有关中国产业经济问题的基础理论研究和比较研究论文。

《产业经济评论》设“综述”“论文”和“书评”三个栏目。其中：“综述”发表关于产业经济领域最新学术动态的综述性文章，目的是帮助国内学者及时掌握国际前沿研究动态；“论文”发表原创性的产业经济理论、经验实证研究文章；“书评”发表有关产业经济理论新书、新作的介绍和评论。

《产业经济评论》真诚欢迎大家投稿，以下是有关投稿体例说明。

1. 稿件发送电子邮件至：rie@ sdu. edu. cn。

2. 文章首页应包括：

（1）中文文章标题；（2）200 字左右的中文摘要；（3）3 ~ 5 个关键词；（4）作者姓名、署名单位、详细通信地址、邮编、联系电话和 E-mail 地址。

3. 文章的正文标题、表格、图形、公式须分别连续编号，脚注每页单独编号。大标题居中，编号用一、二、三；小标题左齐，编号用（一）、（二）、（三）；其他用阿拉伯数字。

4. 正文中文献引用格式：

单人作者：

“Stigler（1951）……”“……（Stigler，1951）”“杨小凯（2003）……”“……（杨小凯，2003）”。

双人作者：

“Baumol & Willig（1981）……”“……（Baumol & Willig，1981）”“武力、温锐（2006）……”“……（武力、温锐，2006）”。

三人以上作者：

“Baumol et al.（1977）……”“……（Baumol et al.，1977）”、请注意

“et al.” 为斜体。

“于立等（2002）……”“……（于立等，2002）”。

文献引用不需要另加脚注，所引文献列在文末参考文献中即可。**请确认包括脚注在内的每一个引用均有对应的参考文献。**

5. 文章末页应包括：参考文献目录，按作者姓名的汉语拼音或英文字母顺序排列，中文在前，word 自动编号；英文文章标题；与中文摘要和关键词对应的英文摘要和英文关键词；2～4 个 JEL（*Journal of Economic Literature*）分类号。

参考文献均为实引，格式如下，请注意英文书名和期刊名为斜体，中文文献中使用全角标点符号，英文文献中使用半角标点符号：

[1] 武力、温锐：《1949 年以来中国工业化的“轻重”之辨》，载《经济研究》2006 年第 9 期。

[2] 杨小凯：《经济学——新兴古典与新古典框架》，社会科学文献出版社 2003 年版。

[3] 于立、于左、陈艳利：《企业集团的性质、边界与规制难题》，载《产业经济评论》2002 年第 2 期。

[4] Baumol, W. J. and Willig, R. D., 1981: Fixed Costs, Sunk Costs, Entry Barriers, and Sustainability of Monopoly, *The Quarterly Journal of Economics*, Vol. 96, No. 3.

[5] Baumol, W. J., Bailey, E. E., and Willig, R. D., 1977: Weak Invisible Hand Theorems on the Sustainability of Multiproduct Natural Monopoly, *The American Economic Review*, Vol. 67, No. 3.

[6] Stigler, G. J., 1951: The Division of Labor is Limited by the Extent of the Market, *Journal of Political Economy*, Vol. 59, No. 3.

[7] Williamson, O. E., 1975: *Markets and Hierarchies*, New York: Free Press.

6. 稿件不做严格的字数限制，《综述》《论文》栏目的文章宜在 6000 字以上，欢迎长稿。

7. 投稿以中文为主，海外学者可用英文投稿，但须是未发表的稿件。稿件如果录用，由本刊负责翻译成中文，由作者审查定稿。文章在本刊发表后，作者可以继续在中国以外以英文发表。

8. 在收到您的稿件时，即认定您的稿件已专投《产业经济评论》并授权刊出。《产业经济评论》已被《中国学术期刊网络出版总库》及 CNKI 系列数据库收录，如果作者不同意文章被收录，请在投稿时说明。

《产业经济评论》的成长与提高离不开各位同仁的鼎力支持，我们诚挚地邀请海内外经济学界的同仁踊跃投稿，并感谢您惠赐佳作。我们的愿望是：经过各位同仁的共同努力，中国产业经济研究能够结出更丰硕的果实！

让我们共同迎接产业经济理论繁荣发展的世纪！